普通高等教育"十三五"规划教材

21世纪高职高专汽车技术系列教材　汽车技术类

汽车底盘构造与检修

QICHE DIPAN GOUZAO YU JIANXIU

主　编　王力夫　温福军
副主编　兰晓婕　王　尚　朱文英
参　编　何　明　黄景鹏

华南理工大学出版社
SOUTH CHINA UNIVERSITY OF TECHNOLOGY PRESS
·广州·

图书在版编目(CIP)数据

汽车底盘构造与检修/王力夫,温福军主编.—广州:华南理工大学出版社,2019.2(2021.3重印)

ISBN 978-7-5623-5717-9

Ⅰ.①汽… Ⅱ.①王… ②温… Ⅲ.①汽车-底盘-构造-教材 ②汽车-底盘-车辆修理-教材 Ⅳ.①U472.41

中国版本图书馆 CIP 数据核字(2018)第 171046 号

汽车底盘构造与检修
王力夫　温福军　主编

出 版 人：	卢家明
出版发行：	华南理工大学出版社
	(广州五山华南理工大学 17 号楼,邮编 510640)
	http://www.scutpress.com.cn　E-mail:scutc13@scut.edu.cn
	营销部电话：020-87113487　87111048 (传真)
策划编辑：	袁　泽
责任编辑：	刘　锋　詹志青
印 刷 者：	广东虎彩云印刷有限公司
开　　本：	787mm×1092mm　1/16　印张：15.25　字数：391 千
版　　次：	2019 年 2 月第 1 版　2021 年 3 月第 2 次印刷
定　　价：	48.00 元

版权所有　盗版必究　印装差错　负责调换

前　言

　　本教材是根据"能力核心、分级培养"的高职教育人才培养理念编写的。其核心是对职业能力进行分级，开发专业群职业能力模块库，并基于能力模块库构建课程体系，通过工作过程导向开发课程，在教学资源、实践条件等保障条件方面进行规范和标准化，从而解决职业教育中"教学做一体化"方面的突出问题，提高教学质量。

　　本教材在内容的选取上，根据高职高专汽车类专业人才培养目标，从汽车类专业群职业能力模块库中抽取了其中六个能力模块进行课程组装和优化开发，将能力要求转化成教学目标。并遵循"必需、适度、够用"原则，由浅入深，循序渐进。通过任务工单形成"工作任务驱动，结构认识导入，项目教学引领，理论实践结合，过程评价考核，能力逐步提升"的行动导向教学模式，以实现学生能力系统、递进、分级培养。

　　本教材既可用作高职高专汽车专业类的专业基础教材，也可以作为技师院校或其他相关专业的培训用书。

　　由于编者水平有限，书中难免有错漏和不妥之处，敬请读者批评指正。

编者
2018 年 5 月

目 录

绪论 ··· 1
   活动任务　底盘构造总体认识 ··· 2

项目情景一　离合器的结构认识及检修 ··· 11
   活动任务一　离合器的结构认识 ·· 12
   活动任务二　离合器的拆装与调整 ··· 19
   活动任务三　离合器的故障诊断与检修 ·· 30

项目情景二　手动变速器的结构认识及检修 ······································ 35
   活动任务一　手动变速器构造总体认识 ·· 36
   活动任务二　手动变速器的拆装与调整 ·· 48
   活动任务三　手动变速器的故障诊断 ··· 52
   活动任务四　手动变速器的故障检修 ··· 56

项目情景三　自动变速器的结构认识及检修 ······································ 63
   活动任务一　自动变速器构造总体认识 ·· 64
   活动任务二　自动变速器的拆装与调整 ·· 75
   活动任务三　自动变速器的故障诊断与检修 ··································· 82

项目情景四　万向传动装置的结构认识与拆换 ·································· 95
   活动任务一　万向传动装置的结构认识 ·· 96
   活动任务二　万向传动装置的拆检及更换 ····································· 110

项目情景五　驱动桥的结构认识与检修 ·· 120
   活动任务一　驱动桥的结构认识 ·· 121
   活动任务二　驱动桥的拆装与调整 ·· 134
   活动任务三　差速器的拆装与调整 ·· 140

项目情景六　行驶系的结构认识与检修 ·· 144
   活动任务一　车架与悬架的结构认识 ··· 145
   活动任务二　车轮与轮胎的结构认识 ··· 155
   活动任务三　车轮的拆装与调整 ·· 164
   活动任务四　四轮定位与调整 ··· 170

项目情景七　转向系的结构认识与检修 ·· 178
　活动任务一　机械转向系的认识 ·· 179
　活动任务二　齿轮齿条式转向系的拆装 ·· 188
　活动任务三　动力转向系的工作原理 ·· 192
　活动任务四　动力转向系的故障检修与调整 ···································· 198

项目情景八　制动系的结构认识与检修 ·· 204
　活动任务一　制动系统的结构认识 ·· 205
　活动任务二　盘式制动器的认识 ·· 211
　活动任务三　鼓式制动器的认识 ·· 216
　活动任务四　制动系统的检查与调整 ··· 224

绪 论

任务描述

汽车一般由发动机、底盘、车身和电气设备组成。汽车底盘由传动系、行驶系、转向系和制动系四大系统组成,其功用为接受发动机的动力,使汽车运动并保证汽车能够按照驾驶员的操纵正常行驶。图0-1和图0-2为常见货车和轿车的底盘结构图。

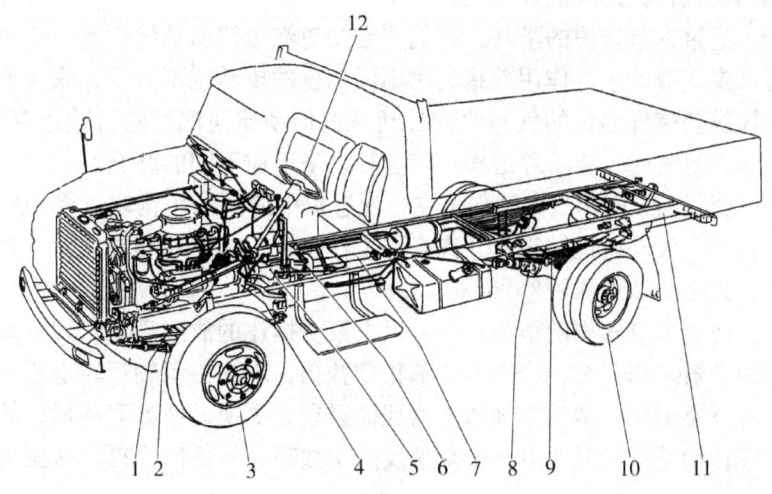

图0-1 货车底盘结构

1—前轴;2—前悬架;3—前轮;4—离合器;5—变速器;6—驻车制动器;7—传动轴;
8—驱动桥;9—后悬架;10—后轮;11—车架;12—转向盘

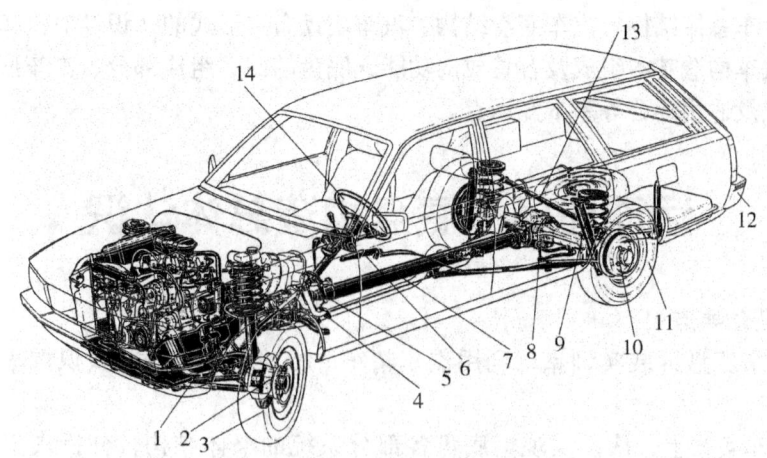

图0-2 轿车底盘结构

1—前悬架;2—前轮制动器;3—前轮;4—离合器踏板;5—变速器操纵机构;6—驻车制动手柄;7—传动轴;
8—后桥;9—后悬架;10—后轮制动器;11—后轮;12—后保险杠;13—横向稳定器;14—转向盘

本单元的任务是了解汽车底盘的基本组成和功用，汽车底盘的总体布置形式，理解汽车行驶的基本原理。

学习目标

1. 了解汽车底盘的基本组成及功用；
2. 了解汽车底盘的各种布置形式；
3. 了解汽车行驶的基本原理。

案例导入

案例一：汽车驾驶员在驾驶过程中，经常不停地变换不同的挡位，以适应不同的路况，汽车是如何实现行驶速度的改变呢？

案例评析：通过本节知识的学习，我们将会知道汽车传动系统中有一个重要的组成部件就是变速器，变速器的主要作用就是利用不同挡位的传动比不一样，来改变汽车的行驶速度。驾驶员操纵变速杆的目的就是改变传动系的传动比使汽车的行驶速度改变。所以，驾驶员在操纵汽车行驶时，要不停地操纵变速杆，来适应不同的路况。

案例二：一辆昌河 CH1010 微型汽车在行驶过程中遇到一个沟坎，受到剧烈的冲击之后，汽车无法行驶，发动机运转正常，离合器工作正常，变速器能够正常挂挡，观察传动轴运转也正常。这是什么原因呢？

案例评析：通过本节知识的学习，结合以上案例描述的故障现象，现分析如下：发动机运转正常，离合器工作正常，变速器能够正常挂挡，观察传动轴运转也正常。这说明驱动桥有故障。拆下驱动桥分解后发现差速器壳体破裂。更换差速器壳体后，故障排除。这个案例说明，在传动系中，只要有一个部位发生了故障，其他部位再怎么正常工作都是无法带动汽车的。

学习指导

通过对汽车总体结构、汽车底盘结构、汽车底盘布置形式的认识及对汽车行驶原理的理解，掌握汽车构造基本组成及各总成的功能、底盘的四大组成部分、汽车底盘各种布置形式的优缺点及适用场合等基本知识点。

活动任务　底盘构造总体认识

1. 项目活动要点

（1）在汽车底盘拆装实训室，利用汽车整车、相关总成台架，认识汽车底盘的总体构造；

（2）在汽车实物上，认识及观察底盘各部分系统的整体结构，分析汽车动力的传递路线。

2. 项目活动任务安排

项目化教学任务工单		
课程名称：<u>汽车底盘构造与检修</u> 学习情景：<u>汽车底盘概述</u> 活动项目：<u>汽车底盘构造总体认识</u>	班级：_____ 姓名：_____ 学号：_____ 第( )组	场所：<u>汽车底盘拆装实训室</u> 日期：_____
活动 任务	1. 认识汽车底盘的总体构造； 2. 认识汽车传动系统的各部分零件。	
活动 目标	能力要点：能够对汽车底盘的构造有一个总体的认识。 知识要点：1. 汽车底盘的四大组成系统； 　　　　　2. 汽车动力的传动路线； 　　　　　3. 汽车行驶的基本原理。 职业素养：团队协作，学会查找资料，观察实物的组成与运动关系，分析总结。	
活动内容	一、汽车总体结构认知 1. 汽车一般由哪几部分组成？_____。 在下列图下方的横线上写出各组成部分的名称。适时举升车辆，在车辆上找到各组成。 图1 图2 图3	

2. 读懂图 4，在表中写出以下数字表示的总成的名称，并填写其作用。

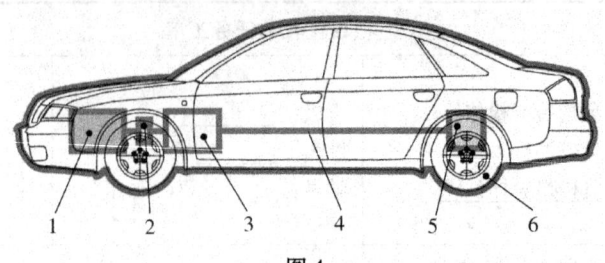

图 4

编　号	总成名称	作　用
1		
2		
3		
4		
5		
6		

二、汽车底盘驱动方式

1. 按照驱动动力分类，汽车可分为下列哪几种类型？各有哪些优点？

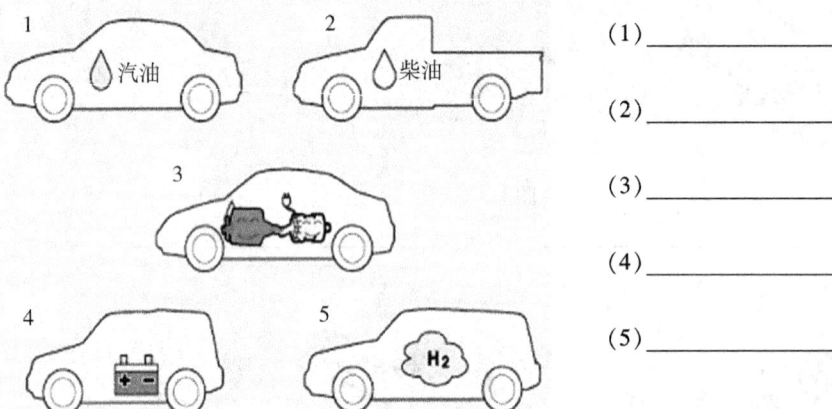

图 5

(1)＿＿＿＿＿＿

(2)＿＿＿＿＿＿

(3)＿＿＿＿＿＿

(4)＿＿＿＿＿＿

(5)＿＿＿＿＿＿

2. 按照驱动方式分类，汽车可分为下列哪几种类型？各有哪些优点？
请参照实训用车，车辆的驱动轮为（　）前轮（　）后轮

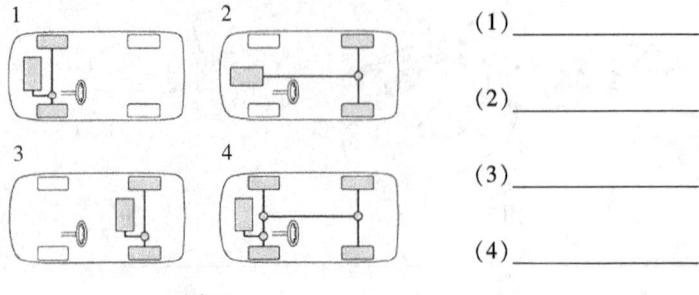

图 6

(1)＿＿＿＿＿＿

(2)＿＿＿＿＿＿

(3)＿＿＿＿＿＿

(4)＿＿＿＿＿＿

0.1 汽车底盘的组成和功用

汽车底盘由传动系、行驶系、转向系和制动系四大系统组成,其功用是支承、安装汽车发动机及其各部件、总成,使汽车的整体造型成形,并接收发动机传来的动力,使得汽车运动并保证汽车能够按照驾驶员的操纵正常行驶。图 0-3 为轿车底盘的四大系统结构示意图。

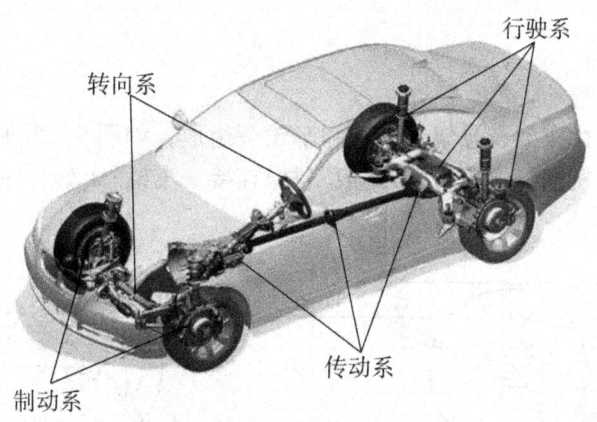

图 0-3 轿车底盘的四大系统结构图

0.1.1 传动系

汽车传动系是指从发动机到驱动车轮之间所有动力传递装置的总称。其功用是将发动机的动力传给驱动车轮。不同的汽车,其底盘的组成稍有不同;如载货汽车及部分轿车,其底盘一般是由离合器、手动变速器、万向传动装置(万向节和传动轴)、驱动桥(主减速器、差速器、半轴、桥壳)等组成,如图 0-4 所示。而现在轿车中采用自动变速器的越来越多,其底盘包括自动变速器、万向传动装置、驱动桥等,即用自动变速器取代了离合器和手动变速器。如果是越野汽车(包括 SUV,即运动型多功能车),还应包括分动器。

传动系各组成的功用如下:
(1) 离合器:保证换挡平顺,必要时中断动力传动;
(2) 变速器:变速、变矩、变向、中断动力传动;
(3) 万向传动装置:实现有夹角和相对位置经常发生变化的两轴之间的动力传动;
(4) 主减速器:将动力传给差速器,并实现降速增矩、改变传动方向;
(5) 差速器:将动力传给半轴,并允许左右半轴以不同的转速旋转;
(6) 半轴:将差速器的动力传给驱动车轮。

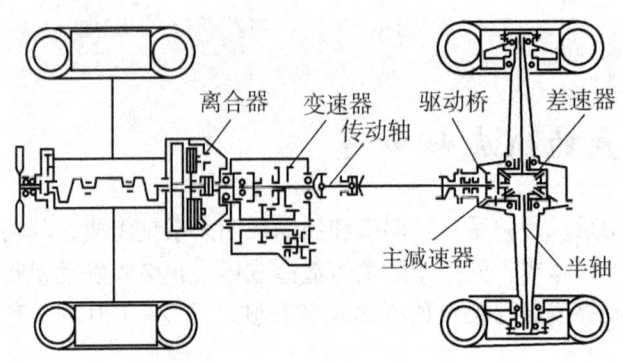

图 0-4 汽车传动系的组成

0.1.2 行驶系

汽车行驶系一般由车架、悬架、车桥和车轮等组成，如图 0-5 所示。车轮通过轴承安装在车桥两边，车桥通过悬架与车架（或车身）连接，车架（或车身）是整车的装配基体。

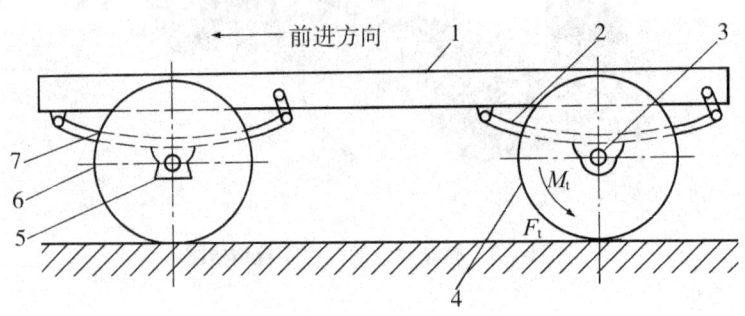

图 0-5 汽车行驶系的组成

1—车架；2—后悬架；3—驱动桥；4—后轮；5—转向桥；6—前轮；7—前悬架

汽车行驶系的功用为：①支承汽车的重量并承受、传递路面作用在车轮上各种力的作用；②接受传动系传来的转矩并转化为汽车行驶的牵引力；③缓和冲击，减少振动，保证汽车平顺行驶。

0.1.3 转向系

转向系主要由转向操纵机构、转向器、转向传动机构组成，功用是保证汽车能够按照驾驶员选定的方向行驶。现在的汽车普遍采用动力转向装置。图 0-6 为轿车典型转向系统组成示意图。

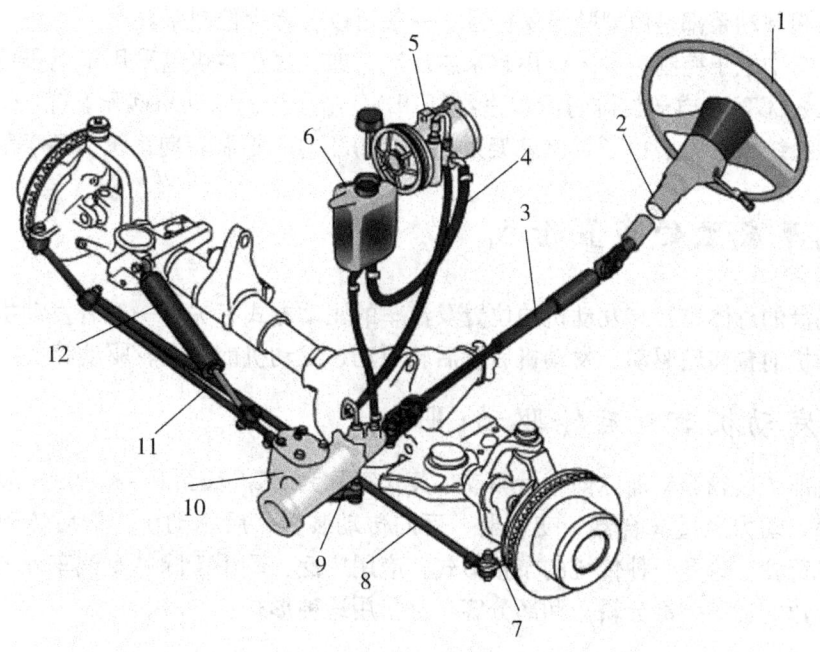

图0-6 转向系统结构示意图

1—方向盘；2—转向轴；3—转向中间轴；4—转向油管；5—转向油泵；6—转向油罐；7—转向节臂；
8—转向横拉杆；9—转向摇臂；10—整体式转向器；11—转向直拉杆；12—转向减震器

0.1.4 制动系

制动系的功用是使汽车减速、停车并能保证可靠地驻停。汽车制动系一般包括行车制动系和驻车制动系两套相互独立的制动系统，每套制动系统都包括制动器和制动传动机构。现在汽车的行车制动系一般都装配有制动防抱死系统（ABS）。图0-7为制动系统结构示意图。

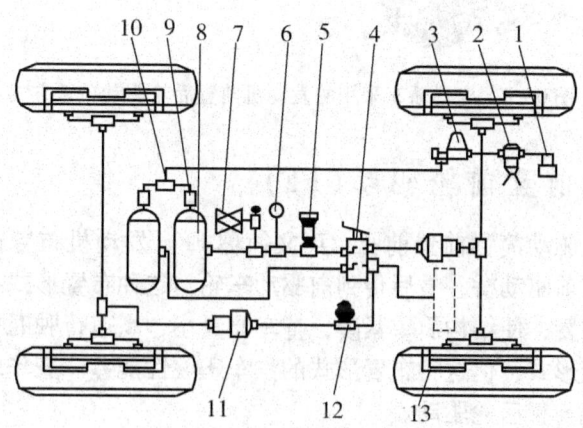

图0-7 制动系统结构示意图

1—空压机；2—油水分离器；3—压力控制器；4—双管路气制动阀；5—刮水阀接头；6—气压表；
7—气喇叭；8—空气罐；9—单向阀；10—三通接头；11—加力器；12—刹车灯开关；13—制动器

转向系和制动系都是由驾驶员来操控，一般可以合称为控制系。

现代汽车中电子控制技术的应用越来越广泛，如在底盘中普遍采用了电子控制自动变速器（EAT 或 ECT）、电子控制防滑差速器（EDL）、电子控制制动防抱死系统（ABS）、电子制动力分配系统（EBD）、电子控制悬架系统（EMS）、电子控制转向系统（EPS）等。

0.2　汽车底盘的布置形式

汽车底盘的总体布置与发动机的位置及汽车的驱动方式有关，一般有发动机前置后轮驱动、发动机前置前轮驱动、发动机后置后轮驱动、发动机前置全轮驱动等。

0.2.1　发动机前置后轮驱动（FR）

发动机前置后轮驱动简称前置后驱动，英文简称为 FR。如图 0-8 所示，发动机布置在汽车前部，动力经过离合器、变速器、万向传动装置、后驱动桥，最后传到后驱动车轮，使汽车行驶。这是一种传统的布置形式，应用广泛，适用于除越野汽车外的各类型汽车，如大多数的货车、部分轿车和部分客车都采用这种形式。

图 0-8　宝马轿车采用的发动机前置后轮驱动布置方案

0.2.2　发动机前置前轮驱动（FF）

发动机前置前轮驱动简称前置前驱，英文简称 FF。发动机布置在汽车前部，动力经过离合器、变速器、前驱动桥，最后传到前驱动车轮，这种布置形式在变速器与驱动桥之间省去了万向传动装置，使结构简单紧凑，整车质量小，高速行驶时操纵稳定性好。大多数轿车采用这种布置形式，但这种布置形式的汽车爬坡性能差。豪华轿车一般不采用，而是采用传统的发动机前置后轮驱动。

根据发动机布置的方向可以分为发动机前横置前轮驱动和发动机前纵置前轮驱动。

0.2.3 发动机后置后轮驱动(RR)

发动机后置后轮驱动简称后置后驱动,英文简称 RR。发动机和传动系统都布置在汽车驱动桥后部,动力经过离合器、变速器、角传动装置、万向传动装置、后驱动桥,最后传到后驱动车轮,使汽车行驶。主减速器和变速器之间的距离较大,其相对位置经常变化。由于这些原因,必须设置万向传动装置和角传动装置。这种布置形式具有使汽车总质量在前后轴之间合理分配,便于车身内部的布置,空间利用率高,车厢内的噪声低等优点,因此它是大、中型客车流行的布置方案。

0.2.4 发动机前置全轮驱动(nWD)

发动机前置全轮驱动简称全轮驱动,英文简称 nWD,表示传动系统为全轮驱动。对于要求在坏路或无路地区行驶的越野汽车,为了充分利用所有车轮与地面之间的附着条件,以获得尽可能大的驱动力,总是将全部车轮作为驱动轮,故传动系采用 nWD 布置方案。图 0-9 为宝马轿车 4WD 的传动系统布置示意图。前后车桥都是驱动桥,其特点是传动系统增加了分动器,动力可以同时传给前后轮。前驱动桥可根据需要,用换挡拨叉操纵分动器接通或断开。由于所有的车轮都是驱动车轮,提高了汽车的越野通过性能,因此主要用于越野车及重型货车。

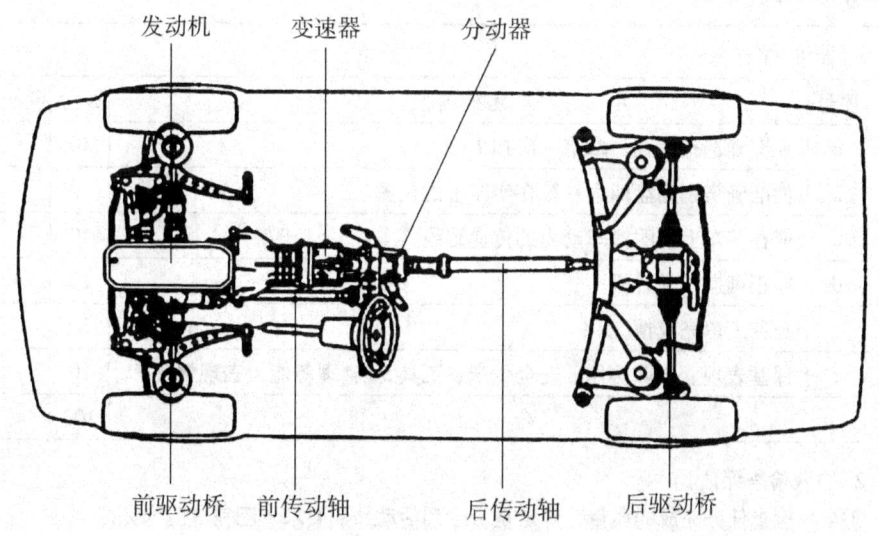

图 0-9 宝马轿车 4WD 传动系统布置示意图

0.3 汽车行驶的基本原理

想一想: 汽车底盘接受发动机的动力并使汽车行驶,那么其行驶原理是什么呢?

欲使汽车行驶,必须对汽车施加一个驱动力以克服各种阻力,这些阻力包括滚动阻力、空气阻力、坡度阻力和加速阻力。汽车在水平路面上等速行驶时,会受到来自地面的

滚动阻力 F_f 和来自空气的空气阻力 F_w；而当汽车加速行驶时需要克服加速阻力 F_j；当汽车在坡道上行驶时，还必须克服重力沿坡道的分力坡道阻力 F_i。所以，汽车在行驶过程中必须克服的总阻力用公式表示为：$\sum F = F_f + F_w + F_j + F_i$。

汽车驱动力产生的原理如图 0-10 所示。发动机经由传动系在驱动车轮上施加了一个驱动力矩，力图使驱动车轮旋转。在 T_t 的作用下，驱动车轮将对地面施加一个与汽车行驶方向相反的圆周力 F_0。根据作用力与反作用力原理，地面也将对驱动车轮施加一个与 F_0 大

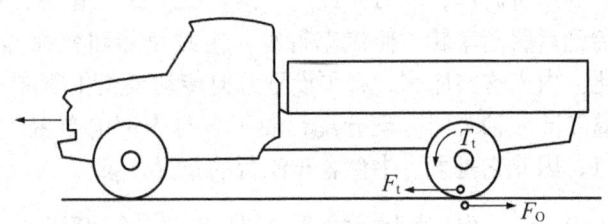

图 0-10 汽车行驶的基本原理示意图

小相等、方向相反的反作用力 F_t，F_t 就是使汽车行驶的驱动力，或称牵引力。驱动力作用在驱动轮上，再通过车桥、悬架、车架等行驶系传到车身上，使汽车行驶。

思考题：有人说汽车不是开起来的，而是由地面推着跑起来的，这句话对吗？

拓展训练

通过本单元的学习，我们已经了解了汽车底盘的一些基础知识，请查阅资料了解汽车底盘发展的最新概况和底盘的新技术，完成一份学习报告。

综合考核与评价

1. 评价标准：

	序号	考核内容	配分	得分
活动评价	a	能准确选择工具，拿错一次扣2分	10	
	b	能准确辨别底盘四大系统在实车上的位置	20	
	c	能在实车上说明汽车动力的传递路线	10	
	d	能正确操作举升机	20	
	e	任务工单完成情况	30	
	f	课堂表现、团队协作、安全生产、工具5S整理等能力表现情况	10	
		合　　计	100	

2. 自我检查评估：
①自我检查任务完成的质量，确定是否达到活动预期要求。□完成□未完成
②未完成的原因：
③自我评价：
3. 组间互评：

4. 指导教师评语：

项目情景一　离合器的结构认识及检修

任务描述

离合器是传动系统的第一个总成,它的主动部分与发动机飞轮相连。从动部分与变速器相连,在汽车起步到行驶的过程中,它可以使发动机与变速器暂时分离或接合,以切断或传递发动机向传动系统输出的动力。

本单元的任务是了解离合器的基本功能、原理及其构造,特别是摩擦离合器,掌握离合器的调整方法,知道离合器的常见故障现象及原因,学习故障诊断及排除的基本方法。

学习目标

1. 能够正确进行离合器及其操纵机构的拆装;
2. 能够认识离合器主要零件的结构及相互装配关系;
3. 掌握离合器主要零件的检修标准和检修方法;
4. 掌握离合器的装配与调整方法;
5. 能够正确分析离合器常见故障的原因,并进行诊断与排除。

案例导入

案例一:红旗轿车起步不平稳,有异响故障。故障现象:一辆红旗轿车行驶里程为6800 km,该车起步不稳,离合器处有异响。

案例评析:一个在车内起步,一个在车外听,在离合器处发出"哐"的一声响。拆下变速器,发现离合器从动片的减振弹簧全部断裂,造成起步时"闯"车。更换离合器从动片后,离合器起步平稳,异响消失。

减振弹簧的作用是减缓传动系的扭转振动,同时在从动盘花键磨损、侧隙增大时起缓冲作用,从减振角方面给予适当补偿。车辆起步时应适当增大节气门并慢抬离合器踏板,如果在不良路面上增大节气门、猛松离合器踏板,有可能造成从动片减振弹簧断裂,产生上述故障。

学习指导

通过对离合器基本功能、组成、结构的认识,掌握摩擦离合器的拆装、调整及故障现象分析及诊断排除,掌握离合器常见故障的检修方法。

活动任务一　离合器的结构认识

1. 项目活动要点

(1)在汽车底盘拆装实训室,利用汽车整车、相关总成台架,认识汽车离合器的总体构造及其工作过程;

(2)利用离合器台架,认识及观察离合器各部分的整体结构,分析离合器的动力传递路线。

2. 项目活动任务安排

项目化教学任务工单			
课程名称：汽车底盘构造与检修 学习情景：离合器的构造、拆装及检修 活动项目：离合器的结构认识		班级：_____ 姓名：_____ 学号：_____ 第( )组	场所：汽车底盘拆装实训室 日期：_____
活动任务	1. 认识离合器的基本结构; 2. 掌握离合器的工作原理; 3. 了解离合器的各种分类。		
活动目标	能力要点：能够了解离合器的分类;掌握离合器的结构及工作原理。 知识要点：1. 离合器的功能、分类及要求; 　　　　　2. 摩擦离合器的基本组成和工作原理; 　　　　　3. 膜片弹簧离合器的结构特点及工作特性。 职业素养：团队协作,学会查找资料、观察实物的组成与运动关系,分析总结。		
活动内容	一、离合器类型认识 (1)按操纵方式可分为_____和_____; (2)按摩擦片数目可分为_____和_____; (3)按压紧弹簧的形式可分为_____和_____。 二、基本组成结构认知 标出图1中各零件的名称。 (1)_____;(2)_____;(3)_____;(4)_____; (5)_____;(6)_____;(7)_____;(8)_____; (9)_____;(10)_____;(11)_____。 图1		

项目情景一　离合器的结构认识及检修

<table>
<tr><td rowspan="2">活动内容</td><td>

指出桑塔纳轿车的离合器四大组成部分：
(1)主动部分包括_____、_____、_____和_____。
(2)从动部分包括_____、_____和_____。
(3)压紧机构包括_____、_____和_____。
(4)操纵机构包括_____、_____和_____。

三、离合器工作过程观察 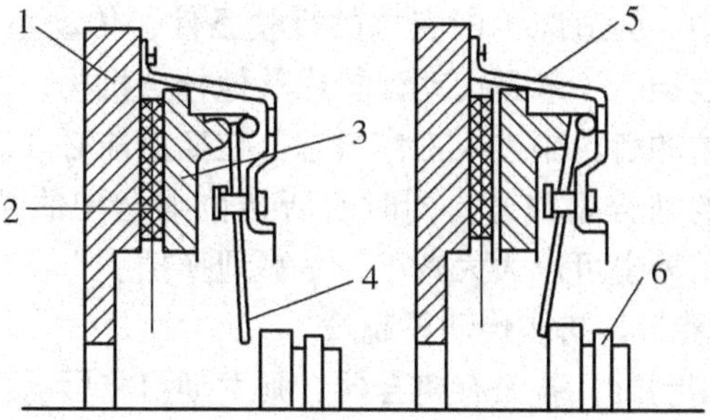

图 2

写出图 2 中各标注部件名称。
(1)_____；(2)_____；
(3)_____；(4)_____；
(5)_____；(6)_____。

观察实验台架上的离合器，完成以下问题。
1. 汽车正常行驶时离合器_____。
2. 汽车换挡踩下踏板后，离合器_____。
3. 汽车发动机工作飞轮旋转，踩下踏板后离合器盖是否往轴向方向移动_____（填是或否）；压盘是否往轴向方向移动_____（填是或否）；离合器片是否往轴向方向移动_____（填是或否）。

</td></tr>
</table>

知识链接

1.1.1　离合器的功用

离合器安装在发动机和变速器之间，用来分离或接合前后两者之间的动力联系，其主要功用可以总结为以下三点：

1. 平顺接合动力，保证汽车起步平稳

这是离合器的首要功能。而汽车起步时，汽车是从完全静止的状态逐步加速的。如果传动系(它联系着整个汽车)与发动机刚性地连接，则变速器一挂上挡，汽车将突然向前冲一下，但并不能起步。这是因为汽车从静止到前冲时，会产生很大的惯性力，对发动机造成很大的阻力矩。在惯性阻力矩作用下，发动机在瞬时间转速急剧下降到最低稳定转速（一般 300～500r/min）以下，发动机即熄火而不能工作，当然汽车也不能起步。

因此，我们需要离合器的帮助。在发动机起动后，汽车起步之前，驾驶员先踩下离合器踏板，将离合器分离，使发动机和传动系脱开，再将变速器挂上挡，然后逐渐松开离合器踏板，使离合器逐渐接合。在接合过程中，发动机所受阻力矩逐渐增大，故应同时逐渐踩下加速踏板，即逐步增加对发动机的燃料供给量，使发动机的转速始终保持在最低稳定转速上，而不致熄火。同时，由于离合器的接合紧密程度逐渐增大，发动机经传动系传给驱动车轮的转矩便逐渐增加，到牵引力足以克服起步阻力时，汽车即从静止开始运动并逐步加速。

2. 迅速切断动力，便于换挡

在汽车行驶过程中，为适应不断变化的行驶条件，传动系经常要更换不同挡位工作。实现齿轮式变速器的换挡，一般是拨动齿轮或其他挂挡机构，使原用挡位的某一齿轮副推出传动，再使另一挡位的齿轮副进入工作状态。在换挡前必须踩下离合器踏板，中断动力传动，便于使原挡位的啮合副脱开，同时使新挡位啮合副的啮合部位的速度逐步趋向同步，这样进入啮合时的冲击可以大大减小，平顺地换挡。

3. 限制所传递的转矩，防止传动系超载

当汽车进行紧急制动时，若没有离合器，则发动机将因与传动系刚性连接而急剧降低转速，其中所有运动件将产生很大的惯性力矩（其数值可能大大超过发动机正常工作时所发出的最大扭矩），对传动系造成超过其承载能力的载荷，使机件损坏。有了离合器，便可以依靠离合器主动部分和从动部分之间可能产生的相对运动消除这一危险。因此，我们需要离合器来限制传动系所承受的最大扭矩，保证安全。

1.1.2　对离合器的要求

根据离合器的功用，它应满足下列要求：
(1)传递发动机最大扭矩，即不打滑；
(2)接合平顺、柔和；
(3)分离迅速彻底；
(4)从动盘转动惯量尽量小；
(5)散热性好；
(6)操纵轻便；
(7)具有吸振、吸噪、吸冲击的能力；
(8)设有调整装置。

1.1.3　离合器的分类

汽车离合器有摩擦式离合器、液力偶合器、电磁离合器等几种。摩擦式离合器又分为湿式和干式两种。

如图1-1所示，液力偶合器靠工作液（油液）传递转矩，外壳与泵轮连为一体，是主动件；涡轮与泵轮相对，是从动件。当泵轮转速较低时，涡轮不能被带动，主动件与从动件之间处于分离状态；随着泵轮转速的提高，涡轮被带动，主动件与从动件之间处于接合状态。

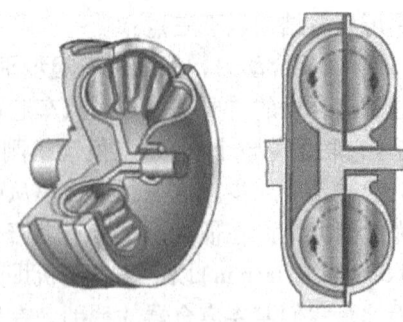

图1-1　液力偶合器结构示意图

如图1-2所示,电磁离合器靠线圈的通断电来控制离合器的接合与分离。如在主动件与从动件之间放置磁粉,则可以加强两者之间的接合力,这样的离合器称为磁粉式电磁离合器。

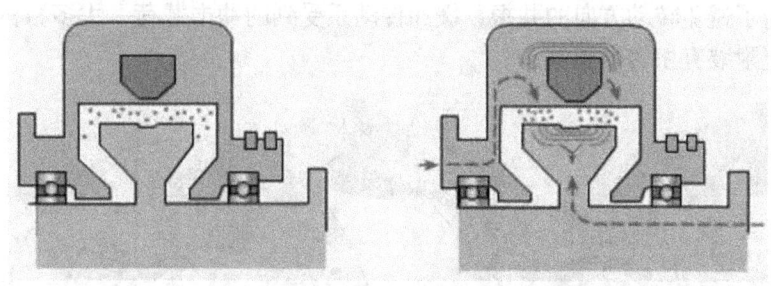

图1-2 电磁离合器结构示意图

目前,与手动变速器相配合的绝大多数离合器为干式摩擦式离合器,按其从动盘的数目,又分为单盘式、双盘式和多盘式等几种。湿式摩擦式离合器一般为多盘式的,浸在油中以便于散热。

采用若干个螺旋弹簧作为压紧弹簧,并将这些弹簧沿压盘圆周分布的离合器称为周布弹簧离合器;采用膜片弹簧作为压紧弹簧的离合器称为膜片弹簧离合器。

1.1.4 离合器的基本组成(以摩擦离合器为例)

离合器由主动部分、从动部分、压紧机构和操纵机构四部分组成。

1. 主动部分

如图1-3所示,主动部分包括飞轮、离合器盖、压盘等机件组成。这部分与发动机曲轴连在一起。离合器盖与飞轮靠螺栓连接,压盘与离合器盖之间是靠3~4个传动片传递转矩的。

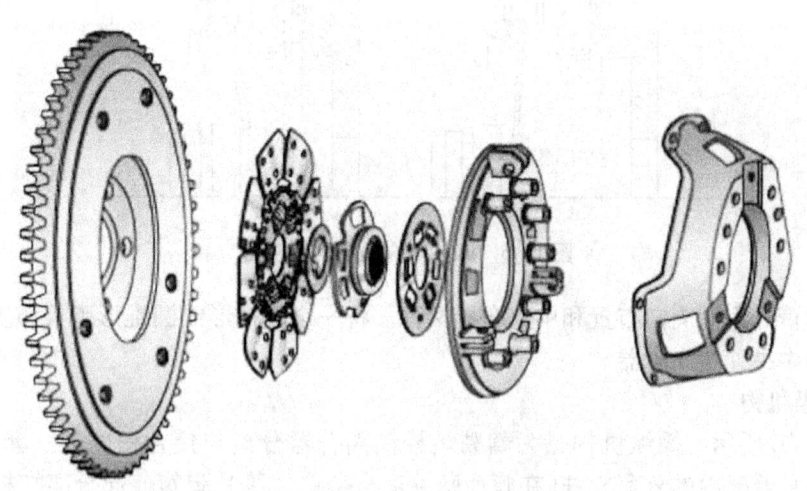

图1-3 摩擦离合器部分零件的构造

2. 从动部分

如图1-4所示,从动部分是由单片、双片或多片从动盘所组成,它将主动部分通过摩擦传来的动力传给变速器的输入轴。从动盘由从动盘本体、摩擦片和从动盘毂三个基本部分组成。为了避免转动方向的共振,缓和传动系受到的冲击载荷,大多数汽车都在离合器的从动盘上附装有扭转减震器。

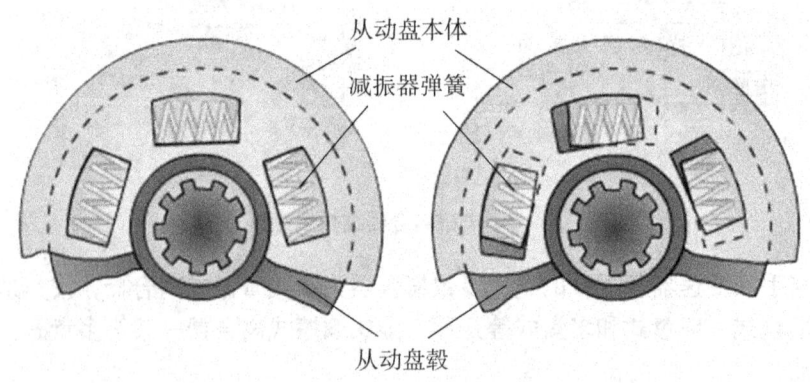

图1-4 从动盘上的扭转减震器结构示意图

3. 压紧机构

如图1-5所示,压紧机构主要由螺旋弹簧或膜片弹簧组成,与主动部分一起旋转,它以离合器盖为依托,将压盘压向飞轮,从而将处于飞轮和压盘间的从动盘压紧。

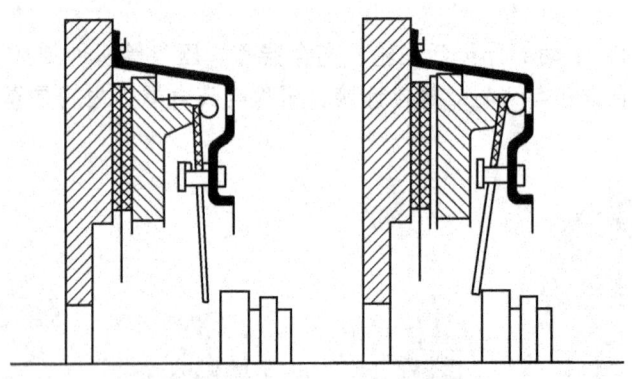

图1-5 摩擦离合器结构示意图

螺旋弹簧分为沿周向布置和中央布置两种。将一个圆柱形或圆锥形弹簧布置在中央的离合器称为中央弹簧离合器。

4. 操纵机构

如图1-6所示,操纵机构是为驾驶员控制离合器分离与接合程度的一套专设机构。它由位于离合器壳内的分离杠杆(在膜片弹簧离合器中,膜片弹簧兼起分离杠杆的作用)、分离轴承、分离套筒、分离叉、回位弹簧等机件组成的分离机构,位于离合器壳外的离合器踏板,传动机构及助力机构等组成。

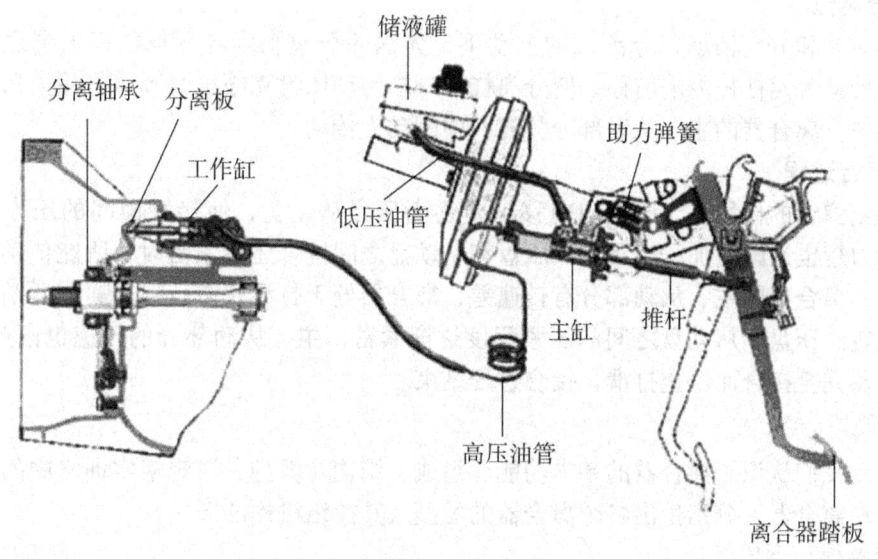

图1-6 离合器的操纵机构示意图

1.1.5 离合器的工作原理(以摩擦离合器为例)

1. 接合状态

如图1-7所示,操纵机构各部件在回位弹簧的作用下回各自位置,分离杠杆内端与分离轴承之间保持有一定的间隙,压紧弹簧将飞轮、从动盘和压盘三者压紧在一起,发动机的转矩经过飞轮及压盘,通过从动盘两摩擦面的摩擦作用传给从动盘,再由从动轴输入变速器。

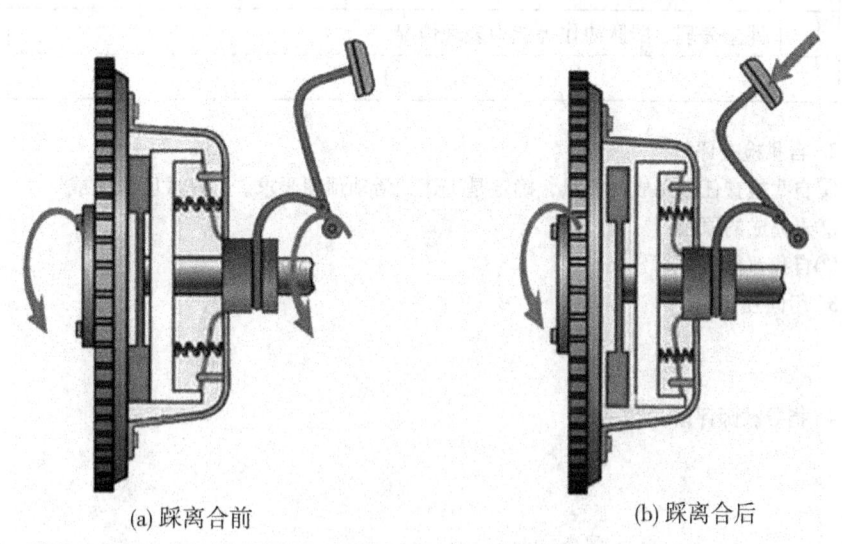

(a) 踩离合前　　　　　　　　　　(b) 踩离合后

图1-7 摩擦离合器的工作原理示意图

2. 分离过程

分离套筒和分离轴承在分离叉的推动下，先消除分离轴承与分离杠杆内端之间的间隙，然后推动分离杠杆内端前移，使分离杠杆外端带动压盘克服压紧弹簧作用力后移，摩擦作用消失，离合器的主、从动部分分离，中断动力传动。

3. 接合过程

在压紧弹簧的作用下，压盘向前移动并逐渐压紧从动盘，使接触面间的压力逐渐增加，摩擦力矩也逐渐增加；当飞轮、压盘和从动盘之间接合还不紧密时，所能传动的摩擦力矩较小，离合器的主、从动部分有转速差，离合器处于打滑状态；随着离合器踏板逐渐抬起，飞轮、压盘和从动盘之间的压紧程度逐渐紧密，主、从动部分的转速也渐趋相等，直到离合器完全接合而停止打滑，接合过程结束。

拓展训练

本单元我们认识了离合器的基本功能、组成、结构及类型，请观察实训室中的离合器台架及整车离合器，分别指出各个离合器的类型及其操纵机构的形式。

综合考核与评价

活动评价

1. 评价标准：

序号	考核内容	配分	得分
a	能否正确说出离合器的功能、要求及分类	10	
b	参照实物能否说出离合器每一部分的结构名称	10	
c	能否弄清楚离合器传递动力时和中断动力时主动、从动部分之间的关系	10	
d	观察离合器的工作过程，能否讲解其工作原理	20	
e	任务工单完成情况	40	
f	课堂表现、团队协作等能力表现情况	10	
	合　　计	100	

2. 自我检查评估：

①自我检查任务完成的质量，确定是否达到活动预期要求。□完成□未完成

②未完成的原因：

③自我评价：

3. 组间互评：

4. 指导教师评语：

活动任务二　离合器的拆装与调整

1. 项目活动要点

（1）在汽车底盘拆装实训室，利用汽车整车、相关总成台架，认识汽车离合器的总体构造及其工作过程；

（2）利用离合器，认识及观察离合器各部分的整体结构，并对离合器进行拆卸和装配，对离合器的自由行程进行调整。

2. 项目活动任务安排

项目化教学任务工单		
课程名称：汽车底盘构造与检修 学习情景：离合器的构造、拆装及检修 活动项目：离合器的拆装与调整	班级：_____ 姓名：_____ 学号：_____ 第（　）组	场所：汽车底盘拆装实训室 日期：_____
活动任务	1. 了解离合器自由间隙和踏板行程调整方法； 2. 掌握摩擦离合器操纵机构的拆装方法； 3. 掌握膜片弹簧离合器的拆装步骤及注意事项。	
活动目标	能力要点：能够拆装离合器并对离合器进行调整。 知识要点：1. 离合器自由间隙和踏板行程； 　　　　　2. 摩擦离合器操纵机构的结构特点； 　　　　　3. 膜片弹簧离合器的拆装要领。 职业素养：团队协作，学会查找资料、观察实物的组成与运动关系，分析总结。	
活动内容	一、离合器踏板自由行程检查与调整 如图1所示，离合器的自由间隙是指_____与_____之间所预留的间隙，其作用是_____。为了消除离合器的自由间隙和操纵机构零件的弹性变形所需要的离合器踏板行程称为_____，一般小车为_____mm，大车为_____mm。 离合器踏板自由行程的调整是靠离合器拉索的调整来进行的，具体可通过图1箭头所指的调整螺母来进行。记录离合器检查与调整的操作步骤。 (1)_____ (2)_____ (3)_____ 图1　离合器踏板自由行程的调整	

请说明：自由行程过大或过小，对汽车有何影响？
_____

二、离合器液压操纵系统的拆装

离合器液压操纵系统由_____、_____、_____、储液罐、进油软管、油管总成、分离叉、分离轴承等组成。

在实训室观察至少三款汽车离合器的操纵机构，并记录其操纵机构的类型如下：

1. 车型：_____ 操纵机构：_____
2. 车型：_____ 操纵机构：_____
3. 车型：_____ 操纵机构：_____

记录液压操纵系统拆装要点及注意事项：

(1)离合器主缸的拆卸与分解

(2)离合器工作缸的拆卸与分解

(3)主缸和工作缸的装配

知识链接

摩擦离合器还可以按不同结构类型进行以下分类。

(1)按从动盘的数目可以分为单片离合器、双片离合器和多片离合器。轿车、客车和部分中、小型货车多采用单片离合器，因为发动机的最大转矩一般不是很大，单片离合器就可以满足动力传动的要求；双片离合器由于增加了一片从动盘，在其他条件不变的情况下，它比单片离合器所能传动的转矩增大一倍（由于一个从动盘是两个摩擦面传递动力，因而两个从动盘是四个摩擦面传递动力），多用于重型车辆上。

(2)按压紧弹簧的结构形式可分为螺旋弹簧离合器和膜片弹簧离合器两种。

①螺旋弹簧离合器：有周布弹簧离合器和中央弹簧离合器之分。周布弹簧离合器采用若干个螺旋弹簧作为压紧弹簧，螺旋弹簧沿压盘圆周分布。中央弹簧离合器仅具有一个或两个较强力的螺旋弹簧，螺旋弹簧与压盘同心并安置在离合器的中央。

②膜片弹簧离合器：离合器压紧部件采用膜片弹簧。

1.2.1 膜片弹簧离合器的结构特性和工作原理

1. 结构特性

如图1-8所示，膜片弹簧离合器目前在各种类型的汽车上都广泛应用。膜片弹簧离合器由主动部分、从动部分、压紧机构和操纵机构组成。

主动部分由飞轮、离合器盖和压盘组成。离合器盖通过螺栓固定在飞轮上，为了保持正确的安装位置，离合器盖通过定位销进行定位。压盘与离合器盖之间通过周向均布的三组或四组传动片来传递转矩。传动片用弹簧钢片制成,每组两片,一端用铆钉铆在离合器盖上,另一端用螺钉连接在压盘上。

从动部分包括从动盘和从动轴,从动盘一般都带有扭转减震器。发动机传到传动系的转速和转矩是周期性变化的,它使传动系产生扭转振动,这将使传动系的零部件受到冲击性交变载荷,使寿命下降、零件损坏。采用扭转减震器可以有效地防止传动系的扭转振动。从动盘钢片外圆周铆接波浪形弹簧钢片,摩擦衬片分别铆接在弹簧钢片上,从动盘钢片与减震器盘铆接在一起,这两者之间夹有摩擦垫圈和从动盘毂。从动盘毂、从动盘钢片和减震器盘上都有沿圆周均布的六个窗孔,减振弹簧装在窗孔中。当从动盘受到转矩作用时,转矩从摩擦衬片传到从动盘钢片,再经减振弹簧传给从动盘毂,此时弹簧将被压缩,吸收发动机传来的扭转振动。

压紧机构是膜片弹簧,其径向开有若干切槽,形成弹性杠杆。切槽末端有圆孔,固定铆钉穿过圆孔,并固定在离合器盖上。膜片弹簧两侧装有钢丝支承环,这两个钢丝支承环是膜片弹簧工作时的支点。膜片弹簧的外缘通过分离钩与压盘联系起来。

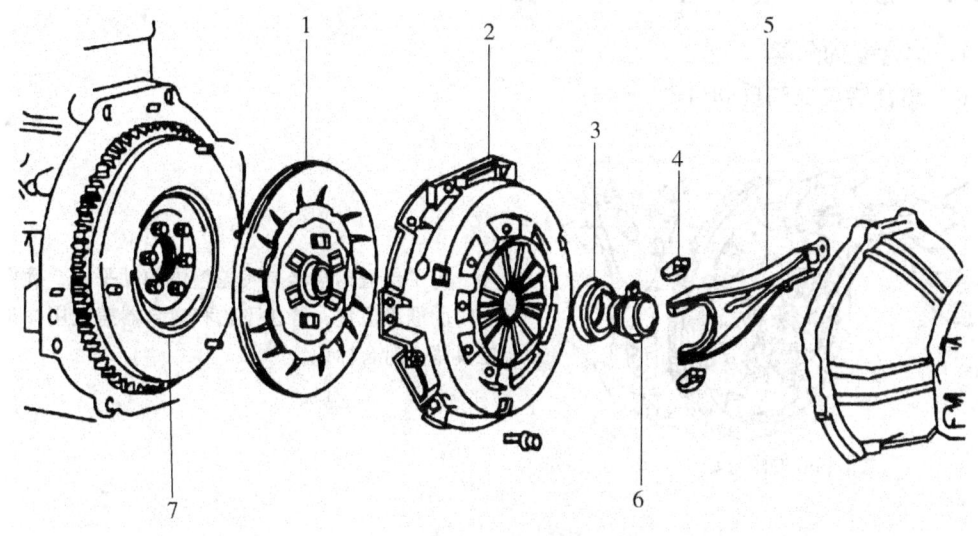

图1-8 膜片弹簧离合器结构
1—从动盘;2—离合器盖和压盘;3—分离轴承;4—卡环;5—分离叉;6—分离套筒;7—飞轮

2. 工作原理

当离合器盖未安装到飞轮上时,膜片弹簧不受力处于自由状态,此时离合器盖与飞轮之间有一段距离 s,如图1-9a所示。当离合器盖通过螺栓固定在飞轮上时,膜片弹簧在支承环处受压产生弹性变形,此时膜片弹簧的外圆周对压盘产生压紧力使离合器处于接合状态,如图1-9b所示。当踩下离合器踏板时,分离轴承推动膜片弹簧,使膜片弹簧以支承环为支点外圆周向后翘起,通过分离钩拉动压盘后移使离合器分离,如图1-9c所示。由此可见,膜片弹簧既是压紧弹簧,又是分离杠杆,使得结构简化。另外膜片弹簧的弹簧特性优于圆柱螺旋弹簧,所以膜片弹簧离合器的应用越来越广泛,在各种车型上都有应用。

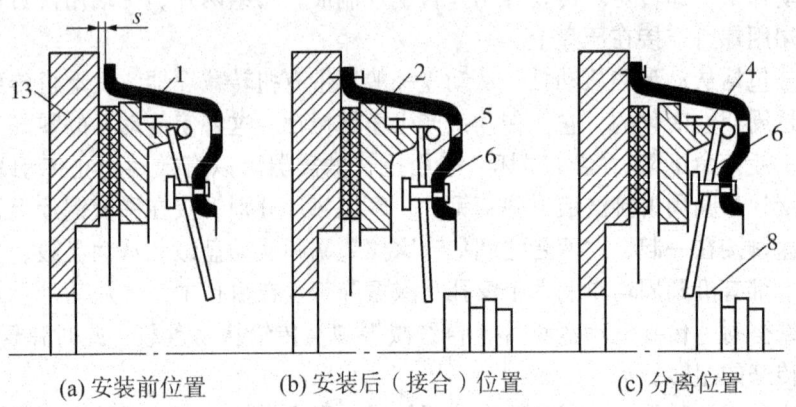

(a) 安装前位置　　　(b) 安装后（接合）位置　　　(c) 分离位置

图1-9　膜片弹簧离合器工作原理

1.2.2　膜片弹簧离合器的拆装

1. 离合器的分解

（1）离合器总成的拆卸（图1-10）

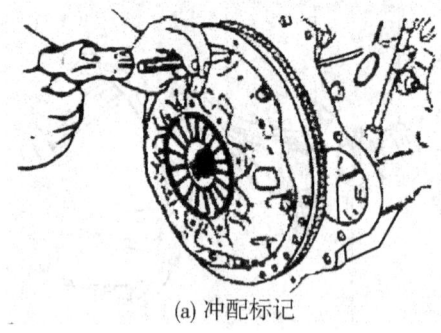

(a) 冲配标记

为了保证离合器与飞轮整体的动平衡，确保安装时的准确位置，需在飞轮和离合器盖上用冲头等工具凿上对合标记。

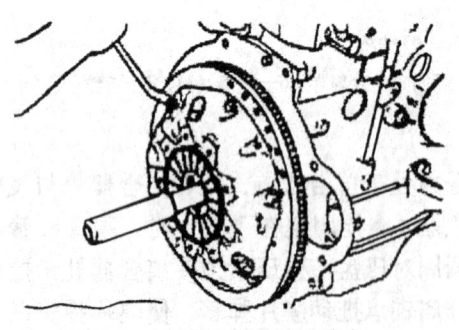

(b) 拆卸离合器盖总成

①在导向轴承内插入导向专用工具。
②使用工具按对角方向逐渐拧松并拆下紧固螺栓。

图1-10　离合器总成的拆卸示意图

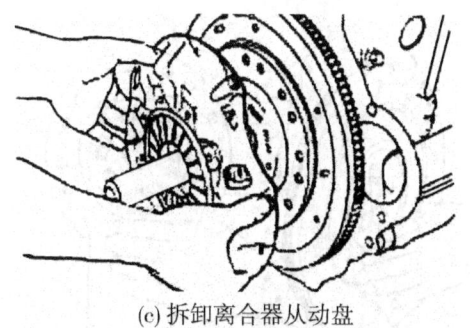

(c) 拆卸离合器从动盘

取出离合器压盘总成。
注意：不要将润滑油或润滑脂沾到压盘的摩擦表面。

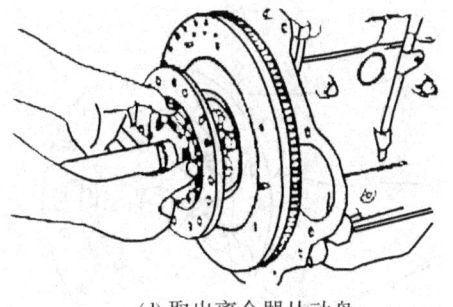

(d) 取出离合器从动盘

取出离合器从动盘。
注意：不要将润滑油或润滑脂沾到从动盘摩擦片的摩擦表面。

图1-10 离合器总成的拆卸示意图（续）

（2）膜片弹簧式离合器的分解
①拆下飞轮壳。
②用专用工具，将飞轮固定。

然后逐渐将离合器压盘的固定螺栓对角拧松（按五角星画法顺序，别一次性拧脱，尽量保持压盘在拧脱时在同一平面，注意观察压盘和飞轮的装配标记），取下离合器盖及压盘总成，并取下离合器从动盘。

③用内拉头拉出分离轴承。
④拆下分离轴承导向套和橡胶防尘套、回位弹簧。
⑤用尖嘴钳取出卡簧及衬套座，取出分离叉轴。
⑥如图1-11所示，仔细观察各零部件的结构特点和相互连接关系，熟悉零件名称。

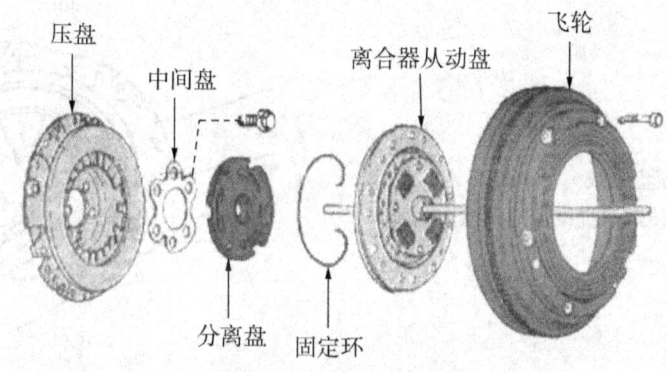

图1-11 离合器分解

2. 离合器的装配(图1-12)

(1)安装离合器从动盘。

①使用砂纸和清洁剂清洗飞轮和从动盘摩擦片的摩擦表面。

②在花键毂内涂上一层薄薄的专用润滑脂。

③使用离合器导向工具使飞轮与离合器摩擦片对中,以便于变速器一轴的安装。

(2)安装离合器压盘总成。

①使用砂纸和清洁剂清洗压盘的摩擦表面。

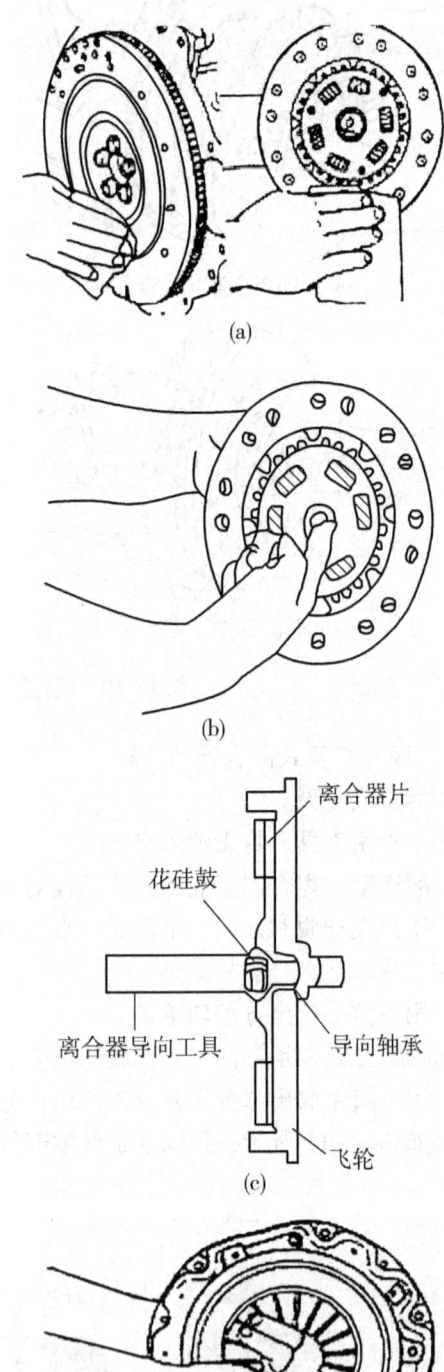

图1-12 离合器的装配示意图

②对齐飞轮和离合器盖上的标记,然后按对角方向逐渐拧紧螺栓,分2～3次拧紧。

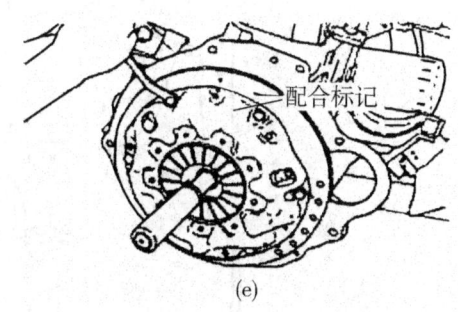

③使用扭力扳手按规定的扭矩拧紧螺栓(一般15 N·m左右)。

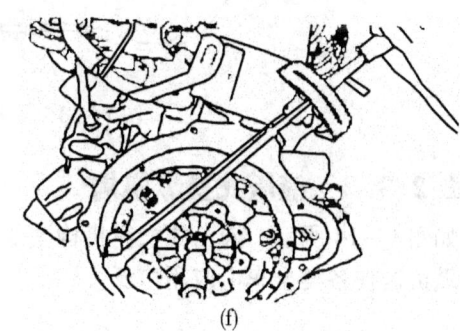

图1－12 离合器的装配示意图(续)

1.2.3 摩擦离合器的操纵机构

离合器的操纵机构是驾驶员借以使离合器分离、又柔和接合的一套机构,它起始于离合器踏板,终止于分离杠杆。

按照分离离合器时所需操纵能源的不同,离合器操纵机构分为人力式和助力式。人力式又可以分为机械式和液压式;助力式又可以分为气压助力式和弹簧助力式。人力式操纵机构是以驾驶员作用在踏板上的力作为唯一的操纵能源。助力式操纵机构除了驾驶员的力以外,一般以其他形式的能源作为操纵能源。

在轿车中应用较多的是机械式操纵机构、液压式操纵机构和弹簧助力式操纵机构,其中液压式操纵机构应用最多。

1.2.3.1 机械式操纵机构

机械式操纵机构有杆系传动和绳索传动两种形式。

杆系传动机构结构简单,工作可靠,广泛应用于各型汽车上。例如东风 EQ1090E 型汽车即为杆系传动机构。但杆系传动中杆件间铰接多,摩擦损失大,车架或车身变形以及发动机位移时会影响其正常工作。

绳索传动机构如图1－13所示,其可消除杆系传动机构的一些缺点,并能采用便于驾驶员操纵的吊挂式踏板。但绳索寿命较短,拉伸刚度较小,故只适用于轻型、微型汽车和轿车,例如桑塔纳、捷达轿车离合器的操纵机构。

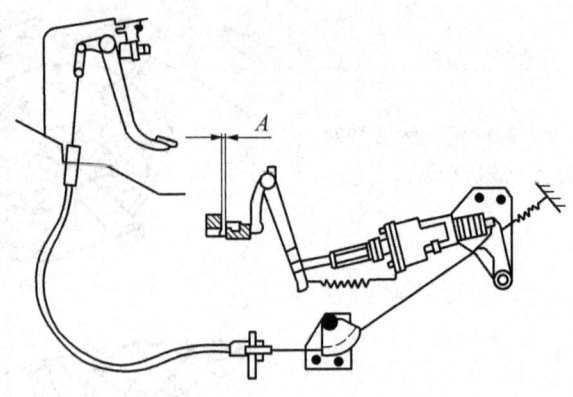

图1-13 绳索传动机构示意图

1.2.3.2 液压式操纵机构

如图1-14所示,液压式操纵机构主要由主缸、工作缸和管路系统等组成。目前液压式操纵机构在各类型车上应用广泛。

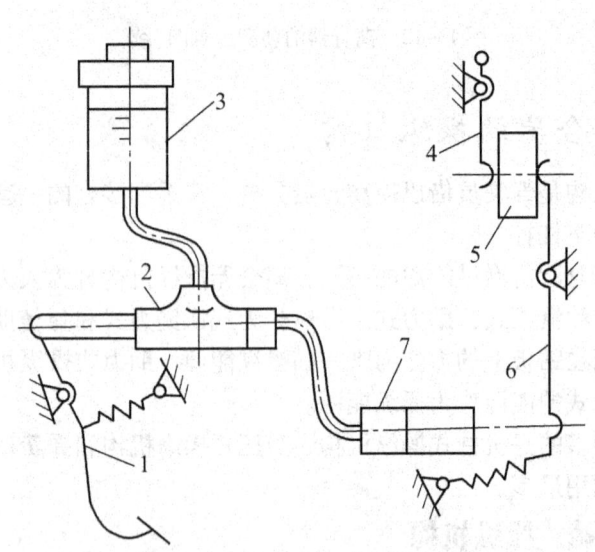

图1-14 液压式操纵机构示意图
1—离合器踏板;2—主缸;3—储液罐;4—分离杠杆;
5—分离轴承;6—分离叉;7—工作缸

1. 离合器液压操纵系统的构造

如图1-15所示,离合器液压操纵系统由离合器踏板、储液罐、进油软管、离合器主缸、离合器工作缸、油管总成、分离叉、分离轴承等组成。

储液罐有两个出油孔,分别把制动液供给制动主缸和离合器主缸。

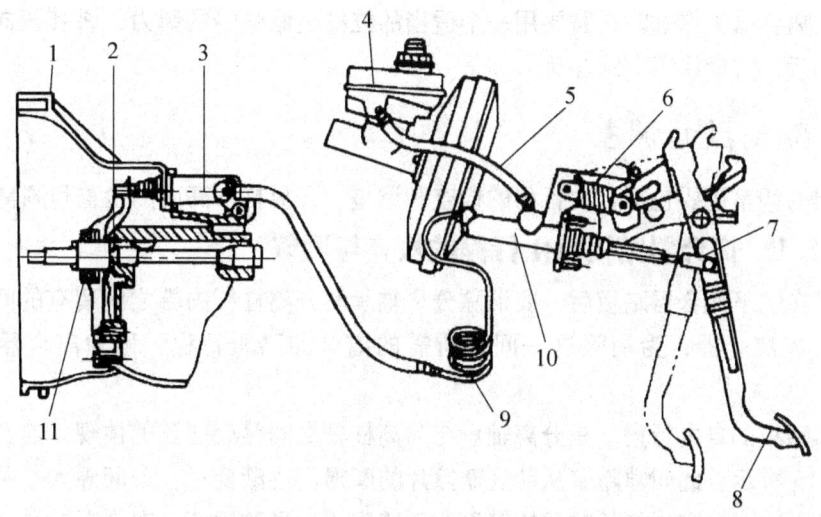

图 1-15 桑塔纳 2000GSi 型轿车离合器液压操纵系统示意图
1—变速器壳体；2—分离叉；3—离合器工作缸；4—储液罐；5—进油软管；6—助力弹簧；
7—推杆接头；8—离合器踏板；9—油管总成；10—离合器主缸；11—分离轴承

2. 离合器液压操纵系统的拆装、检修

1）离合器主缸的拆卸与分解

①取下离合器踏板与主缸推杆叉的连接销轴。

②从主缸上拧下进油管和出油管接头。

③拧下主缸固定螺栓，拉出主缸。

在解体离合器主缸前，应排净主缸中的制动液。

主缸分解过程：取下防尘罩，用旋具或卡环钳拆下卡环，拉出主缸推杆、压盖和活塞。

2）离合器工作缸的拆卸与分解

拧下工作缸进油管接头，再拆下工作缸固定螺栓，即可拉出工作缸。

工作缸的分解过程：拉出工作缸推杆，拆下防尘罩，然后用压缩空气将工作缸活塞从缸筒内压出来。

3）主缸、工作缸的检修

主缸和工作缸是离合器液压操纵系统的主要部件，其工作性能的好坏直接影响离合器的工作性能。当出现缸筒内壁磨损超过 0.125 mm，活塞与缸筒的间隙超过 0.20 mm，皮碗老化及回位弹簧失效等情况时，应更换相应零件。

4）离合器主缸、工作缸的装配

主缸和工作缸的装配，按拆卸与分解相反顺序进行，但装配时应注意以下事项：

①零件在装配前要用非腐蚀性液体清洗干净，并在活塞、皮碗、挡圈、缸套等零件上涂一层制动液。装合后推杆在缸筒内运动应灵活。在放松（不工作）位置时，主缸皮碗和活塞头部应位于进油孔和补偿孔之间，两孔都开放。工作缸上带有塑料支承环，安装时外表面要涂上一层薄薄的润滑油，工作缸推杆末端也要涂上润滑脂。

②安装离合器工作缸时，需要用一个适当的杠杆克服弹簧的弹力，将其压向变速器壳相应的孔中后，方能将固定螺栓旋入。

1.2.4 离合器的调整

离合器的调整主要包括自由行程的检查和调整，分离杠杆高度的检查和调整。

1.2.4.1 离合器踏板自由行程的检查与调整

驾驶员在踩下离合器踏板后，要消除分离轴承和分离杠杆内端之间留有的间隙，然后才能开始分离离合器，为消除这一间隙所需的离合器踏板行程，称为离合器踏板自由行程。

离合器踏板的自由行程，是分离轴承与分离杠杆之间等处间隙的体现。离合器踏板行程如图1-16所示。此间隙随着从动盘摩擦片的磨损而逐渐变小，若间隙太小甚至没有间隙，分离轴承因与分离杠杆长时间接触而会迅速磨损、导致损坏，离合器在结合期会出现"打滑"故障；如间隙太大，离合器将出现分离不开的故障，因此，应定期检查调整离合器踏板的自由行程。

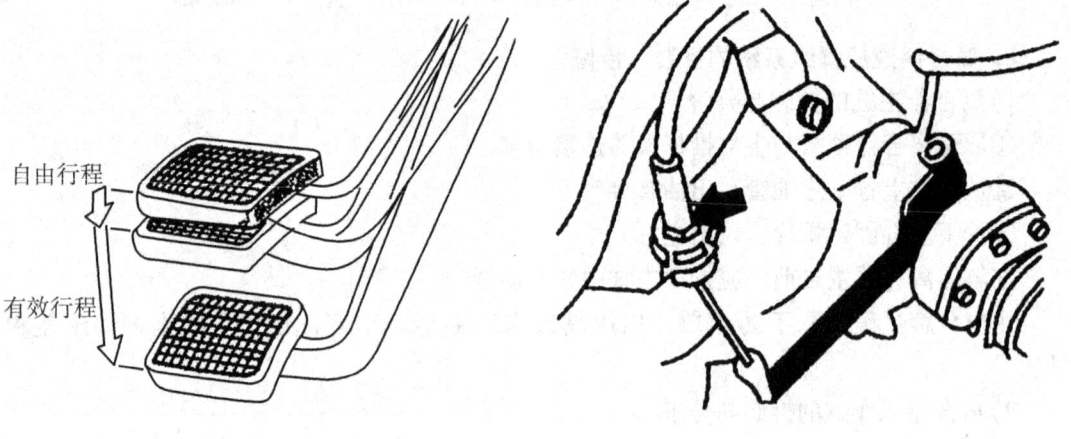

图1-16 离合器踏板行程　　图1-17 机械式离合器踏板自由行程调整

以机械式操纵机构为例，如图1-17所示，一般是通过分离叉拉杆调整螺母调整拉杆或钢索长度，使离合器踏板自由行程符合规定。桑塔纳离合器踏板自由行程的调整范围为15~20 mm。

1.2.4.2 分离杠杆高度的调整

分离杠杆高度即分离杠杆内端至飞轮表面或压盘表面或其他规定平面的距离。分离杠杆高度及高度差应符合原厂规定。以北京BJ2121汽车离合器为例，调整离合器分离杠杆高度是通过旋转分离杠杆内端的螺钉来实现的，分离杠杆的高度是从螺钉上部球面至压盘工作面的距离，其数值为12.75~44.26 mm，任何型号的离合器分离杠杆调整好后，都应处于同一平面内，并与压板保持一定的距离。分离杆头的端面与分离轴承有一定间隙(3~4 mm)。若刚抬起踏板，汽车就起步，可将分离杠杆向高调；若踏板踩到底才起步，可将分离杠杆向低调。分离轴承与分离杠杆距离不能保持规定的间隙时，可调拉杆的长度。

拓展训练

本单元我们对离合器进行了拆卸和装配,掌握了离合器的调整方法,请结合拆装的离合器的结构类型,写下离合器拆卸和装配的标准流程及操作规范。

综合考核与评价

活动评价

1. 评价标准:

序号	考核内容	配分	得分
a	能准确选择拆装工具,拿错一次扣2分	10	
b	离合器拆卸顺序准确无误,顺序错误一次扣5分	20	
c	离合器调整,分离杠杆高度调整错误扣5分	10	
d	离合器的装配过程准确无误,顺序错误一次扣5分	20	
e	任务工单完成情况	30	
f	课堂表现、团队协作、安全生产、工具5S整理等能力表现情况	10	
	合　　计	100	

2. 自我检查评估:
①自我检查任务完成的质量,确定是否达到活动预期要求。□完成 □未完成
②未完成的原因:
③自我评价:

3. 组间互评:

4. 指导教师评语:

活动任务三　离合器的故障诊断与检修

1. 项目活动要点

（1）在汽车底盘拆装实训室，利用汽车整车、相关总成台架，认识汽车离合器的常见故障现象并分析其原因，对汽车离合器常出现的部件故障进行检修。

（2）对离合器常见故障进行诊断，找到引起故障的原因；掌握离合器故障检修的基本方法和操作要领。

2. 项目活动任务安排

项目化教学任务工单		
课程名称：汽车底盘构造与检修 学习情景：离合器的构造、拆装及检修 活动项目：离合器的故障诊断与检修	班级：_____ 姓名：_____ 学号：_____ 第（ ）组	场所：汽车底盘拆装实训室 日期：_____
活动任务	1. 了解离合器常见的故障现象； 2. 学会分析离合器常见故障出现的原因； 3. 膜片弹簧离合器的检修。	
活动目标	能力要点：能够对离合器进行故障诊断及检修。 知识要点：1. 认识离合器异响、打滑、分离不彻底、起步发抖等故障现象； 　　　　　2. 膜片弹簧离合器的检修步骤。 职业素养：团队协作，学会查找资料、观察实物的组成与运动关系，分析总结。	
活动内容	一、故障诊断——离合器打滑 说明故障现象：汽车用低速挡起步时，放松离合器踏板后，汽车_____；汽车加速行驶时，车速不能随发动机转速的提高而_____，感到行驶无力，严重时产生_____或_____等现象。 分析故障原因：（1）离合器自由行程：_____； （2）压紧力：_____； （3）从动盘摩擦片摩擦系数：_____； （4）离合器杆系卡滞，离合器踏板不能彻底回位，不能使分离轴承与分离杠杆离开。 记录故障诊断排查实施步骤： （1）首先检查离合器踏板自由行程，如不符合规定应予以_____。 （2）如自由行程正常，应拆下变速器壳，检查_____与_____连接螺栓是否松动，如松动则拧紧。 （3）如离合器仍然打滑，应拆下离合器检查_____的状况。如有油污，可用汽油清洗烘干，如磨损严重或铆钉外露应更换。 （4）如从动盘完好，则应分解离合器，检查_____，若弹力过软则应更换。 二、从动盘的检修（图1） （1）先目视检查，若从动盘摩擦片有_____、_____、_____等情况，则应更换从动盘。 （2）再检查从动盘的端面圆跳动。在距从动盘外边缘_____处测量，离合器从动盘最大端面		

圆跳动为_____。端面跳动量测量值为_____mm。
(3)最后检查从动盘摩擦片的磨损程度。摩擦片的磨损程度可用_____进行测量。铆钉头埋入深度应不小于_____mm。注意，检查的是铆钉头的深度，即浅处的深度，如果检查超过要求，则应_____。

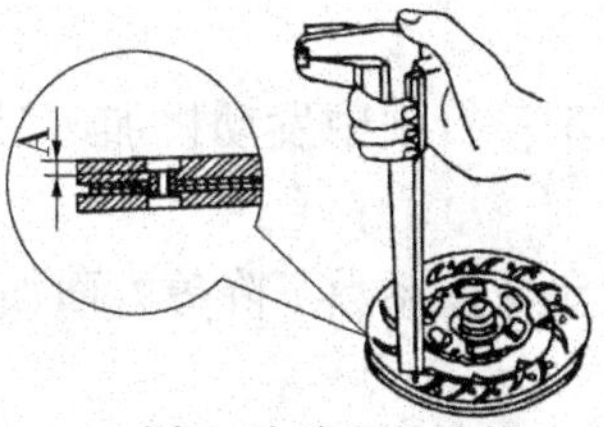

图1 从动盘的检修

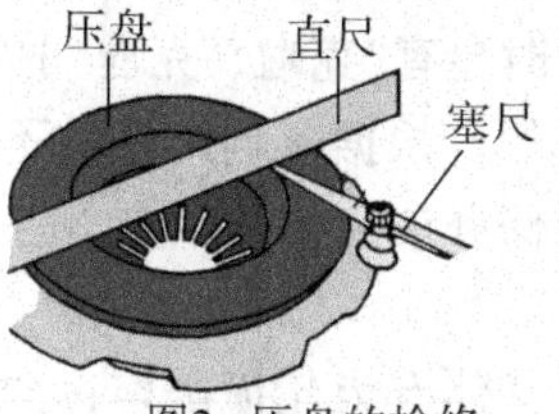

图2 压盘的检修

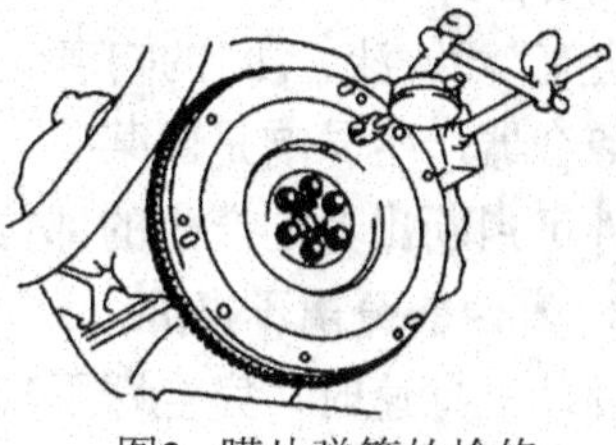

图3 膜片弹簧的检修

三、压盘的检修（图2）
(1)压盘若出现_____、_____或_____，应及时更换。
(2)离合器压盘平面度不应超过_____mm，检查方法是用_____压在压盘上，然后用_____测量。测量值为_____mm。

四、膜片弹簧的检修（图3）
(1)膜片弹簧磨损的检修：用_____测量膜片弹簧与分离轴承接触部位磨损的深度和宽度。深度应小于_____mm，宽度应小于_____mm，否则应更换。测量值为深度_____mm，宽度_____mm。
(2)膜片弹簧变形的检修：用专用工具盖住弹簧分离指内端（小端），然后用_____测量弹簧内端与专用工具之间的间隙。弹簧内端应在同一平面内，间隙不超过_____mm。否则用维修工具将变形过大的弹簧分离指翘起以进行调整。

五、飞轮的检修（图4）
(1)飞轮端面圆跳动的检修：将_____表吸附在发动机体上，表针抵在飞轮的最外圈，转动飞轮，测量飞轮的端面圆跳动，应小于_____mm。如果端面圆跳动超过标准，应修理或更换飞轮。
(2)飞轮上轴承的检修：用手转动轴承，在轴向加力，如有_____感，则应更换轴承。

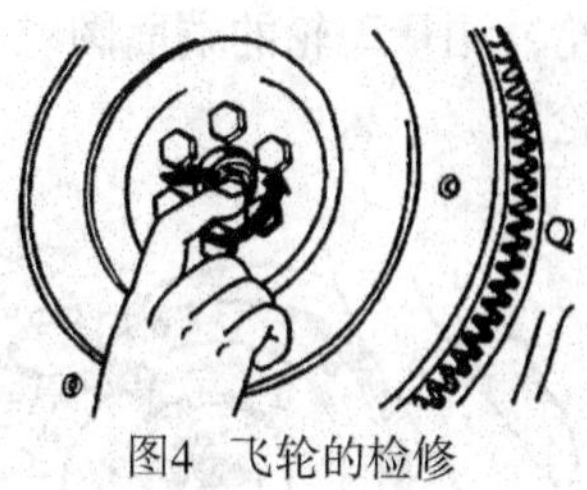

图4 飞轮的检修

知识链接

离合器的常见故障部位主要有飞轮与从动盘接触面、从动盘、压盘、膜片弹簧（或分离杠杆）、分离叉、分离套筒、工作行程等。

1.3.1 离合器的常见故障

离合器的常见故障主要包括离合器打滑,离合器异响,离合器分离不彻底和离合器抖动。

1. 离合器打滑

汽车在起步时,离合器踏板要抬得很高才能勉强起步;行驶中发动机加速时,车速却不能随之提高,这些都属离合器打滑现象。

离合器打滑的原因主要可以从从动盘压不紧、从动盘摩擦系数下降等方面加以考虑。

2. 离合器发生异响

离合器异响多发生在离合器接合或分离的过程中以及转速变化时。例如离合器刚接合时有时会有"沙、沙、沙"的响声,接合/分离或转速突然变化时会有"克啦、克啦"的响声等。

离合器产生异响是由某些零件不正常摩擦及撞击造成的,根据异响声音的不同及产生的条件可判断出异响产生的部位及原因,以采取相应的维修办法。

3. 离合器分离不彻底

发动机怠速时,完全踩下离合器踏板,却挂挡困难,常伴有齿轮撞击声;或在强行挂挡后,不松开离合器踏板,汽车就猛向前窜或发动机熄火。

离合器分离不彻底的根本原因是离合器踏板踩到底时,压盘离开从动盘的移动量过小,或部件的变形导致压盘与从动盘摩擦片有所接触而不能彻底分离。

离合器分离不彻底可以从离合器踏板自由行程、分离杠杆高度、从动盘等几个方面考虑。

1.3.2 离合器的检修

离合器的检修是指对其主要零部件(包括飞轮、压盘和离合器盖、从动盘、膜片弹簧、螺旋压紧弹簧、分离轴承、主缸和工作缸等)的检查、更换或修理。

1. 飞轮端面圆跳动的检修

如图 1-18 所示,将百分表吸附在发动机机体上,百分表表针抵在飞轮的最外圈,转动飞轮,测量飞轮的端面圆跳动,应小于 0.1mm。如果端面圆跳动超过标准,应修理或更换飞轮。

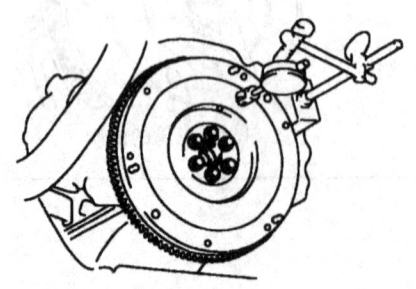

图 1-18 飞轮端面圆跳动的检查

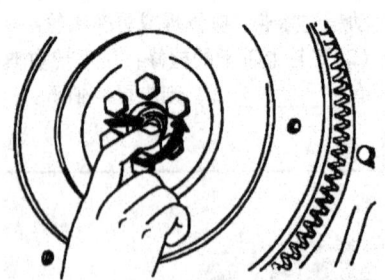

图 1-19 从动轴前支承轴的检查

2. 飞轮上轴承的检修

如图 1-19 所示，用手转动轴承，在轴向加力，如果有阻滞或有明显间隙感，则应更换轴承。

3. 从动盘轴向偏摆的检查

如图 1-20 所示，将离合器从动盘放在定位轴上，用百分表检查其轴向偏摆，在距边缘 2.5 mm 处测量，离合器从动盘最大端面圆跳动为 0.4 mm，超过极限时，可以用专用工具进行修正。

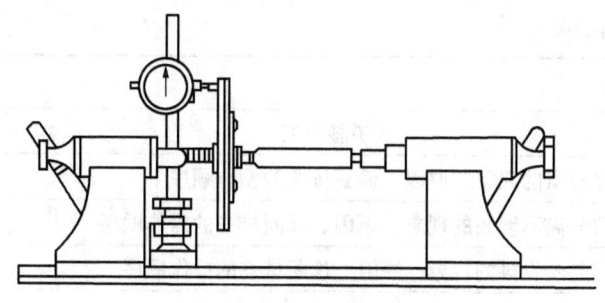

图 1-20 从动盘端面圆跳动的检查

4. 从动盘与变速器第一轴(输入轴)配合花键的检查

将离合器从动盘装在变速器第一轴(输入轴)的花键轴上，检查从动盘的花键孔与变速器第一轴花键轴的配合，不得有明显的轴向摆动与圆周摆动，但在轴上能顺利移动。从动盘花键毂与变速器第一轴的配合间隙不大于 0.6 mm。

5. 从动盘磨损的检查

如图 1-21 所示，检查从动盘的磨损，如摩擦片有轻微的油污，可用汽油清洗后，用喷灯火焰烘干；有轻微硬化、烧损，可用砂布打磨；磨损严重，或有裂纹、脱落、严重烧损或油污时，用游标卡尺测量从动盘铆钉头至端面的深度，不得小于 0.2 mm，否则应更换从动盘。

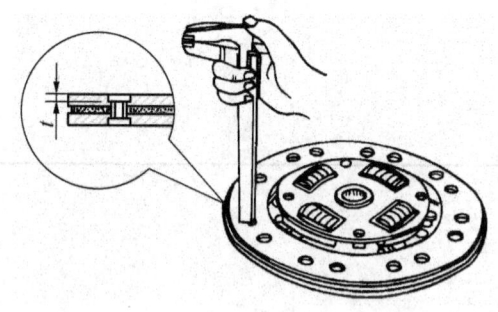

图 1-21 摩擦片磨损的检查

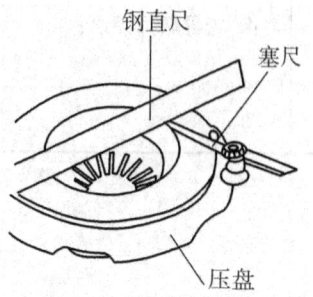

图 1-22 压盘平面度的检查

6. 压盘和离合器盖的检查与修理

压盘工作平面烧蚀、龟裂、划伤不严重时，可用油石打磨光滑。沟槽深度超过 0.50 mm 或平面翘曲度超过 0.12～0.20 mm 时应磨削修复，但磨削总量不超过限度，一般为 1～1.5 mm。检查方法如图 1-22 所示，是用钢直尺压在压盘上，然后用塞尺测量。磨削后的压盘应重新进行平衡。

离合器盖的检查与修理：离合器盖的端面平面度误差超过 0.50 mm 时，应予以校正。如有裂纹应焊修，传力窗磨损出现台阶可堆焊。

拓展训练

本单元我们了解了离合器的常见故障的现象原因以及处理的基本思路，请写出在实训室完成离合器其中一种故障的诊断排查过程。本单元我们对离合器容易出现故障的零部件进行了检修，请归纳总结各个部件检修的要点及操作要领。

综合考核与评价

活动评价

1. 评价标准：

序号	考核内容	配分	得分
a	离合器打滑的现象、原因、诊断排查的操作顺序	15	
b	离合器分离不彻底的现象、原因、诊断排查的操作顺序	15	
c	离合器起步发抖的现象、原因、诊断排查的操作顺序	15	
d	离合器异响的现象、原因、诊断排查的操作顺序	15	
e	任务工单完成情况	30	
f	课堂表现、团队协作、安全生产、工具5S整理等能力表现情况	10	
	合　　计	100	

2. 自我检查评估：
①自我检查任务完成的质量，确定是否达到活动预期要求。□完成 □未完成
②未完成的原因：
③自我评价：

3. 组间互评：

4. 指导教师评语：

项目情景二　手动变速器的结构认识及检修

任务描述

手动变速器(Manual Transmission，MT)又称机械式变速器，即必须用手拨动变速杆(俗称"挡把")才能改变变速器内的齿轮啮合位置，改变传动比，从而达到变速的目的。轿车手动变速器大多为四挡或五挡有级式齿轮传动变速器，并且通常带同步器，换挡方便，噪声小。手动变速在操纵时必须踩下离合，方可拨得动变速杆。

手动变速器是与自动变速器相对而言的，其实在自动变速器出现之前所有的汽车都是采用手动变速器。手动变速器是利用大小不同的齿轮配合而达到变速的。最常见的手动变速器多为3～5个前进挡和1个倒挡，在重型载货汽车用的组合式变速器中，则有更多的挡位。所谓的变速器挡数是指前进挡位数。

学习目标

1. 了解手动变速器的基本组成及原理；
2. 了解手动变速器的拆装流程；
3. 了解手动变速器维修流程，掌握手动变速器维修诊断方法。

案例导入

案例一：变速器跳动。故障现象：汽车在行驶中，变速杆自动跳回空挡，滑动齿轮脱离啮合位置(一般多在中、高负荷突然变化或汽车剧烈振动时发生)。

案例分析：①发现某挡跳动时，仍将变速杆推入该挡，然后拆下变速器盖查看齿轮啮合情况，如齿轮啮合良好，应检查换挡机构；②用手推动跳挡的换挡杆拨动端试验定位装置：如定位不良，需拆下换挡杆拨动端检查定位球及弹簧，如弹簧过软、折断应进行更换；③如齿轮未完全啮合，用手推动跳动的齿轮即齿轮正确啮合，应检查换挡杆拨动端是否弯曲，如是弯曲应校正；④如换挡机构良好，而齿轮或齿套不能完全啮合时，应检查齿轮是否磨成锥形，轴承是否松旷，必要时拆下修理或更换。

案例二：变速器乱挡。故障现象：汽车起步挂挡或行驶中换挡，所挂挡与所需挡位不符，或虽然可挂入所需挡位但不能退回空挡，或一次挂入两个挡位。

案例分析：①换挡杆与换挡杆拨动端松旷、损坏或换挡杆拨动端内孔磨损过大；②变速控制器弹簧压缩量达不到规定的要求；③换挡滑杆互锁销与小互锁销磨损过大，失去互锁作用。

学习指导

通过对手动变速器的案例分析,对手动变速器的故障诊断,首先要掌握手动变速器的内部构造的基本组成、齿轮传递动力的基本工作原理、部件之间的连接关系、控制机理,并要有相应的汽车驾驶经验,掌握科学的诊断方法,才能对手动变速器汽车出现的故障进行快速的诊断。

活动任务一　手动变速器构造总体认识

1．项目活动要点

（1）在汽车底盘拆装实训室,利用汽车整车、相关总成台架,认识汽车手动变速器的内部构造。

（2）在汽车实物上,认识及观察手动变速器各部分系统的整体结构,分析手动变速器动力的传递路线。

2．项目活动任务安排

项目化教学任务工单		
课程名称：汽车底盘构造与检修 学习情景：手动变速器的认识与检修 活动项目：手动变速器构造总体认识	班级：＿＿＿＿＿＿ 姓名：＿＿＿＿＿＿ 学号：＿＿＿＿＿＿第（　）组	场所：汽车底盘拆装实训室 日期：＿＿＿＿＿＿
活动任务	1．认识汽车手动变速器的结构总成； 2．重点认识EQ1092型汽车五挡变速器的部件名称。	
活动目标	能力要点：能够正确区分各类自动变速器；明确各自的优点及运用场合。 知识要点：1．手动变速器的变速原理； 　　　　　2．不同类型手动变速器的特点； 　　　　　3．同步器、分离轴承、分离拨叉、传动比等专业名词的含义。 职业素养：团队协作,学会查找资料、观察实物的组成与运动关系,分析总结。	
活动安排	1．学生以小组为单位,在拆装台上(或总成)认识手动变速器的各部分零件。完成任务卡上"二、部件认识"的相关内容。(20分钟) 2．学生以小组为单位,利用活动任务卡,认识各类手动变速器总成。完成任务卡上"三、手动变速器的工作原理"和"四、简答题"的相关内容。(40分钟)	

一、准备工作

1. 本次任务：

2. 用到的设备：

3. 你的计划工作流程（实训实施步骤）：

二、部件认识

1. 在图1中，填写同步器各部分的名称，并在台架上找到各零件的位置。

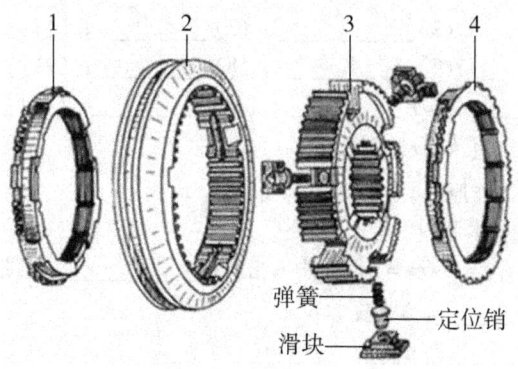

图1　锁环式同步器分解

（注：图1来自百度图库）

答：(1)_____；(2)_____；(3)_____；(4)_____。

同步器的作用是：_____。

2. 在图2中，填写典型三轴式手动变速器各部分的名称。

图2

答：(1)_____；(2)_____；(3)_____。

3. 在图 3 中，填写 6 挡变速器操纵机构各部分的名称。

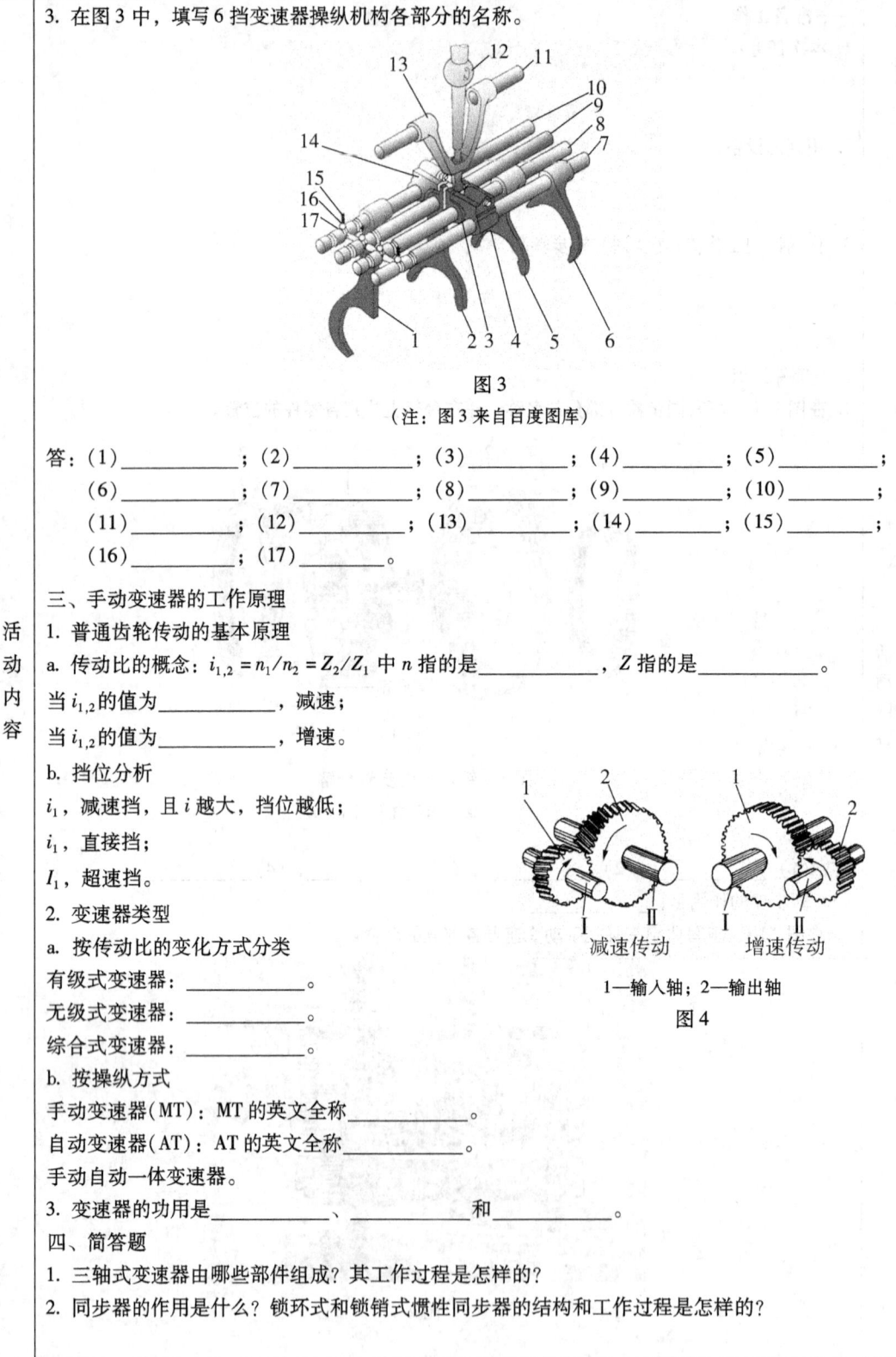

图 3

（注：图 3 来自百度图库）

答：(1)_____；(2)_____；(3)_____；(4)_____；(5)_____；
(6)_____；(7)_____；(8)_____；(9)_____；(10)_____；
(11)_____；(12)_____；(13)_____；(14)_____；(15)_____；
(16)_____；(17)_____。

三、手动变速器的工作原理

1. 普通齿轮传动的基本原理

a. 传动比的概念：$i_{1,2} = n_1/n_2 = Z_2/Z_1$ 中 n 指的是_____，Z 指的是_____。

当 $i_{1,2}$ 的值为_____，减速；

当 $i_{1,2}$ 的值为_____，增速。

b. 挡位分析

i_1，减速挡，且 i 越大，挡位越低；

i_1，直接挡；

I_1，超速挡。

2. 变速器类型

a. 按传动比的变化方式分类

有级式变速器：_____。

无级式变速器：_____。

综合式变速器：_____。

b. 按操纵方式

手动变速器(MT)：MT 的英文全称_____。

自动变速器(AT)：AT 的英文全称_____。

手动自动一体变速器。

3. 变速器的功用是_____、_____和_____。

四、简答题

1. 三轴式变速器由哪些部件组成？其工作过程是怎样的？

2. 同步器的作用是什么？锁环式和锁销式惯性同步器的结构和工作过程是怎样的？

> **知识链接**

现代汽车所用的发动机转速与转矩的变化范围有限,但是汽车的行驶条件变化很大,使得汽车对驱动力和车速的要求也在很大范围内变化。比如,汽车起步时车速不需要太高,但是需要较大的驱动力;而在高速路上行驶时,驱动力不需要太大,却需要较高的车速。汽车的这种需求特点就与发动机的转速-转矩特性相矛盾,变速器恰恰可以解决这个矛盾。

手动变速器是一种变速装置,用来改变发动机传到驱动轮上的转速和转矩,在原地起步、爬坡、转弯、加速等各种工况下,使汽车获得不同的牵引力和速度,同时使发动机工作在较为有利的工况范围内。

2.1.1 变速器的功用与工作原理

2.1.1.1 汽车变速器功用

手动变速器的功用:

(1)改变传动比,扩大驱动轮转矩和转速的变化范围,以适应经常变化的行驶条件。

(2)在汽车发动机旋转方向不变的前提下,利用倒挡实现汽车倒退行驶。

(3)在发动机不熄火的情况下,利用空挡中断动力传递,有利于发动机的起动、暖机、怠速,便于换挡或汽车滑行、暂时停车等使用工况。

(4)通过变速器将发动机的动力输出驱动其他机构,如某些车的绞盘、自卸车的油泵等。

2.1.1.2 变速器的分类

1. 按传动比变化方式分类

(1)有级式变速器。有级式变速器应用最广泛,它采用齿轮传动,具有若干个定值传动比。

(2)无级式变速器。无级式变速器的传动比在一定范围内可以按无限多级变化。

(3)综合式变速器。在某一范围内可以按照无级式变速器的规律运作,而在其他情况下按照有级变速器的规律运作。兼有有级式变速器和无级式变速器的特点。

2. 按操纵方式分类

(1)强制操纵式手动变速器,靠驾驶员直接操纵变速杆换挡,为大多数汽车所采用。

(2)自动操纵式自动变速器,传动比选择(换挡)是自动进行的。驾驶员只需操纵加速踏板,即可控制车速。

(3)半自动操纵式变速器。一种是常见的几个挡位自动操纵,其余的挡位则由驾驶员操纵;另一种是预选式,即驾驶员预先用按钮选定挡位,在踩下离合器踏板或松开加速踏板时,接通一个电磁装置或液压装置来换挡。

2.1.1.3 普通齿轮变速器的工作原理

1. 普通齿轮变速器的变速原理

如图2-1所示,普通齿轮变速器是利用不同齿数的齿轮啮合传动实现转速和转矩的改变。一对相互啮合的齿轮,在相同时间内,参与啮合的齿的个数是相同的。假设:输入

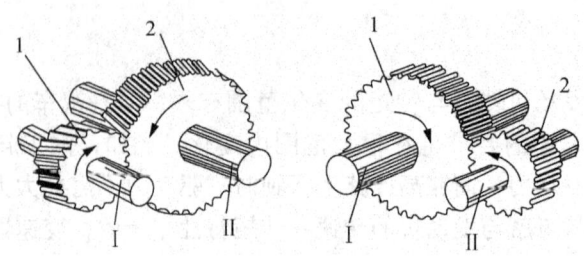

图2-1 齿轮传动的变速原理
Ⅰ—输入轴；Ⅱ—输出轴；1—主动齿轮；2—从动齿轮

齿轮的齿的个数是 Z_1，转速是 n_1；输出齿轮的齿的个数是 Z_2，转速是 n_2。在时间 t 内，它们参与啮合的齿的个数应相等。即：

$$Z_1 \times n_1 \times t = Z_2 \times n_2 \times t 。$$

由此，可以得到：一对齿数不同的齿轮啮合传动时可以变速，而且两齿轮的转速与其齿数成反比。

2. 换挡原理

传动比：各挡的传动比 i，就是变速器输入轴转速（$n_入$）与输出轴转速（$n_出$）之比；同时也是输出轴齿轮齿数（$Z_出$）与输入轴齿轮齿数（$Z_入$）之比，如图2-2所示。

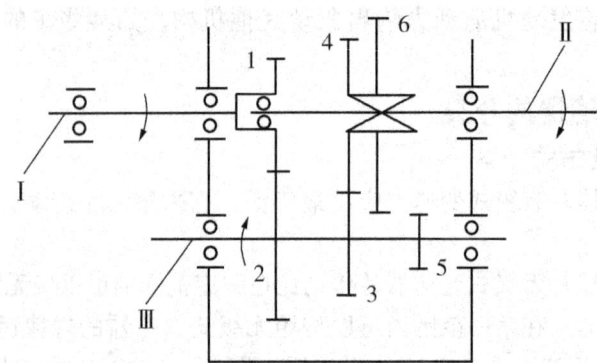

图2-2 双级齿轮传动式变速器示意图
Ⅰ—输入轴；Ⅱ—输出轴；Ⅲ—中间轴；1—第一轴主动齿轮；2—中间轴从动齿轮；
3、5—中间轴主动齿轮；4、6—第二轴从动齿轮

第一级齿轮传动中，小齿轮1为主动齿轮，其转速为 n_1，齿数为 Z_1；大齿轮2为从动齿轮，转速为 n_2，齿数为 Z_2。这对齿轮的传动比为

$$i_{1,2} = \frac{n_1}{n_2} = \frac{Z_2}{Z_1}, \quad n_1 = \frac{Z_2}{Z_1} n_2$$

第二级齿轮传动中，齿轮3为主动齿轮，转速为 n_3，齿数为 Z_3；齿轮4为从动齿轮，转速为 n_4，齿数为 Z_4。这对齿轮的传动比为

$$i_{3,4} = \frac{n_3}{n_4} = \frac{Z_4}{Z_3}, \quad n_4 = \frac{Z_3}{Z_4} n_3$$

经过两对齿轮传动,总传动比为

$$i = i_{1,4} = \frac{n_1}{n_4} = \frac{Z_2}{Z_1}n_2 \bigg/ \frac{Z_3}{Z_4}n_3 \text{。}$$

因为齿轮 2 和齿轮 3 在同一根轴上,故,上式变为

$$i = \frac{Z_2 Z_4}{Z_1 Z_3} \text{。}$$

因此,多级齿轮传动比为 $i = \dfrac{\text{所有从动齿轮齿数的乘积}}{\text{所有主动齿轮齿数的乘积}} = $ 各级齿轮传动比的连乘积。

2.1.2 普通齿轮变速器的变速传动机构

变速传动机构是变速器的主体,主要由一系列相互啮合的齿轮副、同步器、支承轴以及作为基础件的壳体组成。

变速器包括变速传动机构和操纵机构两部分。按变速器轴的数目分,有两轴式变速器和三轴式变速器。

2.1.2.1 三轴式变速传动机构

Ⅰ轴是变速器的动力输入轴,获得来自发动机的动力;Ⅱ轴是变速器的动力输出轴,将动力传动给传动轴、驱动桥、驱动车轮等部件;Ⅲ轴是中间轴,用来在Ⅰ轴和Ⅱ轴之间传动动力,如图 2-3 所示。

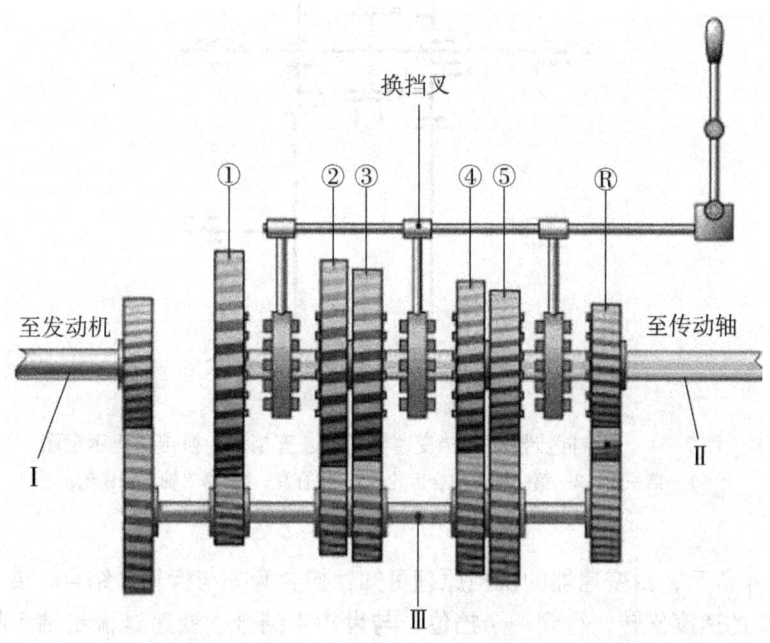

图 2-3 三轴式五挡手动变速器

套筒是变速器的结合套,与输出轴用花键连接,并且可以在输出轴上做短距离的左右移动。3 个结合套可以由操纵结构分别控制移动。

与二挡手动变速器变速的原理相同,当控制左边第一个结合套向左边移动时,与①号

齿轮相结合,将获得①号齿轮的速度。由于结合套与输出轴用花键连接,所有输出轴也将按照①号齿轮的速度旋转。

同理,如果想要获得④号齿轮的速度,只需控制中间的结合套向右边移动,与④号齿轮结合即可。

从图2-3中,我们也会发现:标号为①/②/③/④/⑤的5个齿轮都是依靠2对齿轮传动获得相应的速度。标号是®的齿轮是依靠3对齿轮传动获得相应的速度。所以标号是®的齿轮与标号①/②/③/④/⑤的齿轮旋转方向是相反的,该齿轮是倒挡齿轮。

2.1.3　同步器(锁环式惯性同步器)

由于变速器输入轴与输出轴以各自的速度旋转,变换挡位时会存在一个"同步"问题。两个旋转速度不一样的齿轮强行啮合必然会发生冲击碰撞,损坏齿轮。

变速器同步器是利用摩擦原理实现同步的,现代汽车上广泛使用的是惯性式同步器,同步器可以从结构上保证待啮合的接合套与接合齿轮的花键齿在达到同步之前不可能接触,可以避免齿间冲击和噪声。

2.1.3.1　同步器的作用

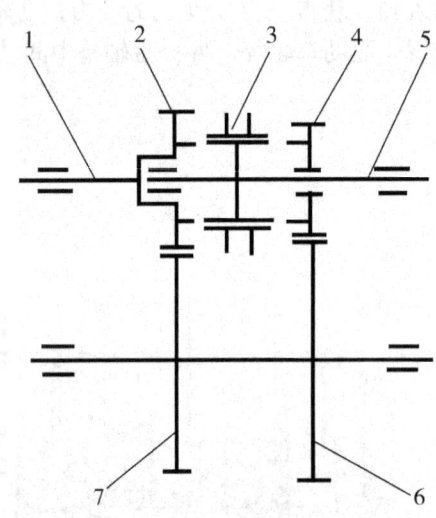

图2-4　未装同步器时五挡变速器的四、五挡齿轮换挡过程示意图
1—第一轴;2—第一轴常啮合齿轮;3—接合套;4—第二轴五挡齿轮;
5—第二轴;6—中间轴五挡齿轮;7—中间轴常啮合齿轮

如图2-4所示,由变速器的换挡原理可知:接合套3与齿轮2结合,变速器输出轴5将按照齿轮2的速度旋转,得到一个挡位;与齿轮4结合,变速器输出轴5将按照齿轮4的速度旋转,得到另一个挡位;很明显,齿轮2与4的旋转速度是不同的。

那么,当接合套3与齿轮2脱离结合,即将与齿轮4结合的过程中,会出现什么情况呢?由于惯性的存在,接合套3与齿轮2脱离后,仍将按照齿轮2的速度旋转。而将要结合的齿轮4与其旋转速度是不一致的。如果硬要接合套3与齿轮4,由于速度的不同,就会发生冲击,更严重的会损坏齿轮。为了避免这种冲击,需要让接合套与待接合齿轮同步

（同速）旋转。

2.1.3.2 锁环式惯性同步器的工作原理

1. 构造

如图2-5所示为锁环式惯性同步器结构。

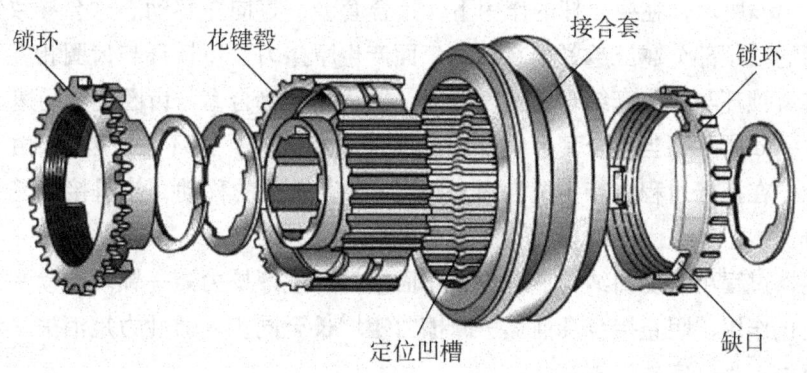

图2-5 锁环式惯性同步器组成件

2. 工作原理

如图2-6所示，现以五挡换六挡为例，介绍同步器的工作原理。

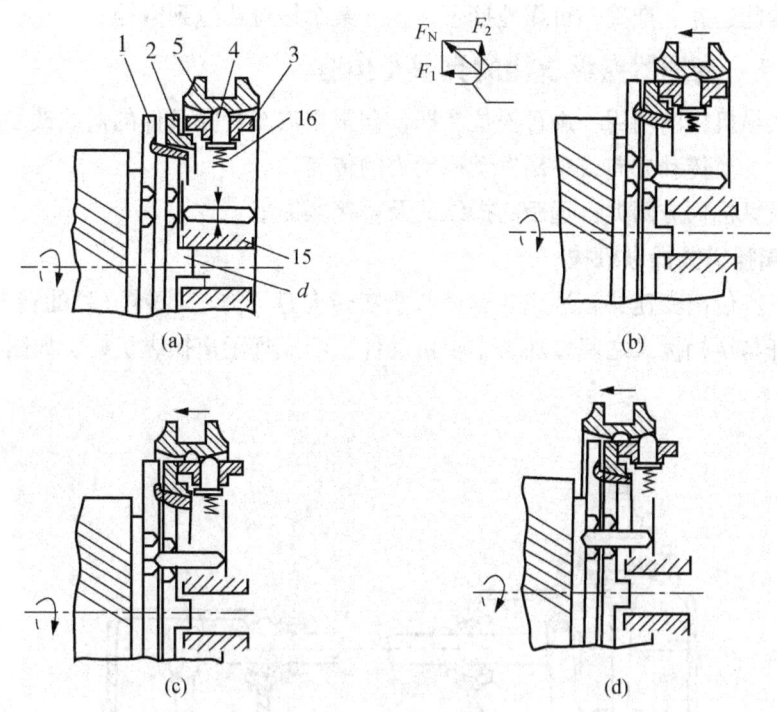

图2-6 锁环式惯性同步器工作过程示意图
1—六挡接合齿圈；2—锁环；3—滑块；4—定位销；5—接合套；15—花键毂；16—弹簧

接合套5位于五挡齿轮和六挡齿轮之间。五挡换六挡，那就意味着接合套5需要与六挡接合齿圈结合。

在图2-6a中，接合套5与六挡结合齿圈之间存在锁环2。

如图2-6b所示，在换挡杆的作用下，接合套会向左移动。首先，接合套上的齿与锁环上的齿相结合。但是此时，由于接合套尚未与六挡齿轮同速，接合套、锁环、齿圈三者之间相互错位，接合套无法实现与六挡齿轮齿圈结合。

如图2-6c所示，在换挡杆的作用下，接合套会一直向左移动。这会导致锁环的轴颈部分与齿圈的轴颈部分越压越紧，在轴颈表面产生摩擦力，使锁环与齿圈相互带动，逐步同速。已知齿锁环与接合套结合，速度相同。换言之，接合套与齿圈逐步同速。

如图2-6d所示，当接合套、锁环、齿圈速度相同时，锁环在拨齿力（由于齿端倒角的特别设计，在换挡过程中产生拨齿力）作用下产生微小的移动，使得接合套、锁环、齿圈顺利啮合。

上述换挡过程可简要归纳为：摩擦工作面接触产生摩擦力矩—锁环转动一个角度—锁止元件起锁止作用、阻止接合套前移—摩擦力矩增长至同步—惯性力矩消失—锁止作用消失—接合套进入啮合完成换挡。

2.1.4 手动变速器的操纵机构

变速器操纵机构是用以改变变速器齿轮的搭配实现换挡的机构。在驾驶员操作下，变速器操纵机构能迅速、准确、可靠地摘下、挂入某个挡位或退到空挡。

2.1.4.1 变速器操纵机构的类型及构造

变速器操纵机构的功用：进行挡位变换，即根据汽车行驶条件的需要改变变速器传动机构传动比、变换传动方向或中断发动机动力的传递。

变速器操纵机构分两类：远距离操纵式及直接操纵式。

1. 远距离操纵式操纵机构

当驾驶员座位离变速器较远或变速杆布置在转向盘下方（某些轿车）的转向管柱上时，通常在变速杆与换挡拨叉之间增加若干个传动件，组成远距离操纵机构，如图2-7所示。

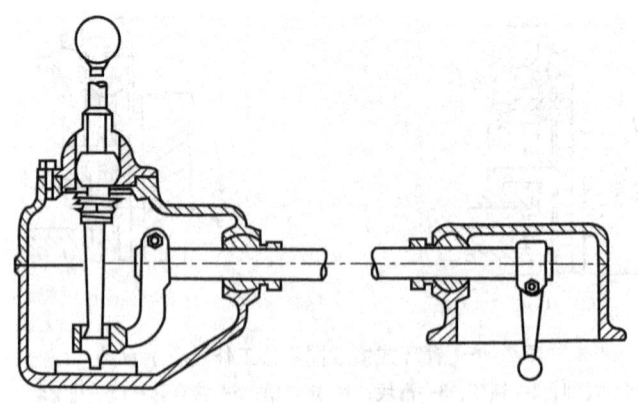

图2-7 变速器远距离操纵示意图

图 2-8 为桑塔纳 2000 型轿车五挡变速器远距离操纵机构。

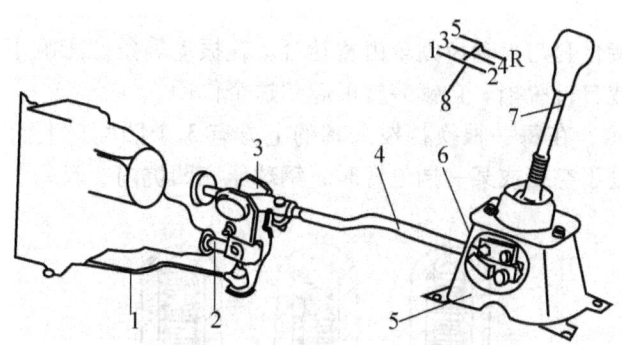

图 2-8 桑塔纳 2000 型轿车五挡变速器远距离操纵机构
1—支撑杆;2—内换挡杆;3—换挡杆接合器;4—外换挡杆;
5—倒挡保险挡块;6—换挡手柄座;7—操纵杆;8—换挡标记

2. 直接操纵式操纵机构

大多数汽车的变速器布置在驾驶员座位附近,变速杆由驾驶室底板伸出,驾驶员可直接操纵。这种操纵结构一般由变速杆、拨块、拨叉、拨叉轴以及安全装置等组成,多集装于变速器上盖或侧盖内,如图 2-9 所示。

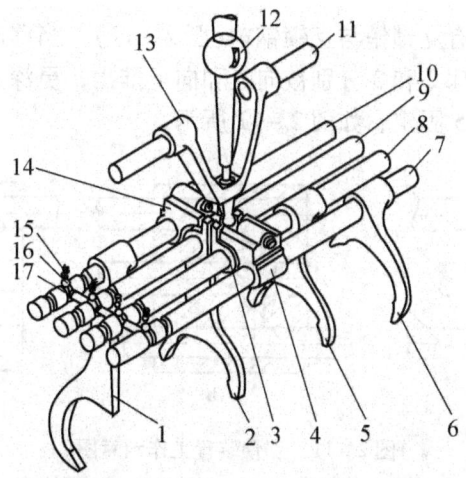

图 2-9 解放 CA1092 型汽车六挡变速器操纵机构示意图
1—五、六挡拨叉;2—三、四挡拨叉;3——二挡拨块;4—倒挡拨块;5——二挡拨叉;6—倒挡拨叉;
7—倒挡拨叉轴;8——二挡拨叉轴;9—三、四挡拨叉轴;10—五、六挡拨叉轴;11—换挡轴;
12—变速杆;13—叉形拨杆;14—五、六挡拨块;15—自锁弹簧;16—自锁钢球;17—互锁销

2.1.4.2 手动变速器的功用与要求

(1) 设自锁装置,防止变速器自动脱挡,并保证轮齿以全齿宽啮合。

(2) 设互锁装置,防止变速器同时挂入两个挡位,以免造成发动机熄火或损坏零部件。

(3) 设倒挡锁,防止误挂倒挡,防止汽车在前进中因误挂倒挡而造成极大的冲击,使零件损坏，并防止在汽车起步时误挂倒挡而造成安全事故。

1. 自锁装置

挂挡后应保证接合套与齿轮齿圈全齿宽啮合。在振动等条件影响下，操纵机构应保证变速器不自行挂挡或自行脱挡。自锁装置可起到这个作用。

如图 2-10 所示，在每一根换挡拨叉轴的上方有 3 个凹坑，上面有被弹簧压紧的钢球。当拨叉轴位置处于空挡或某一挡位置时，钢球压在凹坑内，起到了自锁的作用。

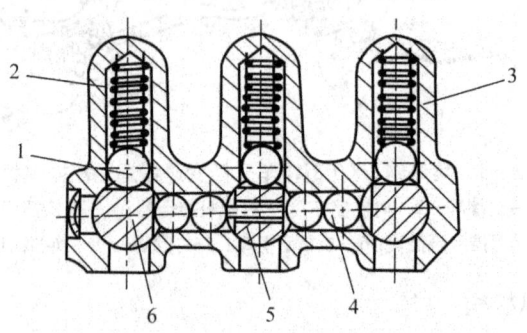

图 2-10 变速器的自锁和互锁装置

1—自锁钢球；2—自锁弹簧；3—变速器盖（前端）；4—互锁钢球；5—互锁销；6—拨叉轴

2. 互锁装置

在相邻的拨叉轴之间有互锁销与互锁钢球（图 2-11）。当移动拨叉轴 6 时，原本嵌入拨叉轴 6 凹槽内的互锁钢球 2 和 3 分别被向上和向下推出，更深入地嵌入轴 1 和轴 5 的凹槽内，从而将拨叉轴 1 和 5 固定，如图 2-11 所示。

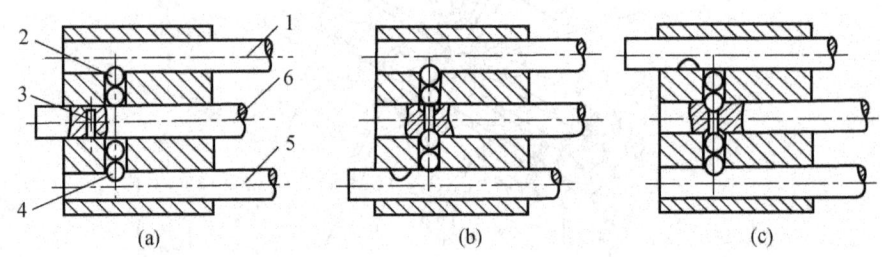

图 2-11 互锁装置工作示意图

1、5、6—拨叉轴；2、4—互锁钢球；3—互锁销

3. 倒挡锁

倒挡锁装置如图 2-12 所示。它由倒挡拨块中的倒挡锁销和弹簧组成。因此，驾驶员要挂倒挡时，必须用较大的力使变速杆的下端压缩弹簧，将锁销推向右方后，才能使变速杆下端进入拨块的凹槽内，以拨动倒挡拨叉轴而挂一挡或倒挡。这就使得挂倒挡与挂前进挡的操纵方法不同，因此，不会使驾驶员误挂入倒挡。

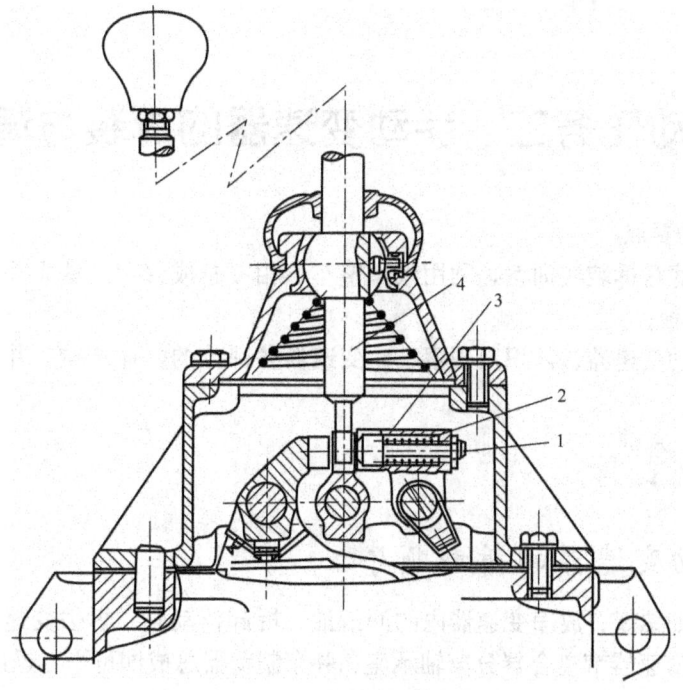

图 2-12 弹簧锁销式倒挡锁
1—倒挡锁销；2—倒挡锁弹簧；3—倒挡拨块；4—变速杆

综合考核与评价

<table>
<tr><td rowspan="9">活动评价</td><td colspan="4">1. 评价标准：</td></tr>
<tr><td>序号</td><td>考核内容</td><td>配分</td><td>得分</td></tr>
<tr><td>a</td><td>能否正确说出手动变速器的功能、要求及分类</td><td>10</td><td></td></tr>
<tr><td>b</td><td>参照实物能否说出手动变速器每一部分的结构名称</td><td>10</td><td></td></tr>
<tr><td>c</td><td>能否弄清楚手动变速器传递动力时各轴之间的关系</td><td>10</td><td></td></tr>
<tr><td>d</td><td>观察手动变速器的工作过程，能否讲解其工作原理</td><td>20</td><td></td></tr>
<tr><td>e</td><td>任务工单完成情况</td><td>40</td><td></td></tr>
<tr><td>f</td><td>课堂表现、团队协作等能力表现情况</td><td>10</td><td></td></tr>
<tr><td colspan="2">合　计</td><td>100</td><td></td></tr>
<tr><td colspan="4">2. 自我检查评估：
①自我检查任务完成的质量，确定是否达到活动预期要求。□完成□未完成
②未完成的原因：
③自我评价：
3. 组间互评：

4. 指导教师评语：</td></tr>
</table>

活动任务二　手动变速器的拆装与调整

1. 项目活动要点

（1）在汽车底盘拆装实训室，利用汽车整车、相关总成台架，认识手动变速器的总体构造及其工作过程；

（2）利用手动变速器，认识及观察手动变速器各部分的整体结构，并对手动变速器进行拆卸和装配。

2.2.1　手动变速器的拆卸顺序

（1）旋出放油螺塞，放净变速器内的润滑油，拆卸传动轴，拆去变速器与离合器壳的 4 个紧固螺栓，变速器带离合器分离轴承座和驻车制动器总成即可平行退出。

（2）从变速器第一轴轴承盖上取下分离轴承。

（3）拆下驻车制动鼓上的两个固定螺栓，取下驻车制动鼓，拧松凸缘锁紧螺母 58（图 2 - 13b），取下碟形弹簧垫圈 57，拉出凸缘，然后拆去驻车制动机构的各连接件。

（4）拆下变速器上盖总成。

（5）拆下变速器第二轴后轴承盖 16，如图 2 - 13a 所示。

（6）从变速器前端拆下紧固第一轴轴承盖 2 的螺栓上的钢丝锁线和螺栓，然后取下轴承盖。

（7）用铜棒左右轻轻敲击第一轴 7，将第一轴连同第一轴后球轴承 6 一起从前端拔出，然后从第一轴中取出第二轴前轴承 8。

（8）用手托起第二轴前端上下晃动，并用铜棒左右敲击第二轴的后端，将第二轴向后退出稍许，用顶拔器从第二轴上取下后端轴承后，将第二轴总成从变速器壳体内拿出（图 2 - 13b）。

（9）从第二轴取下四、五挡同步器锥环总成 25，拆下四、五挡固定齿座锁环 32，取下固定齿座止推环 33，则第二轴上二、三挡同步器锥环总成 42 和它前面的所有零件可以依次从轴上取下。

（10）从壳体上拆卸中间轴前、后轴承盖 9、21（图 2 - 13a），撬开后轴承锁片 71（图 2 - 13c），拧下锁紧螺母 72，拆卸倒挡齿轮检查孔盖板 23（图 2 - 13a），取下倒挡齿轮轴锁片 76（图 2 - 13c），利用倒挡轴后端的螺纹孔，用专用工具将轴拔出，并从倒挡检查孔中取出倒挡齿轮 74 和第二轴前轴承 8 及轴承隔套 73。

（11）从中间轴上取下弹性挡圈 60（图 2 - 13c），用压床将中间轴常啮合齿轮 61 压出。

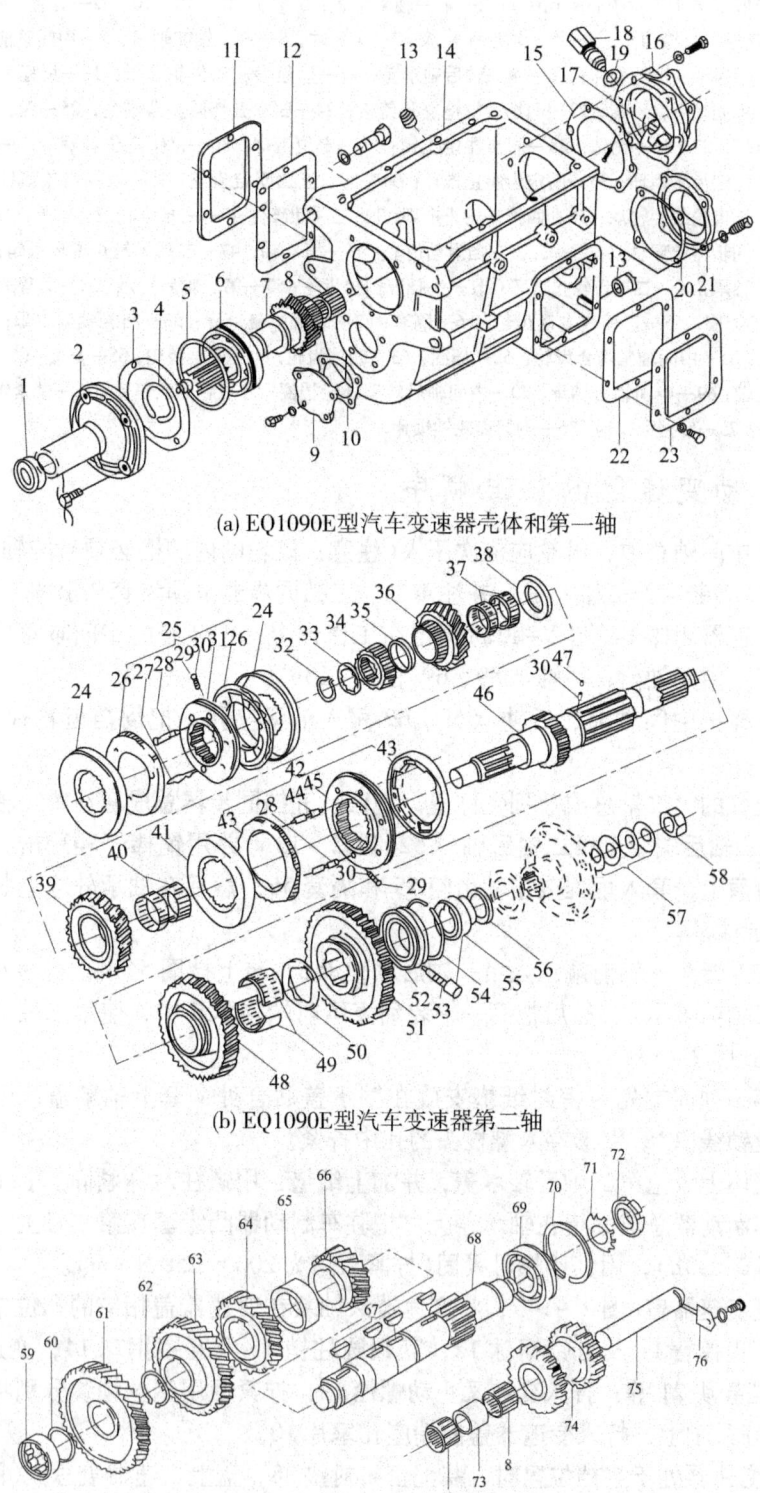

(a) EQ1090E型汽车变速器壳体和第一轴

(b) EQ1090E型汽车变速器第二轴

(c) EQ1090E型汽车变速器中间轴和倒挡齿轮轴

图2-13　EQ1090E型汽车变速器(图中编号注释见下页)

1—第一轴前轴承(装于飞轮中心座孔中);2—第一轴轴承盖;3、10、12、15、20、22—衬垫;4—第一轴后轴承挡圈;5—第一轴后轴承外缘挡圈;6—第一轴后球轴承;7—第一轴;8—第二轴前轴承;9—中间轴前轴承盖;11—盖板;13—放油螺塞;14—变速器壳体;16—第二轴后轴承盖;17—里程表从动齿轮油封;18—里程表软轴接头;19—接头密封圈;21—中间轴后轴承盖;23—倒挡齿轮检查孔盖板;24—四、五挡同步器锥盘;25—四、五挡同步器锥环总成;26、43—锥环;27、44—锁销;28—同步器定位销;29—定位钢球;30—锁销定位弹簧;31—四、五挡滑动齿套;32—四、五挡固定齿座锁环;33—固定齿座止推环;34—四、五挡固定齿座;35—四挡齿轮滚针轴承挡圈;36—四挡齿轮;37—四挡齿轮滚针轴承;38—四挡齿轮止推环;39—三挡齿轮;40—三挡齿轮滚针轴承;41—三挡同步器锥盘;42—二、三挡同步器锥环总成;45—二、三挡滑动齿套;46—第二轴;47—二挡齿轮止推环锁销;48—二挡齿轮;49—二挡齿轮滚针轴承;50—二挡齿轮止推环;51—一挡及倒挡齿轮;52—第二轴后轴承;53—里程表从动齿轮;54—第二轴后轴承外缘挡圈;55—里程表主动齿轮;56—隔套;57—碟形弹簧垫圈;58—凸缘锁紧螺母;59—中间轴前轴承;60—弹性挡圈;61—中间轴常啮合齿轮;62—挡圈;63—四挡齿轮;64—三挡齿轮;65—隔套;66—二挡齿轮;67—半圆键;68—中间轴;69—中间轴后轴承;70—中间轴后轴承外缘挡圈;71—后轴承锁片;72—锁紧螺母;73—轴承隔套;74—倒挡齿轮;75—倒挡齿轮轴;76—倒挡齿轮轴锁片

2.2.2 手动变速器的装配顺序

(1) 装合中间轴总成,齿轮应依次压入(注意:齿轮的内凹槽必须对准轴上的半圆键,以免压坏零件)。装合第二轴总成,并注意二、三挡同步器滑动齿套凸出的一面朝前。

(2) 将变速器壳体14(图2-13a)固定在工作台上,把装好的中间轴总成放入中间轴孔中,两端套上中间轴前、后轴承59、69(图2-13c)。

(3) 用铜棒把中间轴前、后轴承59、69敲入轴承座孔,把倒挡齿轮轴75敲到安装位置。

(4) 将装好的第二轴总成放到壳体里,把四、五挡同步器总成套在第二轴上。

(5) 从第二轴后端套上第二轴后轴承52(图2-13b)并用铜棒轻轻敲击,使轴承靠到花键部分的台肩上,套入里程表主动齿轮55和隔套56,然后在轴承外缘上装上第二轴后轴承外缘挡圈54。

(6) 在变速器第一轴前端压入第一轴后球轴承6,装上挡圈5、4,在后端主动齿轮内孔中装入第二轴前轴承8,然后把第一轴装到壳体前端轴承孔中,使第二轴前端轴颈对准第一轴轴承孔(图2-13a)。

(7) 从第一轴前端先将密封纸垫安放在轴承盖贴合处,套上轴承盖,用螺栓对称紧固,再用铜丝锁线以"8"字形穿入螺柱头的孔中拧紧。

(8) 在壳体上装上第二轴后轴承盖,并加上纸垫,用螺柱对称紧固。装上甩油环,把已装好的驻车制动器总成固定在轴承盖上。把驻车制动器凸缘套在第二轴上,装上碟形弹簧垫圈57(图2-13b),用锁紧螺母紧固(拧紧力矩为200~250 N·m)。

(9) 装复变速器盖(图2-14):将变速器叉轴装在变速器盖相应的孔位中,同时装上变速叉叉轴锁止弹簧11及自锁钢球12、互锁圆柱销15及互锁钢球14,变速叉17、18、25和一、倒挡导块21等;拧入变速叉止动螺栓19,拧紧后用钢丝锁线分别将变速叉止动螺栓19锁紧在叉轴上;打入变速器盖前端座孔塞片10。

(10) 在变速器处于空挡位置时,装上密封衬垫28,盖上变速器盖总成(图2-14)。

(11) 按拆卸的相反程序,装上衬垫,装复变速器顶盖总成。拧下加油螺塞,加注润滑油至规定油面高度,再拧上加油螺塞。

项目情景二 手动变速器的结构认识及检修

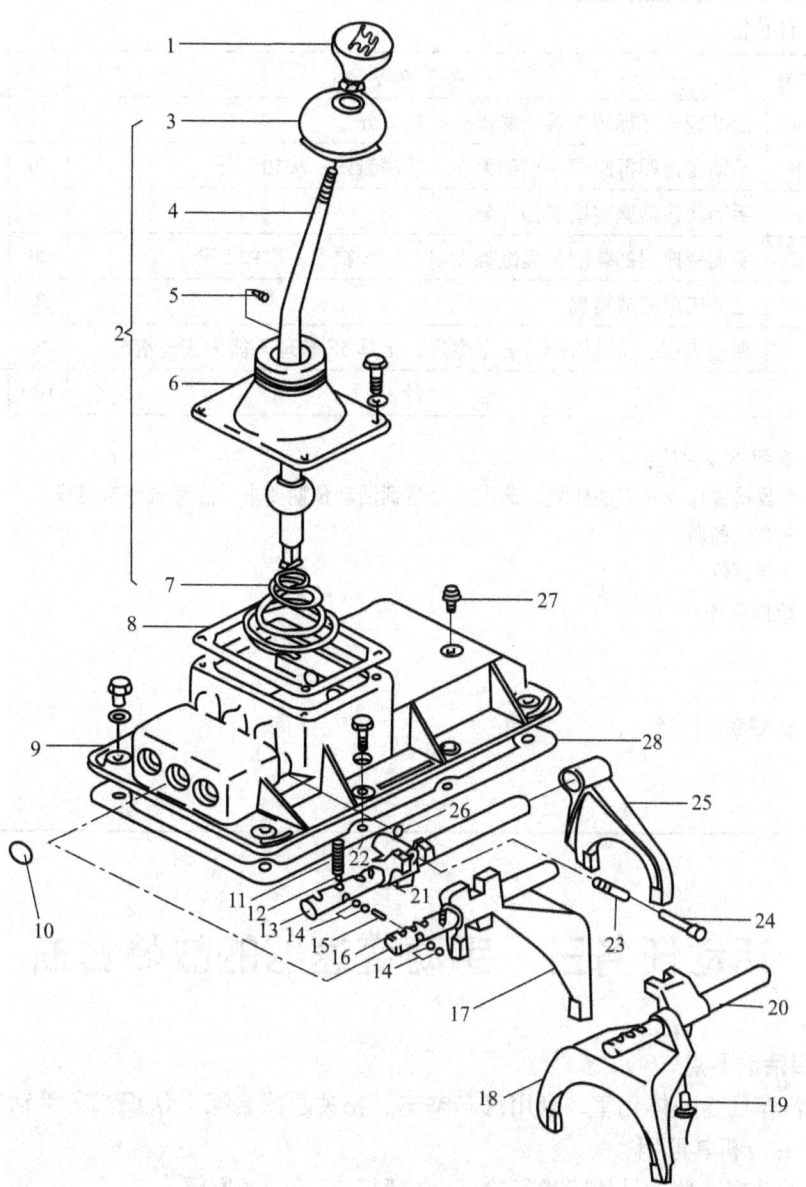

图2-14 变速器盖及操纵机构

1—操纵手柄；2—顶盖总成；3—防尘罩；4—操纵杆；5—操纵杆限位锁；6—顶盖带衬套总成；
7—弹簧；8、28—密封衬垫；9—上盖；10、26—塞片；11—变速叉轴锁止弹簧；12—自锁钢球；
13——、倒挡变速叉叉轴；14—互锁钢球；15—互锁圆柱销；16—二、三挡变速叉叉轴；17—二、三挡变速叉；
18—四、五挡变速叉；19—变速叉止动螺栓；20—四、五挡变速叉叉轴；21——、倒挡导块；22—挡圈；
23—安全止柱弹簧；24—安全止柱；25——、倒挡变速叉；27—通气塞

拓展训练

本单元对手动变速器进行了拆卸和装配，掌握了手动变速器的调整方法，请结合拆装的离合器的结构类型，写下手动变速器拆卸和装配的标准流程及操作规范。

51

综合考核与评价

活动评价

1. 评价标准:

序号	考核内容	配分	得分
a	能准确选择拆装工具,拿错一次扣2分	10	
b	手动变速器拆卸顺序准确无误,顺序错误一次扣5分	20	
c	手动变速器调整错误扣5分	10	
d	手动变速器的装配过程准确无误,顺序错误一次扣5分	20	
e	任务工单完成情况	30	
f	课堂表现、团队协作、安全生产、工具5S整理等能力表现情况	10	
	合　　计	100	

2. 自我检查评估:
①自我检查任务完成的质量,确定是否达到活动预期要求。□完成 □未完成
②未完成的原因:
③自我评价:
3. 组间互评:

4. 指导教师评语:

活动任务三　手动变速器的故障诊断

1. 项目活动要点

(1)在汽车底盘一体化室,利用汽车整车、相关总成台架,认识汽车手动变速器的常见故障现象并分析其原因;

(2)对手动变速器常见故障进行诊断,找到引起故障的原因。

2. 项目活动任务安排

项目化教学任务工单		
课程名称:<u>汽车底盘构造与检修</u> 学习情景:<u>手动变速器的认识与检修</u> 活动项目:<u>手动变速器的故障诊断</u>	班级:_____ 姓名:_____ 学号:_____第( )组	场所:<u>汽车底盘一体化室</u> 日期:_____
活动任务	1. 掌握手动变速器的结构和工作原理; 2. 挂挡困难、异响、脱挡、乱挡的故障分析及检修; 3. 扩展训练:挂挡有异响的故障检修。	

活动目标	1. 了解手动变速器的常见故障种类和故障现象； 2. 着重了解挂挡有异响的故障现象。
活动内容	一、准备工作 1. 本次任务：_____。 2. 用到的设备：_____。 二、诊断流程 1. 手动变速器的常见故障有<u>挂挡困难</u>、<u>异响</u>、<u>跳挡</u>、<u>乱挡</u>、<u>发热</u>、<u>漏油</u>。 2. 在底盘台架上重点体验"挂挡困难"故障，把故障现象记录于下方： 现象： 原因： 3. 在底盘台架上体验"挂挡后异响"的现象，把故障现象记录于下方： 挂挡后异响现象： 挂挡后异响原因： 4. 在底盘台架上体验"跳挡"的现象，把故障现象记录于下方： 现象： 原因： 5. 在底盘台架上体验"乱挡"的现象，把故障现象记录于下方： 现象： 原因：

2.3.1　桑塔纳2000轿车手动变速器跳挡故障

1. 故障现象

一辆桑塔纳2000轿车在行驶中，当变速器换入三挡时，常出现跳挡现象，道路不平或上坡时跳挡现象更加明显，有时只能靠手按住变速杆才能保证不跳挡。

2. 故障分析与排除

因为跳挡故障出现在变速器的第三挡上，所以只需要对变速器三挡的有关部件进行检查。经检查，自锁装置、三挡换挡拨叉、拨叉轴、三挡齿轮均正常。为消除疑虑，更换了部分可能有问题的零件，但故障依然没有得到彻底排除。

最后，在仔细检查输出轴上的三挡齿轮时，发现该齿轮有轴向间隙(达0.15mm)，齿轮的齿牙有偏边磨损，略呈锥形。按照《大众汽车使用说明书》的要求，该齿轮是不应该有轴向间隙的。为便于齿轮的修配，该车厂家还专门供应用于该齿轮消除轴向间隙的调整垫片。用调整垫片消除齿轮的轴向间隙后，故障被排除。

2.3.2　桑塔纳2000轿车手动变速器无倒挡且有时有异响

1. 故障现象

一辆桑塔纳2000轿车，在行驶了14000 km后突然产生变速器(手动五挡变速器)无倒挡(挂不上倒挡)的故障(前进挡正常)。该车曾于一个月前被更换了车速里程表传动软轴(下称传动软轴)，并且此后在变速器内曾出现过异响。

2. 故障分析与排除

试车表明，根本挂不上变速器的倒挡，但其前进挡换挡正常。根据试车结果初步认为：在变速器内有异物，它使变速操纵机构卡住而挂不上倒挡；而且该异物是从安装槽内掉出的，是用于吸附变速器零件磨损产物的磁铁。因此，决定对变速器做解体检查。

在把变速器从车上拆下后，发现变速器的倒挡挂挡正常了。在分析后认为，这可能是在拆卸过程中对变速器轴的正反向转动使异物改变了位置的结果，证明了在变速器内确有异物。在解体变速器后发现异物乃是传动软轴上的传动齿轮。由此可以肯定，该异物是在一个月前更换传动软轴时由于修理工违规操作而产生的。在解体变速器时还发现，在变速器中的齿轮油油量极少，只有正常量的一半。在取出异物，重新检查及装复变速器和更换齿轮油(加足量)后，变速器无倒挡故障被排除。

2.3.3　桑塔纳2000轿车手动变速器在起步及行车时偶尔发出"吱吱"响

1. 故障现象

在起步及行车时，偶尔在发动机处发出"吱吱"的声响。

2. 故障分析与排除

在故障的排除中，曾怀疑是因为空调系统工作时，制冷剂的流动产生的"吱吱"响，曾经遇到过类似的故障现象，确诊为空调系统异响，不属于机械摩擦异响。后来，在不开启空调系统的情况下，再进行路试，结果异响仍然存在，于是排除了空调系统发生故障的可能性。接下来，维修人员在发动机附近进行听诊。因为只有在车辆起步时或行驶中加大油门时，才会偶尔发出"吱吱"异响，其他工况下不会出现异响，异响只出现几秒钟，一会儿又不响了，随机性很大。由于异响时有时无，给诊断工作带来非常大的困难。常规路试只能听到异响在发动机附近发出，但不能正确判断发出异响的准确部位。因此只能将车辆在修理厂附近路段进行慢车起步及加速试验。维修人员跟随车辆边走边听诊，当异响出现时，确定响声来自变速器或相邻部位，但具体是变速器还是变速器前部的离合器，或者是发动机飞轮之前的部位尚不能确定。在异响基本方位大体确定后，维修人员决定拆解变速器进行确诊。拆下变速器后，首先对离合器部位的分离轴承、离合器从动片、飞轮接合面、拨叉、压盘接合端面、压盘膜片弹簧、发动机飞轮定位轴承孔内的衬套等进行检查，结果没有发现异常现象。接下来，再检查发动机曲轴轴向间隙，发现间隙正常。根据维修经验，应按照先简单后复杂、先外部后内部的原则检修，暂时不考虑发动机可能造成的异响，重点放在离合器及变速器部件上。经过分析，首先考虑的是离合器发出异响的可能性比较大。猜测可能是离合器压盘及离合器从动片在运行过程中发出的机械噪声。由于机械噪声的复杂性，必须全部考虑。当维修人员更换了离合器压盘、分离轴承和离合器片，还将飞轮端面进行车削修整，装车后进行路试，结果令人失望，异响还是存在。维修人员最后决定先拆解变速器进行检查。

解体后发现变速器齿轮油是足够的，内部没有因缺少齿轮油而造成机械干摩擦。对齿轮及同步器进行检查，没有异常磨损。对变速器外壳、主轴及主轴轴承检查时发现，主轴旷动间隙较大。一般而言，旷动间隙大也不至于会发出"吱吱"异响。当维修人员把主轴插入轴承孔摆动主轴时，主轴摆动量确实很大。在分离轴承座的支承导管内壁，维修人员发现有月牙状摩擦痕迹，为什么会造成月牙状摩擦痕迹？原因分析如下：由于主轴及主轴轴承的磨损，当主轴在旋转时，车辆起步或加速过程中，发动机负荷增大，主轴受力同时产生反作用力，此时主轴及轴承磨损产生较大间隙，在反作用力的作用下，促使主轴偏离中心线向一侧倾斜，结果就导致主轴与分离轴承座支承导管内壁产生干摩擦，发出"吱吱"的异响。更换了主轴及相关的轴承，装配好变速器，再进行路试，"吱吱"异响消失了，故障彻底排除。

拓展训练

本单元了解了手动变速器的常见故障的现象原因以及处理的基本思路，请写出在实训室完成手动变速器其中一种故障的诊断排查过程。

综合考核与评价

<table>
<tr><td rowspan="10">活动评价</td><td colspan="5">1. 评价标准：</td></tr>
<tr><td>序号</td><td colspan="2">考核内容</td><td>配分</td><td>得分</td></tr>
<tr><td>a</td><td colspan="2">变速器异响的现象、原因、诊断排查的操作顺序</td><td>15</td><td></td></tr>
<tr><td>b</td><td colspan="2">变速器发热的现象、原因、诊断排查的操作顺序</td><td>15</td><td></td></tr>
<tr><td>c</td><td colspan="2">变速器跳挡的现象、原因、诊断排查的操作顺序</td><td>15</td><td></td></tr>
<tr><td>d</td><td colspan="2">变速器乱挡的现象、原因、诊断排查的操作顺序</td><td>15</td><td></td></tr>
<tr><td>e</td><td colspan="2">任务工单完成情况</td><td>30</td><td></td></tr>
<tr><td>f</td><td colspan="2">课堂表现、团队协作、安全生产、工具 5S 整理等能力表现情况</td><td>10</td><td></td></tr>
<tr><td colspan="3">合　　计</td><td>100</td><td></td></tr>
<tr><td colspan="5">
2. 自我检查评估：
①自我检查任务完成的质量，确定是否达到活动预期要求？□完成 □未完成
②未完成的原因：
③自我评价：
3. 组间互评：

4. 指导教师评语：
</td></tr>
</table>

活动任务四　手动变速器的故障检修

1. 项目活动要点

（1）在汽车底盘一体化室，利用汽车整车、相关总成台架，对汽车手动变速器常出现的部件故障进行检修；

（2）掌握手动变速器故障检修的基本方法和操作要领。

2. 项目活动任务安排

项目化教学任务工单		
课程名称：汽车底盘构造与检修 学习情景：手动变速器的认识与检修 活动项目：手动变速器的检修与调整	班级：_____ 姓名：_____ 学号：_____第(　)组	场所：汽车底盘一体化室 日期：_____

活动任务	1. 重点完成"挂挡困难"故障的检测和修复； 2. 对其他故障现象（异响、跳挡、乱挡）进行分析，制订检修步骤。
活动目标	1. 能够独立完成"挂挡困难"故障的检测和修复； 2. 能够对其他故障现象在理论上进行分析。
活动内容	一、准备工作 1. 本次任务：_____。 2. 用到的设备：_____。 二、"变速器挂挡困难"的故障检修 1. "挂挡困难"的故障现象： 2. "挂挡困难"可能的故障原因： a. 离合器分离不彻底；b. 同步器故障；c. 拨叉轴弯曲变形；d. 自锁或互锁钢球损坏；e. 变速杆等故障。 3. "挂挡困难"故障诊断的实施步骤如下： (1) (2) (3) (4) (5) (6) 三、根据故障诊断与维修过程，完成下面题目。 1. 离合器分离泵总成的检查 管路如何检查： 离合器分离泵液位如何检查： 2. 同步器的检查 (1) 检查同步器锁环是否磨损和损坏。 (2) 在挡位齿轮锥上施涂齿轮油。 (3) 将同步器锁环沿一个方向转动，同时将其顶住挡位齿轮锥。 (4) 检查并确认锁环锁止。 如果同步器锁环没有锁止，则更换同步器锁环。 (5) 用测隙规测量同步器锁环背部和齿轮花键端部之间的间隙。 最小间隙：0.75 mm 实际测量值：_____ mm 间隙=A-B 图1

| | 如果间隙小于最小值,则更换同步器锁环。
3. 拨叉轴的检查
(1) 检查变速器毂套和变速器离合器毂之间的滑动情况。
(2) 检查并确认变速器毂套花键齿轮边缘未磨损。
(3) 用游标卡尺测量变速器毂套槽的宽度(A)和齿轮换挡拨叉上的定位爪的厚度(B),如图 1 所示,并计算间隙。
标准间隙($A-B$):_____。
实际测量值:
如果间隙超出最大值,则更换变速器毂套和齿轮换挡拨叉。
(4) 除间隙的检查外还应检查_____。
4. 自锁或互锁机构的检查。
指出自锁机构位置及互锁机构位置
如何检查是否良好:

5. 变速杆的检查

四、其他部件检修与测量
1. 齿轮和轴承的检修
★目视检查齿面是否有斑点,如果斑点轻微可以用油石修磨;如果斑点面积超过 15%,则应更换齿轮;
★检查齿厚,如图 2 所示,如果齿厚磨损超过____,则应更换齿轮;
★检查齿长的磨损,如果磨损超过____,则应更换齿轮;
★装好轴承和内座圈后,用百分表检查齿轮与内座圈之间的间隙,如果超标应该更换轴承。
2. 输入轴、输出轴的检修
★目视检查输入轴、输出轴,不应有裂纹,轴径及花键不应有严重磨损,轴上的齿轮不应有断齿和严重磨损,否则应更换;
★检查轴的径向圆跳动,如图 3 所示,不应超过_____,否则应更换或校正。 |
|活动内容| 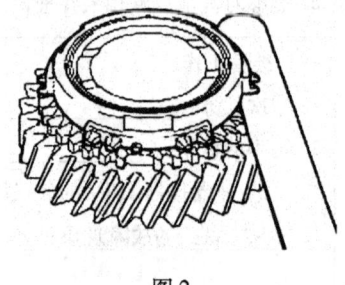
图 2

图 3 |

知识链接

变速器的主要功用为改变由发动机传到驱动轮上的转矩和转速,以适应各种行驶条件的需要。应对变速器常见故障进行分析,找出零件损坏的原因和部位,加以适时的维护修

理，保持变速器总成状态的完好。对变速器的检测与维修主要检测以下部件。

2.4.1 传动齿轮

(1) 轮齿工作表面上有小斑点，如果面积不超过齿面面积的 20%～25% 时，允许继续使用。

(2) 齿顶有细小剥落，允许继续使用，但必须整修和磨光其锋利边角。

(3) 轮齿表面如有不大于 0.25 mm 的痕迹或阶梯形磨损时，允许修平使用。

(4) 轮齿磨损超过 0.25 mm、啮合间隙超过 0.50 mm、长度方向上磨损超过全齿长的 30% 时，必须予以更换。

(5) 齿轮上无论何处产生裂纹，必须更换。齿轮在轴上磨损松旷，通常用千分表测量齿轮和内座圈之间的游隙来检查，如图 2-15 所示。

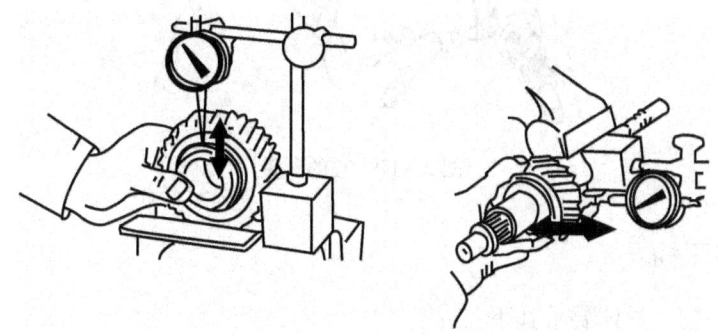

图 2-15 变速器齿轮游隙的测量

2.4.2 第一轴

第一轴的检验与修理要求如下：

(1) 如图 2-16 所示，轴的弯曲变形用百分表和 V 形支块检查（径向圆跳动量）。当最大径向圆跳动量达到 0.05 mm 时，应校正或更换。

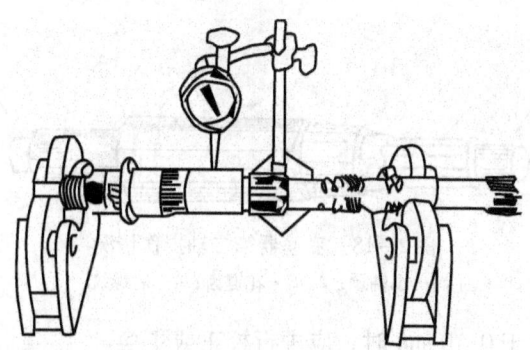

图 2-16 轴的弯曲变形检查

(2) 轴接合齿和花键的齿顶磨损超过 0.25 mm、齿长磨损超过全长 30%、啮合间隙超过 0.5 mm 的损伤程度时，应更换。

（3）用千分尺检查轴颈的磨损情况，如图 2-17 所示。轴颈磨损达到 0.04 mm 时，可堆焊后进行修磨、镀铬修复或更换。

（4）滚动轴承或齿轮与轴颈的配合属于过盈配合的，应无间隙，且最大过盈量应不超过原设计规定；属于过渡配合的，其间隙允许比原设计规定增加 0.003 mm；属于间隙配合的，允许比原设计规定增加 0.02 mm。超过规定时，可对轴颈进行刷镀修复。

（5）轴承、轴承挡圈及轴颈如有损坏或轴颈磨损超过轴颈与轴承配合间隙允许的极限时（国产载货汽车一般不超过 0.07 mm），必须更换。

（6）轴体上不得有任何性质的裂纹，否则应更换。

图 2-17 轴的测量

2.4.3 中间轴

检修同第一轴，具体要求如下：

（1）中间轴中部摆差大于 0.10 mm 时，应进行校正或更换。

（2）各轴颈磨损超过 0.02 mm 时，应采用镀铬修复或更换。

（3）带齿轮的中间轴，其轮齿磨损超过 0.25 mm、啮合间隙超过 0.50 mm 时，应予以更换。

（4）轴体上不得有任何性质的裂纹。

2.4.4 第二轴

如图 2-18 所示。

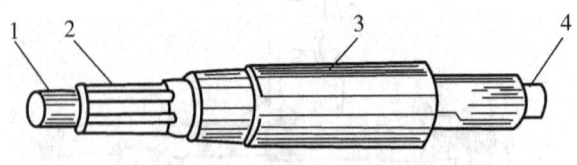

图 2-18 变速器第二轴损伤情况
1—小轴颈；2、3—花键齿；4—后螺纹

（1）轴中部摆差大于 0.10 mm 时，应进行校正或更换。

（2）小轴颈 1 磨损超过 0.02 mm 时，应采用镀铬修复或更换。

（3）花键齿 2、3 磨损超过使用极限时，应予以更换。

（4）轴体上不得有任何性质的裂纹，后螺纹 4 的损伤超过两牙时，必须重新清理螺纹配螺母，或堆焊后重新加工螺纹。

2.4.5 同步器

(1)锁环齿尖磨损轻微的可锉修,磨损严重、断齿的应更换。

(2)锁环内锥面螺旋槽磨损,造成与齿轮外锥面配合间隙增大,内、外锥面摩擦作用减弱以致完全消失,使同步器失效。

(3)锁环上3个缺口的磨损过大或因更换锁环不当使缺口过小,都会给换挡带来困难。

(4)用塞尺测量齿轮的轴向间隙。

2.4.6 变速器换挡拨叉

变速器换挡拨叉(简称变速叉)的损坏主要是叉的弯曲和扭曲。

变速叉上端导动块凹槽及下端端面磨损超过其使用极限,或其相应的配合间隙超过使用极限时,必须修复或更换新件。

2.4.7 变速叉轴和定位互锁装置

变速器换挡拨叉(简称变速叉)的损坏主要是叉的弯曲和扭曲,其检验可按图2-19所示的方法进行。

2.4.8 变速器壳体

如图2-20所示,变速叉轴弯曲变形可用百分表或平板进行检查。

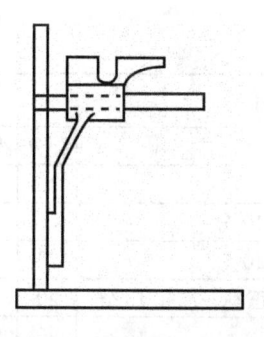

图2-19 换挡拨叉的检验

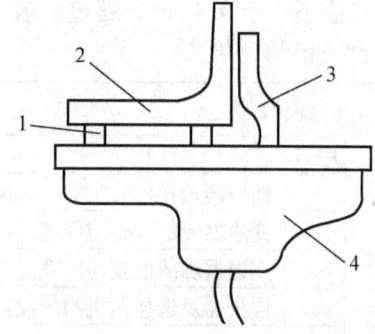

图2-20 变速叉轴垂直度的检验
1—垫块;2—90°角尺;3—变速叉;4—变速器盖

工作负荷对变速器壳体磨损的影响规律:

(1)第一轴与中间轴、中间轴与第二轴齿轮传动中的径向分力通过轴与轴承施加于壳体前、后端,造成轴承孔偏磨和壳体变形,从而使上、下两轴线间距加大,且后端大于前端,这将导致两轴线在其公共平面内产生平行度误差。

(2)齿轮传动所产生的力,将造成壳体扭转,导致上、下轴线在其垂直于公共平面的方向产生偏斜和翘曲变形。

(3)频繁使用紧急制动(包括中央驻车制动器)时,也会使壳体发生扭转,但与前进方向所产生的扭转变形方向相反。

(4)当汽车在繁重工作条件下较多使用低速挡运行时,壳体承受很大的扭曲力矩,更易出现由上述变形所产生的形位误差。

如图 2-21 所示，壳体因变形或轴承孔磨损使各轴承孔圆度误差超过 0.008 mm、轴线间平行度误差大于原设计 0.02 mm、轴承孔磨损大于 0.025 mm 时，应镶套修复或更换变速器壳体。

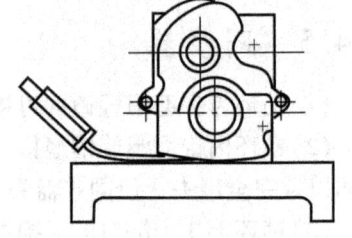

图 2-21 变速器壳体平面度检查

2.4.9 变速器盖

变速器盖的损伤有两种：裂纹及球节座的磨损。

2.4.10 变速器换挡操纵机构的检查与调整

(1) 换挡操纵机构各铰接点球头严重磨损或间隙过大时，会使变速操纵杆产生抖动，也有可能造成换挡位置不准、换入的各挡不能完全到位，以致在使用中发生换挡困难和跳挡、脱挡现象。

(2) 每 6 个月调整一次操纵机构各铰接点球头与球座的间隙，并加注润滑脂。

(3) 以空挡位置为换挡操纵机构的原始位置，对手操纵杆件进行调整。

(4) 变速器拨叉端面磨损量应小于 0.4 mm，该端面与齿轮环槽配合间隙应为 0.2~1.0 mm。超过规定时，可对磨损的拨叉端面堆焊修复。

(5) 变速杆下端球头与拨叉、拨槽磨损，应分别不大于 0.4 mm 和 0.6 mm，变速杆定位槽磨损应不大于 0.4 mm，超过要求时可堆焊修复。

综合考核与评价

1. 评价标准：

序号	考核内容	配分	得分
a	能准确选择检修工具，拿错一次扣 2 分	10	
b	变速器壳的检查与修理，检修方法不正确一次扣 10 分	20	
c	变速器轴的检查与修理，检修方法不正确一次扣 10 分	20	
d	同步及选挂挡机构的检查与修理，检修方法不正确一次扣 10 分	20	
e	任务工单完成情况	20	
f	课堂表现、团队协作、安全生产、工具 5S 整理等能力表现情况	10	
	合　　计	100	

2. 自我检查评估：
① 自我检查任务完成的质量，确定是否达到活动预期要求。□完成 □未完成
② 未完成的原因：
③ 自我评价：
3. 组间互评：

4. 指导教师评语：

（活动评价）

项目情景三　自动变速器的结构认识及检修

任务描述

自动变速器一般都是指液力自动变速器，液力是指由液压油施力使执行元件动作，控制齿轮变速机构来完成变速，无论"电控"还是"液控"都叫液力自动变速器。它是由液力变矩器和齿轮式自动变速器组合起来的，在自动变速器里变矩器和齿轮式自动变速器为一个整体，即自动变速器。它与传统的手动齿轮式变速器相比，不但结构和工作原理要复杂得多，而且使用方法也有很大的不同。

本单元的任务是了解自动变速器的基本组成和功用，自动变速器的类型及总体布置形式，理解自动变速器的变速原理，学会如何进行自动变速器维修的安全生产，掌握自动变速器故障诊断的基本技能。

学习目标

1. 了解自动变速器的基本组成及原理；
2. 了解自动变速器的各种类型及各自优缺点；
3. 了解自动变速器汽车驾驶的基本操作方法；
4. 了解自动变速器维修流程、掌握自动变速器维修诊断方法。

案例导入

案例一：汽车不能行驶

故障现象：汽车驾驶员在驾驶过程中，无论操纵手柄位于倒挡、前进挡还是前进低挡，汽车都不能行驶。冷车起动后汽车能行驶一段路程，但稍一热车就不能行驶。

故障原因：①自动变速器油底壳被撞坏，液压油全部漏光；②操纵手柄和手动阀摇臂之间的连杆或拉索松脱，手动阀保持在空挡或停车挡位置；③油泵进油滤网堵塞；④主油路严重泄漏；⑤油泵损坏；⑥电磁阀损坏。

案例二：自动变速器打滑

故障现象：起步时踩下节气门踏板，发动机转速很快升高但车速升高缓慢。行驶中踩下节气门踏板加速时，发动机转速升高但车速没有很快提高。平路行驶基本正常，但上坡无力，且发动机转速异常高。

故障原因：①液压油油面太低；②液压油油面太高，运转中被行星排剧烈搅动后产生大量气泡；③离合器或制动器摩擦片、制动带磨损过甚或烧焦；④油泵磨损过甚或主油路泄漏，造成油路油压过低；⑤单向超越离合器打滑；⑥离合器或制动器活塞密封圈损坏，导致漏油；⑦减震器活塞密封圈损坏，导致漏油，造成离合器打滑。

学习指导

通过对自动变速器的案例分析，对自动变速器的故障诊断要理解自动变速器内部构造的基本组成、基本工作原理、部件之间的连接关系、控制机理，并要有相应的汽车驾驶经验，掌握科学的诊断方法，才能对自动变速器汽车出现的故障进行快速的诊断。

活动任务一　自动变速器构造总体认识

1. 项目活动要点

（1）在汽车底盘拆装实训室，利用汽车整车、相关总成台架，认识汽车自动变速器的总体构造；

（2）在汽车实物上，认识及观察自动变速器各部分系统的整体结构，分析自动变速器动力的传递路线。

2. 项目活动任务安排

项目化教学任务工单		
课程名称：汽车底盘构造与检修 学习情景：自动变速器的认识与检修 活动项目：自动变速器的认识	班级：_____ 姓名：_____ 学号：_____ 第（ ）组	场所：汽车底盘拆装实训室 日期：_____
活动任务	1. 认识汽车自动变速器的结构总成； 2. 重点认识丰田 A341E 自动变速器的部件名称。	
活动目标	能力要点：能够正确区分各类自动变速器；明确各自的优点及运用场合。 知识要点：1. 自动变速器的变速的原理； 　　　　　2. 制动器 B、离合器 C、单向离合器 F、传动比等专业名词的含义； 　　　　　3. 单排及双排行星齿轮机构的结构及工作过程。 职业素养：团队协作，学会查找资料、观察实物的组成与运动关系，分析总结。	

一、自动变速器基本结构认识

1. 在图 1 中，填写自动变速器各部分的名称，并在台架上找到各零件的位置。

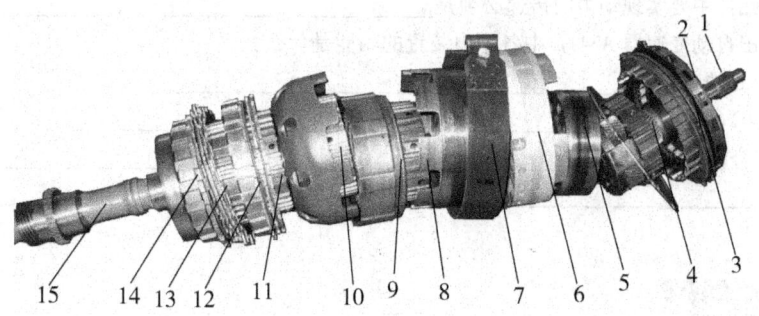

图 1

(1)_____；(2)_____；(3)_____；(4)_____；(5)_____；
(6)_____；(7)_____；(8)_____；(9)_____；(10)_____；
(11)_____；(12)_____；(13)_____；(14)_____；(15)_____；

2. A341E 中 A 指_____、3 指_____、4 指_____、1 指_____、E 指_____。

图 2

3. 看图 2 完成以下填空题。

行星齿轮机构一般由_____、_____和_____三个部分组成。在图 2 中，1 是_____，2 是_____，3 是_____。

二、变速器的结构与认识

(1) 你们用到的变速器型号是_____；_____（什么车辆?）使用此类型的变速器。

(2) 液力变矩器主要包括_____、_____、_____。其中，_____的旋转是由发动机的旋转带动的；同时，它的旋转会引起_____的旋转，从而使其带动_____的转动，将动力传递给_____，实现汽车转动。

(3) 行星齿轮机构中齿轮齿数大小的排列是_____>_____>_____。

(4) 辛普森式自动变速器的结构特点是_____，主要用在_____车型上。拉威娜式变速器的结构特点是_____。

活动内容	(5)丰田自动变速器 A341E 中有_____行星齿轮机构，分别是_____、_____、_____。 (6)三元件中要实现动力的传递必须是_____、_____、_____。 (7)丰田自动变速器 A341E 中各施力装置的功能是什么？ 制动器 B 的功能是_____。 离合器 C 的功能是_____。 单向离合器 F 的功能是_____。

知识链接

自动变速器（automatic transmission，AT），亦称自动变速箱，台湾地区称为自排变速箱，香港地区称为自动波，通常是指一种可以在车辆行驶过程中自动改变齿轮传动比的汽车变速器，从而使驾驶员不必手动换挡，也用于大型设备铁路机车。

常见的汽车自动变速器有四种形式，分别是液力自动变速器、机械式无级变速器（continuously variable transmission，CVT）、电控机械式自动变速器（automated manual transmission，AMT）、双离合自动变速器（dual clutch transmission，DCT）。轿车普遍使用的是 AT，AT 几乎成为自动变速器的代名词。

3.1.1 基本组成

液力自动变速器主要由液力变矩器、齿轮变速机构、液压控制系统、电子控制系统、冷却滤油装置等组成。如图 3-1 所示，通过液力传递和齿轮组合的方式来达到变速变矩。其中液力变扭器是 AT 最重要的部件，它由泵轮、涡轮和导轮等构件组成，兼有传递扭矩和离合的作用。

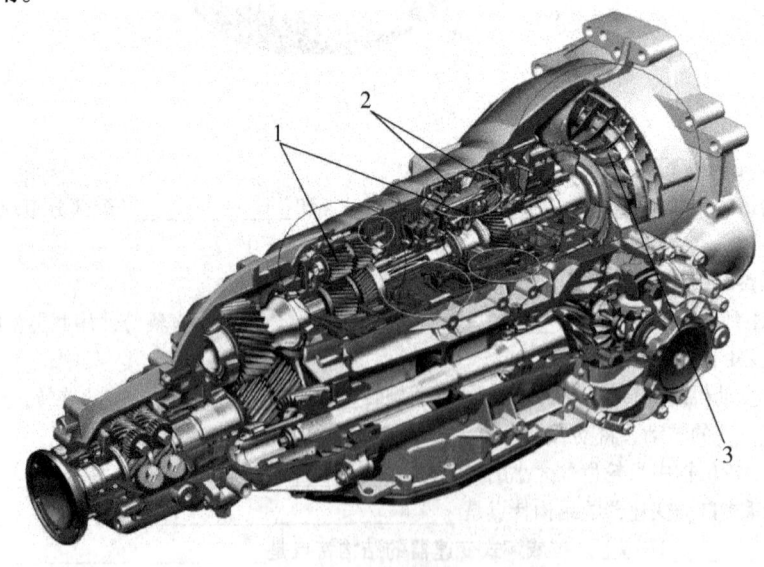

图 3-1 自动变速器的基本组成
1—行星齿轮组；2—离合器和制动器；3—液力变矩器

1. 液力变矩器

液力变矩器位于自动变速器的最前端，连接在发动机的飞轮上，其作用与采用手动变速器的汽车中的离合器相似。它利用油液循环流动过程中动能的变化将发动机的动力传递到自动变速器的输入轴，并能根据汽车行驶阻力的变化，在一定范围内自动地、无级地改变传动比和扭矩比，具有一定的减速增扭功能。

2. 变速齿轮机构

自动变速器中的变速齿轮机构所采用的形式有普通齿轮式和行星齿轮式两种。采用普通齿轮式的变速器，由于尺寸较大，最大传动比较小，只有少数车型采用。绝大多数轿车自动变速器中的齿轮变速器采用的是行星齿轮式。

变速齿轮机构主要包括行星齿轮机构和换挡执行机构两部分。

行星齿轮机构，是自动变速器的重要组成部分之一，主要由太阳轮（也称中心轮）、内齿圈、行星架和行星齿轮等元件组成。行星齿轮机构是实现变速的机构，速比的改变是通过以不同的元件作主动件/被动件和限制不同元件的运动而实现的。在速比改变的过程中，整个行星齿轮组还存在运动，动力传递没有中断，因而实现了动力换挡。

换挡执行机构主要是用来改变行星齿轮中的主动元件或限制某个元件的运动，改变动力传递的方向和速比，主要由离合器、制动器和单向离合器等组成。离合器的作用是把动力传给行星齿轮机构的某个元件使之成为主动件。制动器的作用是将行星齿轮机构中的某个元件抱住，使之不动。单向离合器也是行星齿轮变速器的换挡元件之一，其作用和离合器及制动器基本相同，也是用于固定或连接几个行星排中的某些太阳轮、行星架、齿圈等基本元件，让行星齿轮变速器组成不同传动比的挡位。

3.1.2 基本原理

自动变速器自动换挡控制系统能根据发动机的负荷（节气门开度）和汽车的行驶速度，按照设定的换挡规律，自动地接通或切断某些换挡离合器和制动器的供油油路，使离合器结合或分开、制动器制动或释放，以改变齿轮变速器的传动比，从而实现自动换挡，如图3－2所示。

自动变速器的自动换挡控制系统有液压控制和电液压（电子）控制两种。

液压控制系统由阀体和各种控制阀及油路所组成，阀门和油路设置在一个板块内，称为阀体总成。不同型号的自动变速器阀体总成的安装位置有所不同，有的装置于上部，有的装置于侧面，纵置的自动变速器一般装置于下部。

在液压控制系统中，增设控制某些液压油路的电磁阀，就成了电器控制的换挡控制系统，若这些电磁阀是由电子计算机控制的，则成为电子控制的换挡系统。

自动变速器的换挡操纵机构包括手动选择阀的操纵机构和节气门阀的操纵机构等。驾驶员通过自动变速器的操纵手柄改变阀板内的手动阀位置，控制系统根据手动阀的位置及节气门开度、车速、控制开关的状态等因素，利用液压自动控制或电子自动控制，按照一定的规律控制齿轮变速器中的换挡执行机构的工作，实现自动换挡。

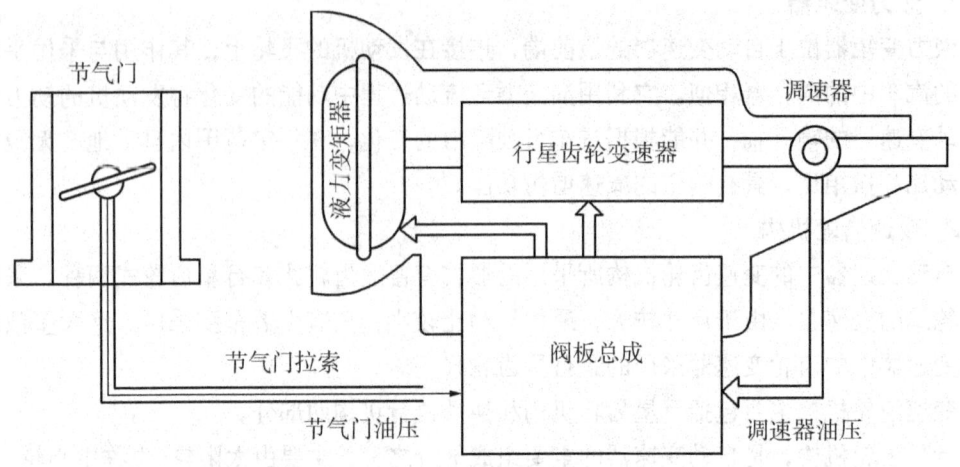

图 3-2 液控自动变速器的组成和原理示意图

3.1.3 自动变速器的分类和特点

(1) 按变速方式分类：汽车自动变速器按变速方式的不同，可分为有级变速器(图 3-3)和无级自动变速器(图 3-4)两种。有级变速器是具有有限几个定值传动比(一般有 4～9 个前进挡和一个倒挡)的变速器。无级变速器是能使传动比在一定范围内连续变化的变速器，无级变速器在汽车上的应用已逐步增多。

图 3-3 有级变速器

图 3-4 无级自动变速器

(2) 按汽车驱动方式分类：自动变速器按照汽车驱动方式的不同，可分为后驱动自动变速器(图 3-5)和前驱动自动变速器(图 3-6)两种。这两种自动变速器在结构和布置上有很大的不同。

图3-5 后驱动自动变速器

图3-6 前驱动自动变速器

(3) 按自动变速器前进挡的挡位数不同分类。自动变速器按变速杆置于前进挡时的挡位数,可分为4个前进挡、5个前进挡、6个前进挡等。早期的自动变速器通常为2个前进挡或3个前进挡。这两种自动变速器都没有超速挡,其最高挡为直接挡。新型轿车装用的自动变速器基本上都是4~9个前进挡,即设有超速挡。这种设计虽然使自动变速器的构造更加复杂,但由于设有超速挡,大大改善了汽车的燃油经济性。

(4) 按齿轮变速器的类型分类。自动变速器按齿轮变速器的类型不同,可分为行星齿轮式和普通圆柱齿轮式两种。行星齿轮式自动变速器结构紧凑,能获得较大的传动比,被绝大多数轿车采用。普通圆柱齿轮式自动变速器体积较大,最大传动比较小,使用较少。

(5) 按控制方式分类。自动变速器按控制方式不同,可分为液力控制自动变速器和电子控制自动变速器两种。①液控自动变速器:液控自动变速器是通过机械的手段,将汽车行驶时的车速及节气门开度两个参数转变为液压控制信号;阀板中的各个控制阀根据这些液压控制信号的大小,按照设定的换挡规律,通过控制换挡执行机构动作,实现自动换挡,使用较少。②电控液力自动变速器:电控液力自动变速器是通过各种传感器,将发动机转速、节气门开度、车速、发动机水温、自动变速器液压油温度等参数转变为电信号,并输入电脑;电脑根据这些电信号,按照设定的换挡规律,向换挡电磁阀、油压电磁阀等发出电控信号;换挡电磁阀和油压电磁阀再将电脑的电控信号转变为液压控制信号,阀板中的各个控制阀根据这些液压控制信号,控制换挡执行机构的动作,从而实现自动换挡。

3.1.4 自动变速器的型号识别

(1) 自动变速器型号一般包括以下几项内容:①变速器性质;②生产公司;③驱动方式;④前进挡位数;⑤控制方式;⑥生产、改进序号;⑦额定输出转矩。

(2) 自动变速器型号含义举例

• 目前的丰田自动变速器型号以"A340E"等含有3个数字的型号为代表,这种形式的自动变速器主要有A140E、A245E、A541E、A650E、A750E、A760E、U341E、U241E、U151F、A540H等,其中:

A——表示自动变速器,若是 U 则表示超级智能自动变速器,且都为前轮驱动;

3——其中 1、2、5 表示前轮驱动,3、4、6、7 表示后轮驱动;

4——表示前进挡位数,4 表示 4 挡自动变速器,5 表示 5 挡自动变速器,6 表示 6 挡自动变速器,等等;

0——表示生产序号,0 是基本型,1 是一次改进型,2 是二次改进型等;

E——表示电控自动变速器,同时具有锁止离合器,H 或 F 表示四轮驱动自动变速器,均省略了 E。

3.1.5 自动变速器的控制面板

自动变速器是由驾驶员通过驾驶室内的操作手柄操作的,如图 3-7 所示。

(1)停车挡 P(parking):用作停车之用,注意要配合手刹使用。它是利用机械装置去锁紧汽车的转动部分,使汽车不能移动。当汽车需要在一固定位置上停留一段较长时间,或在停稳之后离开驾驶室前,应该拉好手制动及将拨杆推进至"P"的位置上。要注意的是,车辆一定要在完全停止时才可使用"P"挡,否则自动变速器机械部分会受到损坏。另外,自动变速器上装有空挡启动开关,使得汽车只能在"P"或"N"挡才能启动发动机,以避免在其他挡位上误启动时使汽车突然前后窜。因此,启动发动机前一定要确认换挡杆是否在"P"或"N"挡。

图 3-7 典型自动变速器操作手柄

(2)倒挡 R(reverse):车辆倒后时用。通常要按下拨杆上的保险按钮,才可将拨杆移至"R"挡。要注意的是,当车辆尚未完全停定时,绝对不可以强行转至"R"挡,否则变速器会受到严重损坏。

(3)空挡 N(neutral):将拨杆置于"N"挡上,发动机与变速器之间的动力已经切断分离。如短暂停留可将拨杆置于此挡并拉出手制动杆,右脚可移离刹车踏板稍作休息。

(4)前进挡 D(drive):用在一般道路行驶。由于各国车型有不同的设计,因此"D"挡一般包括从 1 挡至高挡或者 2 挡至高挡,并会因车速及负荷的变化而自动换挡。将拨杆放置在"D"挡上,驾车者只要控制好油门踏板即可控制车速快慢。

(5)前进低挡(2 位和 1 位)

2 挡(second gear):2 挡为前进挡,但变速器只能在 1 挡、2 挡之间变换,不会跳到 3 挡和 4 挡。将拨杆放置在 2 挡位,汽车会由 1 挡起步,当速度增加时会自动转 2 挡。2 挡可以用于上、下斜坡,此挡段的好处是当上斜或落斜时,车辆会稳定地保持在 1 挡或 2 挡位置,不会因上斜的负荷或车速的不平衡令变速器不停地转挡。在落斜坡时,利用发动机低转速的阻力作制动,也不会令车子越行越快。

1挡(first gear):1挡也是前进挡,但变速器只能在1挡内工作,不能变换到其他挡位。它在严重交通堵塞的情况和斜度较大的斜坡上最能发挥功用。上斜坡或下斜坡时,可充分利用汽车发动机的扭力。

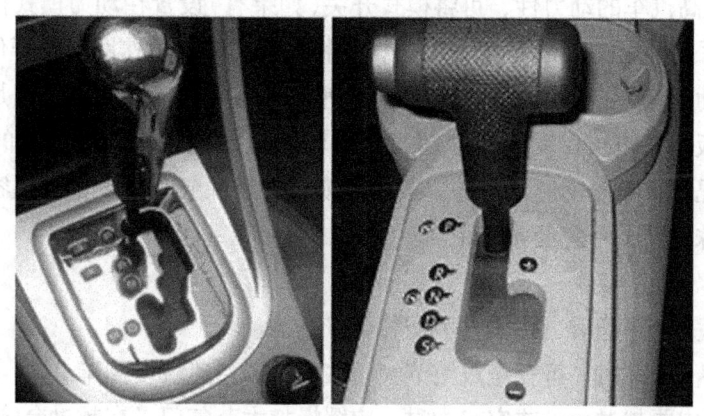

图3-8 2010新款皇冠2.5LV6天窗导航版变速器操纵手柄

3.1.6 不同工况下自动变速器的使用

1. 起动

正常起动:起动发动机时,应拉紧驻车制动或踩住制动踏板,将自动变速器的操纵手柄置于P位或N位,此时将点火开关转至起动位置,才能起动发动机。

当操纵手柄位于P位或N位之外的其他任何位置上时,将点火开关转至起动位置,不会起动发动机。

原因是多功能开关在P和N时都闭合,如丰田车把这个开关串装在起动继电器线圈电路上,而美国通用别克车把这个开关与继电器触点电路串联起来,所以易损坏。

2. 起步

(1)发动机起动后,必须停留几秒,待变速器内油压建立起来后才能挂挡起步。

(2)起步时应先踩住制动踏板,按锁止按钮,然后再进行挂挡,并查看所挂挡位是否正确,最后松开驻车制动,抬起制动踏板,怠速即可起步,缓慢踩下节气门踏板可加速起步。若踩住制动踏板,按锁止按钮手柄仍不能移动,说明换挡互锁电路有故障。紧急情况时,可按下控制面板上的应急开关,有的车没有应急开关,必须用钥匙插在控制面板的一个孔上,并下压钥匙,手柄先移至N挡,再用钥匙起动车。大众车换挡锁止机构无应急开关,也无插钥匙的应急解除孔,一旦失效只能等待修理。

(3)必须先挂挡后踩节气门踏板。不允许边踩节气门踏板边挂挡;也不允许先踩节气门踏板后挂挡;更不允许挂挡后踩着制动踏板或还未松开驻车制动器就加大节气门。

3. 一般道路行驶

(1)装有自动变速器的汽车在一般道路上向前行驶时,应将操纵手柄置于D位,并打开超速挡开关。这样自动变速器就能根据车速、行驶阻力、节气门开度等因素，在1挡、2挡、3挡及超速挡之中自动升挡或降挡，以选择最适合汽车行驶的挡位。

(2)为了节省燃油，可将模式开关(如果有)设置在经济模式或标准模式位置上。加速时，应平稳缓慢地加大节气门，并尽量让节气门开度保持在小于1/2开度的范围内。

(3)为了提高汽车的动力性，可将模式开关(如果有)设置在动力模式位置上。在急加速时，还可以采用"强制低挡"的操作方法，即将节气门踏板迅速踩到全开位置，此时，自动变速器会自动下降一个挡位，获得猛烈的加速效果。当加速要求得到满足之后，应立即松开节气门踏板，以防止发动机转速超过极限转速造成损坏。强制低挡的目的只在于超车，在这种工况下，自动变速器中的摩擦片磨损、发热现象明显严重，很容易造成碎片或黏接。如非特殊需要，不宜经常使用。

4. 倒车

(1)在汽车完全停稳后，将操纵手柄移至R位置。

(2)在平路上倒车时，可完全放松节气门踏板，以怠速缓慢倒车。

(3)如倒车中要越过台阶或突起物时，应缓慢加大节气门，在越过台阶后要及时制动。

5. 坡道行驶

(1)在一般坡道上行驶时，可按一般道路行驶的方法，将操纵手柄置于D位，用节气门或制动踏板来控制上下坡车速。

(2)如果汽车以超速挡在坡道上行驶，因坡道阻力大于驱动力，导致车速下降到一定车速时自动变速器从超速挡降至3挡；到3挡后，又因驱动力大于坡道阻力，汽车被加速，到一定车速时又升挡至超速挡。这样，若坡道较长，将重复上述过程，即在超速挡减速降挡后在3挡加速，到一定车速又升至超速挡，形成"循环跳挡"，加剧了自动变速器中摩擦片的磨损。在这种情况下，可将超速挡开关关闭，限制超速挡的使用，汽车就能在3挡稳定地加速上坡。若坡道较陡，汽车上坡时在3挡和2挡之间"循环跳挡"，只要将操纵手柄置于2挡位置，即可使自动变速器在2挡稳定地行驶。上坡时只要循环跳挡，手柄向低挡位置移动，即可防止阻力过大循环跳挡。

3.1.7 自动变速器各挡动力传递路线

(1) P 位置

液压力不作用于任何离合器，所有离合器均分离，因而动力不传递给中间轴。此时，依靠制动锁块与驻车挡齿轮的互锁作用实现驻车。

(2) N 位置

发动机的动力由液力变矩器传递给主轴惰轮、中间轴惰轮和副轴惰轮，但液压力没有使任何离合器接合，所以动力没有传递给中间轴。

(3) D4、D3 或 1 位时的 1 挡

动力由液力变矩器→主轴和主轴固连的主轴惰轮→中间轴惰轮→副轴惰轮，使副轴转动，而中间轴惰轮空套在中间轴上，所以中间轴不旋转，1挡离合器将受液压力控制而接

合,动力传至副轴 1 挡齿轮→中间轴 1 挡齿轮→中间轴,旋转的中间轴通过与其制成一体的最终主动齿轮,将动力传递给差速器的最终减速齿轮并将动力输出,从而实现 1 挡的动力传递过程。

(4) D4 或 D3 位的 2 挡或 2 位

动力由液力变矩器→主轴→主轴惰轮→中间轴惰轮(但中间轴不转动)→副轴惰轮→副轴→(2 挡离合器将受液压力控制而接合,使副轴 2 挡齿轮与副轴固连而旋转)→副轴 2 挡齿轮→中间轴 2 挡齿轮→中间轴→差速器的最终减速齿轮,然后将动力输出,从而实现 2 挡的动力传递过程。

(5) D4 或 D3 位的 3 挡

动力由液力变矩器→主轴→(3 挡离合器将受液压力控制而接合,使主轴 3 挡齿轮与主轴固连而旋转)主轴 3 挡齿轮→中间轴 3 挡齿轮→中间轴→差速器的最终减速齿轮,然后将动力输出,从而实现 3 挡的动力传递过程。

(6) D4 位的 4 挡

动力由液力变矩器→主轴→(伺服阀将受液压力作用,使中间轴 4 挡齿轮通过倒挡接合套及其轴套与中间轴相固连;同时 4 挡离合器也将受液压力作用,使主轴 4 挡齿轮与主轴固连并随主轴而旋转)→主轴 4 挡齿轮→中间轴 4 挡齿轮→倒挡接合套轴套→中间轴→差速器的最终减速齿轮,然后将动力输出,从而实现 4 挡的动力传递过程。

(7) R 位

动力由液力变矩器→主轴→(4 挡离合器受液压力作用)主轴倒挡齿轮→惰轮→中间轴倒挡齿轮→倒挡接合套轴套→中间轴,由于倒挡惰轮参加工作,因而最终主动齿轮和最终减速齿轮实现了倒挡的动力传递过程。

拓展阅读

液力变矩器(fluid torque converter)是由泵轮、涡轮、导轮组成的液力元件。它安装在发动机和变速器之间,以液压油(ATF)为工作介质,起传递转矩、变矩、变速及离合的作用。自动挡的汽车由于发动机和变速箱之间没有离合器,它们之间的连接是靠液力变矩器来实现的,液力变矩器的作用一是传递转速和扭矩,二是使发动机和自动变速箱之间的连接成为非刚性的以方便自动变速箱自动换挡。

1. 液力变矩器的特性

液力变矩器的特性可用几个与外界负荷有关的特性参数或特性曲线来评价。描述液力变矩器的特性参数主要有转数比、泵轮转矩系数、变矩系数、效率和穿透性等。描述液力变矩器的特性曲线主要有外特性曲线、原始特性曲线和输入特性曲线等。

图 3-9 中,i 轴为转速比,表示涡轮与泵轮转速之比,左端泵轮转速远大于涡轮,右边相等。起步或大脚油门时,转速比较小,泵轮比涡轮快很多,此时泵轮输出的扭矩要比涡轮输入扭矩大很多,比较有力,但传动效率较低;轻踩油门,转速比增加,变矩比降低,传动效率也相应提高,转速比为 60% 时,效率最高;当稳定油门,速度较为稳定时,转速比进一步上升,变矩比接近 1,但此时传动效率下降;为避免动力流失,变矩器用离合器锁止,转速比骤增至 1,效率也达到最高。

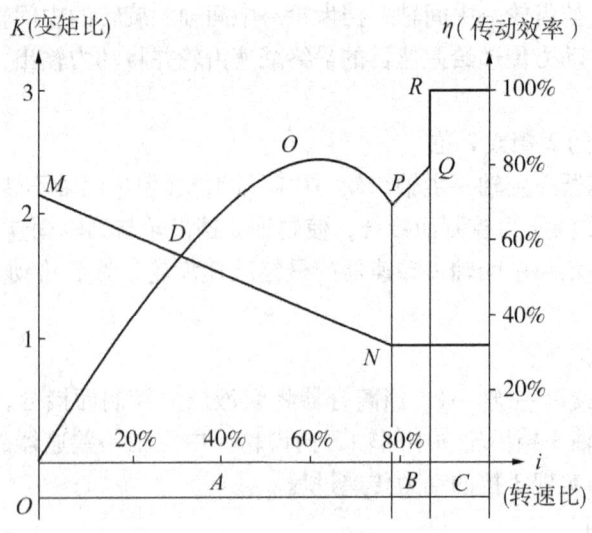

图3-9 液力变矩器特性曲线

2. 液力变矩器的工作原理

（1）机械能→动能过程：泵轮由发动机驱动旋转，推动液体随泵轮一起绕其轴线旋转，使其获得一定的速度（动能）和压力。其速度取决于泵轮的半径和转速。

（2）动能→机械能过程：液体靠动能冲向涡轮，作用于叶片一个推力，推动涡轮一起旋转，涡轮获得一定转矩（机械能）。少部分液体动能在高速流动中因与流道摩擦生热被消耗。

（3）动量矩变化过程：导轮固定，液体流经时无机械能转化，由于导轮叶片形态变化（进出口叶片面积不等），液流速度和方向发生变化，其动量矩改变。动量矩变化取决于叶片面积的变化。

液力变矩器的工作原理就像两个风扇相对，一个风扇工作，然后将另一个不工作的风扇吹动。这个比喻可以很形象地解释液力变矩器中泵轮和涡轮之间的工作关系。要详细解释其工作原理，则有些复杂。动力输出之后，带动与变矩器壳体相连的泵轮，泵轮搅动变矩器中的自动变速箱油（以下简称ATF），带动涡轮转动，ATF在壳体中会做一个循环的动作，由于泵轮旋转时的离心力，ATF会在泵轮的作用下甩向外侧，冲向前方的涡轮，再流向轴心位置，回到泵轮一侧，如此周而复始地循环，将动力传向与齿轮箱连接的涡轮。

只有该零部件和传动方式，才能称为液力耦合器。若想成为液力变矩器，必然要改变涡轮叶片的形状。这样一来，ATF在经过涡轮再循环回泵轮时，会与泵轮旋转方向相反，造成冲击。因此，为了成为液力变矩器还需另一个部件：导轮。导轮是存在于泵轮和涡轮之间的一个部件，用于调节壳体中ATF液流方向，通过单向离合器与箱体固定。

有了导轮，才有了"变矩"的灵魂。在泵轮与涡轮转速差较大时，动力输出的扭矩也变大，此时的变矩器相当一个无级变速器，通过转速差来提升扭矩，此时导轮处于固定状态，用以调节ATF回流；而当转速差降低，涡轮泵轮耦合或锁止时，扭矩接近对等，无需增矩，导轮随泵轮和涡轮同向转动，避免自身搅动ATF，造成动力的损耗。

拓展训练

本单元认识了自动变速器的基本功能、组成、结构、类型并了解了自动变速器汽车的驾驶技能。请观察实训室中的自动变速器台架，试分析自动变速器的典型故障。

综合考核与评价

活动评价

1. 评价标准:

序号	考核内容	配分	得分
a	能准确选择工具,拿错一次扣2分	10	
b	能准确辨别自动变速器内部元件的名称	30	
c	能在实车上说明自动变速器的控制面板各挡位含义	20	
d	任务工单完成情况	30	
e	课堂表现、团队协作、安全生产、工具5S整理等能力表现情况	10	
	合　　计	100	

2. 自我检查评估：
①自我检查任务完成的质量,确定是否达到活动预期要求。□完成□未完成
②未完成的原因：
③自我评价：

3. 组间互评：

4. 指导教师评语：

活动任务二　自动变速器的拆装与调整

1. 项目活动要点

(1) 在汽车底盘拆装实训室,利用汽车整车、相关总成台架,认识丰田自动变速器A341E的总体构造及其拆装流程；

(2) 利用丰田自动变速器A341E的结构挂图、维修手册,认识及观察变速器各部分的整体结构配合,理解内部零件连接关系；并对自动变速器进行拆卸和装配,对自动变速器中的制动器间隙进行测量调整。

2. 项目活动任务安排

项目化教学任务工单		
课程名称：汽车底盘构造与检修 学习情景：自动变速器的认识与检修 活动项目：自动变速器的拆装与调整	班级：＿＿＿＿＿＿ 姓名：＿＿＿＿＿＿ 学号：＿＿＿＿　第(　)组	场所：汽车底盘拆装实训室 日期：＿＿＿＿＿＿
活动任务	1. 掌握汽车自动变速器的拆装流程； 2. 重点认识自动变速器丰田A341E的部件名称； 3. 掌握汽车自动变速器内部元件的装备关系。	

活动目标	能力要点：能够正确拆装自动变速器。 知识要点：1. 掌握自动变速器离合器、制动器、单向离合器的工作原理； 　　　　　2. 掌握制动器 B、离合器 C、单向离合器 F 的检修方法； 　　　　　3. 掌握制动器、离合器的间隙测量方法； 　　　　　4. 掌握电磁阀的检修方法。 职业素养：团队协作，学会查找资料、观察实物的组成与运动关系，分析总结。
活动内容	自动变速器拆装流程 1. 在图1中，填写自动变速器各部分的名称，并在台架上找到各零件的位置。  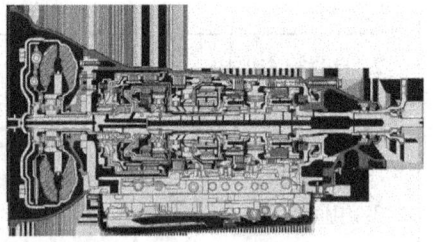 图1 1. 前端盖　2. 后端盖　3. 法兰　4. 液力变矩器　5. 油底壳 2. 简单阐述拆装自动变速器的步骤。 答：(1) 放出自动变速器油底壳的变速器油，拆下_____。 (2) 取下电磁阀线束，卸下_____，拆下阀体。 (3) _____ (4) _____ (5) _____ (6) _____ (7) 测量_____与变速器壳体前端盖的距离。 (8) 取出_____卸下制动器 B_1 及其液压缸活塞和弹簧。 (9) 取出前排行星齿轮机构，观察换挡执行元件 C_1、C_2、B_1、B_2、F_1、F_2 的位置。 (10) 将_____组合成一整体，分析其连接关系。 (11) 装复_____排行星齿轮机构及卡簧(注意将输出轴结合来使用，在变速器壳体外装复后，行星齿轮机构及 B_2 的活塞塞好后一起放入变速器壳体中，对齐制动器的钢片外齿。) (12) 装复_____排行星齿轮机构及卡簧。 (13) 装好_____轮。 (14) 装好离合器_____和_____。 (15) 装好_____制动器及活塞、弹簧。 (16) 装好_____架。 (17) 装好_____排行星齿轮架。 (18) 装好油泵，油泵螺栓旋紧转矩_____。

项目情景三　自动变速器的结构认识及检修

<table>
<tr><td rowspan="10">活动内容</td><td>

3. 油泵的安装步骤是？油泵附件有哪些？

答：_____
_____
_____

4. 制动器 B_1 的检查：

　(1)制动器 B_1 由哪些零件组成：_____

　(2)检查制动带：_____

5. 超速传动(超速行星齿轮)的分解检查与安装步骤及相应的零件是什么？

答：_____
_____
_____
_____

6. 拆装自动变速器的安全注意事项是什么？

答：_____
_____
_____
_____
_____

</td></tr>
</table>

知识链接

3.2.1　自动变速器结构拆分

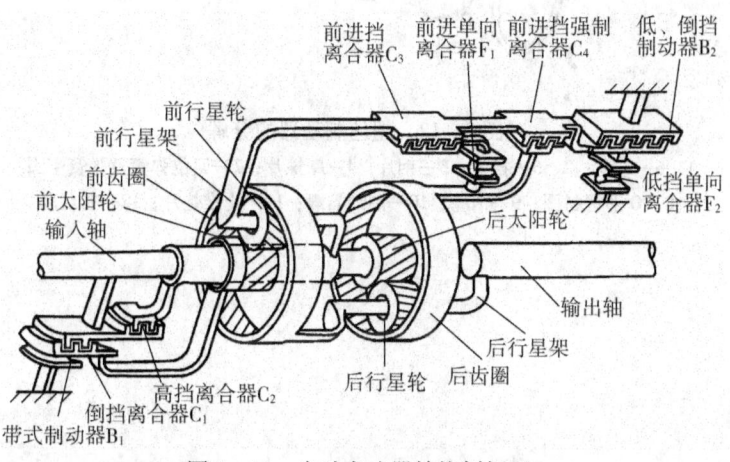

图 3-10　自动变速器结构剖析图

3.2.1.1　A340E 分解步骤

(1) 前行星排的拆卸。
(2) 油泵的分解(图 3-11)。

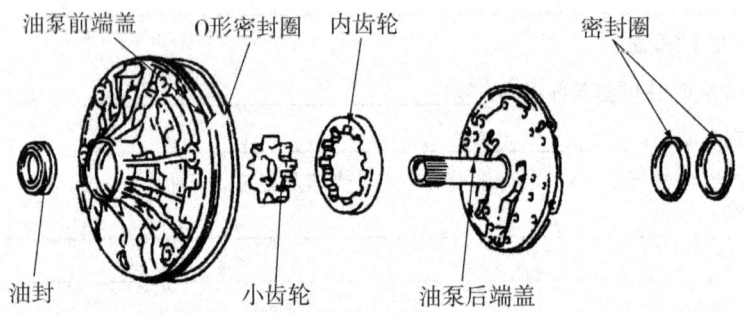

图 3-11　油泵分解图

(3) 制动器的分解：
超速制动器的分解(图 3-12、图 3-13)。

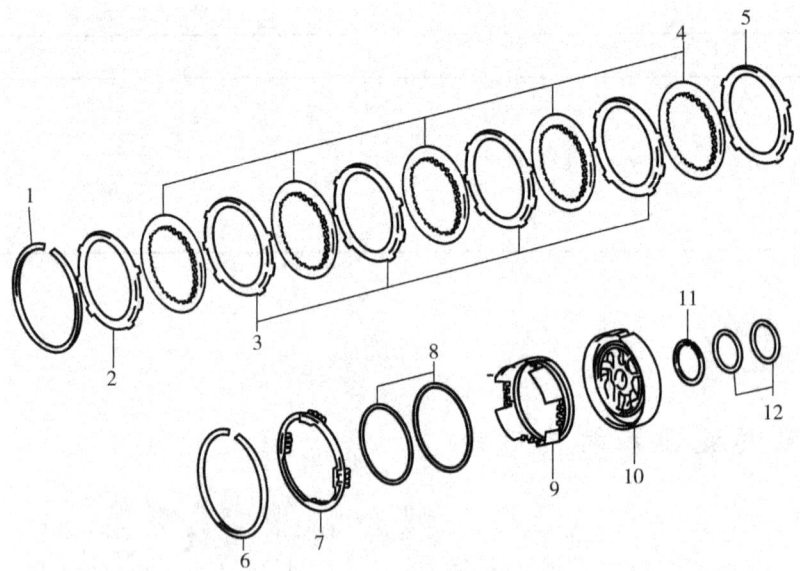

图 3-12　超速制动器的分解
1、6—卡环；2、5—挡圈；3—钢片；4—摩擦片；7—回位弹簧及弹簧座圈；
8—O形密封圈；9—活塞；10—制动器毂；11—止推垫片；12—密封环

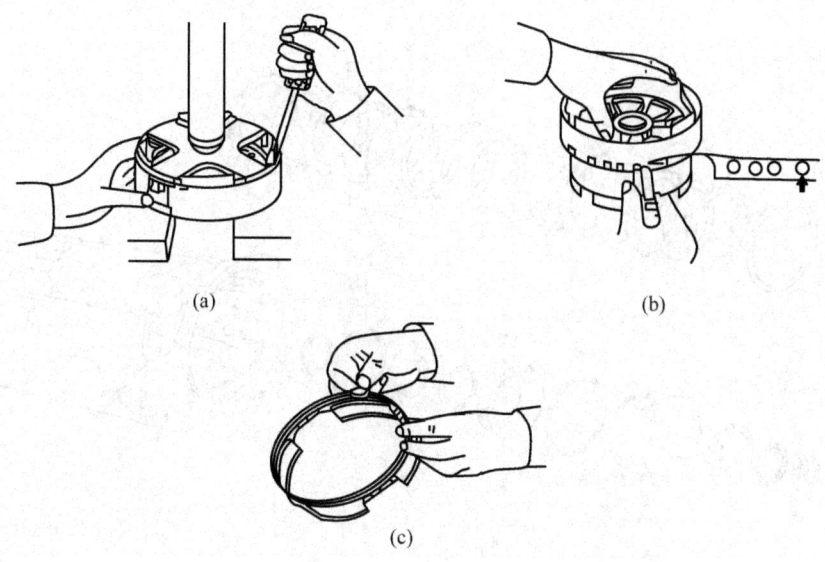

图 3-13 制动器的分解

两挡制动器 B_2 的分解(图 3-14)。

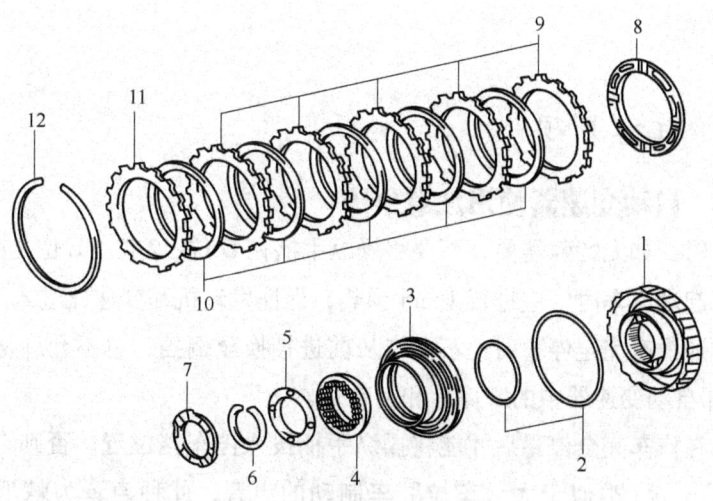

图 3-14 两挡制动器的分解

1—两挡制动器毂；2—O形密封圈；3—活塞；4—回位弹簧；5—弹簧座圈；
6、12—卡环；7—止推垫圈；8—活塞衬套；9—钢片；10—摩擦片；11—挡圈

低、倒挡制动器 B_3 的分解(图 3-15)。

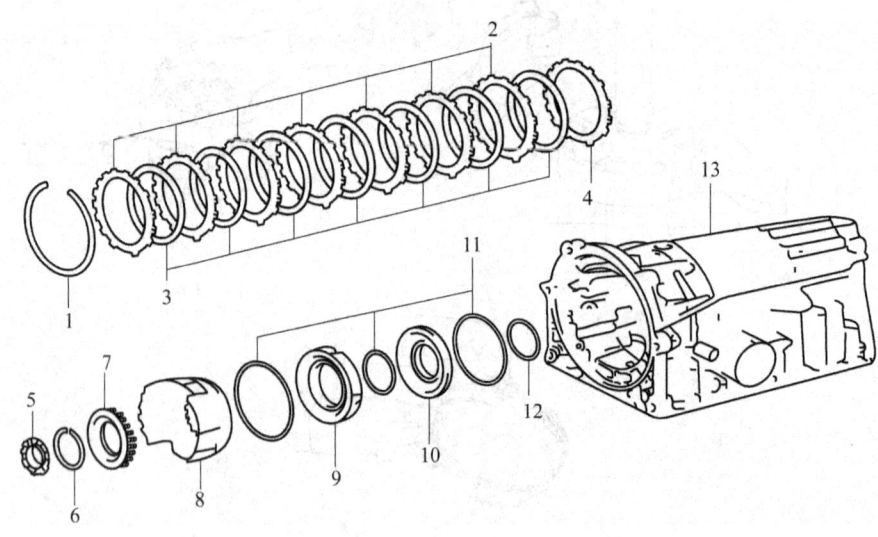

图 3-15 低、倒挡制动器的分解
1、6—卡环；2—钢片；3—摩擦片；4—挡圈；5—止推轴承；7—回位弹簧及弹簧座圈；
8—大活塞；9—回位滑套；10—小活塞；11、12—O 形密封圈；13—自动变速器壳

3.2.2 实验注意事项

3.2.2.1 自动变速器使用注意事项

(1) 在驾驶时，如无特殊需要，不要将操纵手柄在 D 位、2 位、L 位之间来回拨动。

(2) 在冬季起动汽车时，应进行 1 min 预热，保证发动机和变速器进入正常工作温度。

(3) 当汽车还没有完全停稳时，不允许从前进挡换至倒挡，也不允许从倒挡换到前进挡，否则会损坏自动变速器中的摩擦片和制动带。

(4) 一定要在汽车完全停稳后才能将操纵手柄拨入停车挡位置，否则自动变速器会发出刺耳的金属撞击声(类似于大众车拉驻车制动的声音，此种声音为棘爪与棘轮的撞击声)。严重时会损坏变速器壳体，并损坏停车锁止机构。

(5) 要严格按照标准调整发动机怠速，怠速过高或过低都会影响自动变速器的使用效果。

(6) 为了防止不正确的操作造成自动变速器的损坏，大部分车型的自动变速器操纵手柄上都有一个锁止按钮。

(7) 被牵引时注意事项：

① 变速杆置于 N 位，牵引速度要小于 50 km/h，距离要小于 50 km。

② 若需长距离牵引，则要将前轮(驱动轮)置于牵引车上。

3.2.2.2 离合器摩擦片装配前和装配时的注意事项

(1)摩擦片装配前的注意事项

①摩擦片还可以继续使用的,需单独进行清洗。

②装配前,摩擦片要在洁净的自动变速器油中浸泡。

- 新摩擦片要浸泡 2 h,旧摩擦片要浸泡 15～30 min。
- 浸泡后每个摩擦片要膨胀 0.03 mm,工作时受高温影响每个摩擦片还要多膨胀 0.03 mm。
- 如果一组为 6 个摩擦片,浸泡后要膨胀 0.18 mm。

(2)摩擦片装配时的注意事项:

①旧片要换位。装配时如使用的是旧摩擦片,装配时最里边和最外边的摩擦片最好换一次位。

②缺口要对正。部分离合器摩擦片花键上有一缺口,是动平衡标记,装配时注意将各片的缺口对正。

3.2.2.3 离合器装配时的注意事项

(1)注意锥盘的装配方向

①离合器片最里端为锥形盘(在低挡、倒挡制动器中部分为膜片弹簧),大部分变速器锥形盘的凸起面一般对着摩擦片。

②具体装配时需注意活塞的锥面,膜片弹簧和锥盘的锥面以及活塞锥面锥角的方向是一致的。

3.2.2.4 液力变矩器装配时的注意事项

(1)在拆装变矩器时严禁使用气动扳手。

(2)使用气动工具,若控制不好,挠性板和变矩器的连接螺栓有时会顶坏变矩器外壳,使锁止离合器不能正常锁止,造成变矩器损坏。

拓展训练

本单元对自动变速器进行了拆卸和装配,通过掌握了自动变速器中离合器间隙、制动器的间隙调整方法。请结合拆装的自动变速器的结构类型,写下变速器拆卸和装配的标准流程及操作规范。

综合考核与评价

1. 评价标准：

<table>
<tr><th>序号</th><th>考核内容</th><th>配分</th><th>得分</th></tr>
<tr><td>a</td><td>能准确选择拆装工具，拿错一次扣 2 分</td><td>10</td><td></td></tr>
<tr><td>b</td><td>自动变速器拆卸顺序准确无误，顺序错误一次扣 5 分</td><td>20</td><td></td></tr>
<tr><td>c</td><td>自动变速器调整，分离杠杆高度调整错误扣 5 分</td><td>10</td><td></td></tr>
<tr><td>d</td><td>自动变速器的装配过程准确无误，顺序错误一次扣 5 分</td><td>20</td><td></td></tr>
<tr><td>e</td><td>任务工单完成情况</td><td>30</td><td></td></tr>
<tr><td>f</td><td>课堂表现、团队协作、安全生产、工具 5S 整理等能力表现情况</td><td>10</td><td></td></tr>
<tr><td colspan="2" align="center">合　　计</td><td>100</td><td></td></tr>
</table>

（活动评价）

2. 自我检查评估：
① 自我检查任务完成的质量，确定是否达到活动预期要求。□完成 □未完成
② 未完成的原因：
③ 自我评价：
3. 组间互评：

4. 指导教师评语：

活动任务三　自动变速器的故障诊断与检修

1. 项目活动要点

（1）在汽车底盘拆装实训室，利用汽车整车、相关总成台架，认识汽车自动变速器的常见故障现象并分析其原因，对常出现的部件故障进行检修；
（2）对自动变速器常见故障进行诊断，找到引起故障的原因；
（3）按照标准的故障诊断流程对自动变速器进行故障诊断；
（4）掌握自动变速器故障检修调整的基本方法和操作要领。

2. 项目活动任务安排

<table>
<tr><td colspan="3" align="center">项目化教学任务工单</td></tr>
<tr><td>课程名称：汽车底盘构造与检修
学习情景：<u>自动变速器的认识与检修</u>
活动项目：<u>自动变速器的故障诊断</u></td><td>班级：_____
姓名：_____
学号：_____第（　）组</td><td>场所：<u>汽车底盘拆装实训室</u>
日期：_____
</td></tr>
</table>

活动任务	1. 掌握自动变速器几种典型故障现象(失速、无前进挡、异响、打滑); 2. 掌握自动变速器故障诊断的分析方法。
活动目标	能力要点:能够正确判断自动变速器的典型故障。 知识要点:1. 掌握自动变速器的自诊断操作流程与检修流程; 　　　　　2. 掌握自动变速器的日常维护; 　　　　　3. 掌握利用自动变速器的挡位传动路线图进行故障诊断的方法。 职业素养:团队协作,学会查找资料、观察实物的组成与运动关系,分析总结。
活动安排	1. 学生以小组为单位,在拆装台上(或总成)认识自动变速器的各部分零件。完成任务卡上"4."的相关内容。(20分钟) 2. 学生以小组为单位,利用活动任务卡,认识各类自动变速器总成。完成任务卡上5、6、7小题的相关内容。(40分钟)
活动内容	1. 观察图1,填写自动变速器各部分的名称,并在台架上找到各零件的位置。 图1 (1)_____;(2)_____;(3)_____;(4)_____;(5)_____; (6)_____;(7)_____;(8)_____;(9)_____;(10)_____; (11)_____;(12)_____;(13)_____;(14)_____。 2. 各挡动力传动路线

变速杆位置		挡拉	C_0	C_1	C_2	B_0	B_1	B_2	B_3	F_0	F_1	F_2
P		驻车挡	○									
R		倒挡	○		○				○			
N		空挡	○									
D		1挡	○	○							○	○
		2挡	○	○				○			○	○
		3挡	○	○	○						○	
		超速挡		○	○	○		○				
2		1挡	○	○							○	○
		2挡	○	○			○				○	
		3挡[(1)]										
L		1挡	○	○						○		○
		2挡[(1)]	○	○				○		○	○	

注:[(1)] 只换低挡不换高挡。

根据上表指出 D-1 档的工作元件有 _____、_____。

D-2 档的工作元件有 _____、_____。

D-3 档的工作元件有 _____、_____。

D-4 档的工作元件有 _____。

R 档位的工作元件有 _____。

3. 通过以下对自动变速器的施力装置的总结，分析案例。

十个施力装置的功能介绍：

元　件	代　号	功　能
超速挡离合器	C_0	将超速排行星架和超速排太阳轮连接在一起
前进挡离合器	C_1	连接中间轴和前行星排齿圈
直倒挡离合器	C_2	连接中间轴和公用太阳轮
超速挡离合器	F_0	阻止超速排太阳轮逆时针转动
1号单向离合器	F_1	和 B_2 一起工作，阻止公用太阳轮逆时针转动
2号单向离合器	F_2	阻止后排行星架逆时针转动
超速挡单向离合器	B_0	制动超速排太阳轮
2挡锁定制动器	B_1	制动公用太阳轮
2挡制动器	B_2	和 F_1 一起工作，阻止公用太阳轮逆时针转动
1挡和倒挡制动器	B_3	制动后排行星架

4. 总结

C_0 故障，前后均无动力	B_3 故障，无倒挡
C_1 故障，无前进挡，倒挡正常	$D_1 \to D_2$，B_2 工作
C_2 故障，无3、4挡及倒挡	$D_2 \to D_3$，C_2 工作
B_2 故障，无2挡	D_3、D_4 互换，C_0、B_0 互换

根据以上功能总结进行案例分析。

答：

3.3.1 自动变速器常见故障诊断

(1)自动变速器油液面过低可能造成的故障

①会发出"嗡嗡"的异响声。

②会造成主油压过低及由此引发的一系列故障。

③自动变速器油高温氧化产生积炭,会卡住控制阀中的滑阀,滑阀的卡滞有可能造成一系列故障,如图3-16所示。

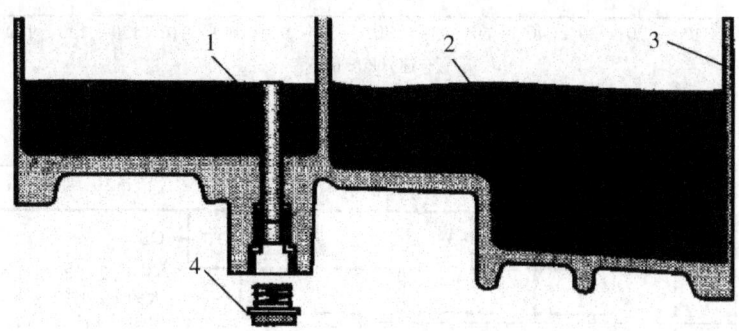

图3-16 带溢流管的油底壳
1—溢油管;2—ATF油;3—油底壳;4—放油螺钉

(2)自动变速器油变成黑色,有颗粒状杂质,有恶臭气味。

(3)自动变速器油中有金属微粒:铁粉或铝粉。

3.3.2 自动变速器性能检验

1. 自动变速器的6个道路试验

(1)升挡试验;

(2)升挡车速试验;

(3)升挡发动机转速试验;

(4)换挡质量试验;

(5)锁止离合器工作状况试验;

(6)发动机制动作用试验。

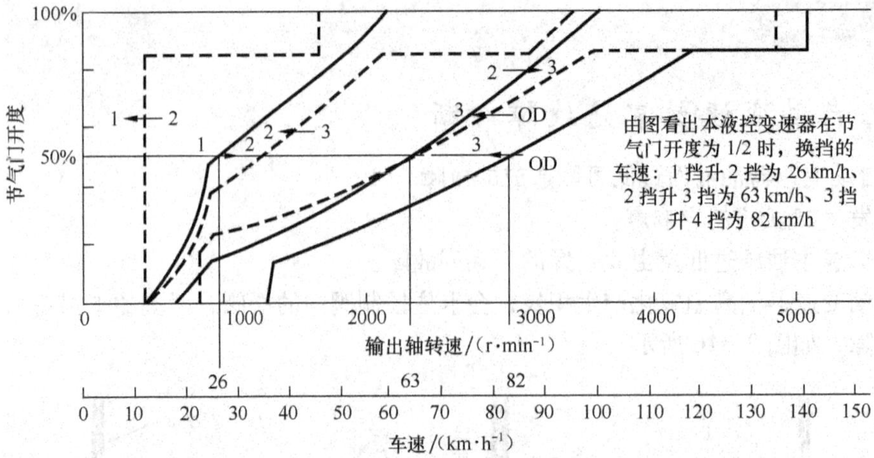

(a) 液控自动变速器的换档图

由图看出本液控变速器在节气门开度为1/2时,换挡的车速:1挡升2挡为26 km/h、2挡升3挡为63 km/h、3挡升4挡为82 km/h

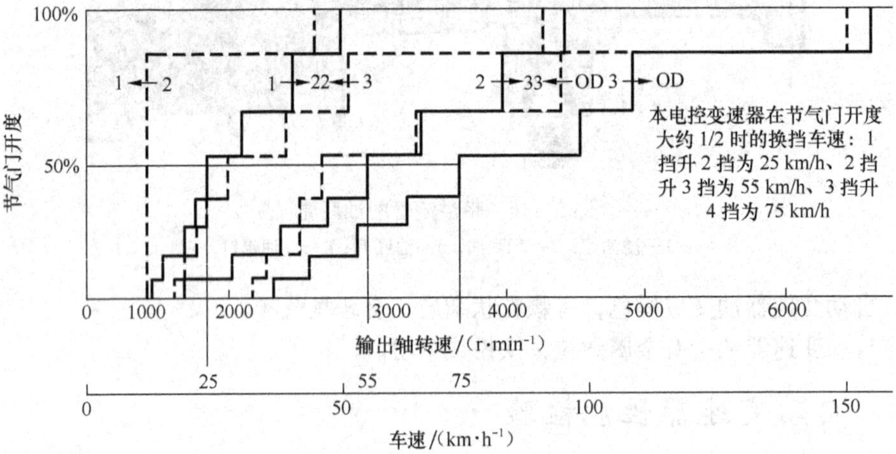

(b) 电控自动变速器的换档图

本电控变速器在节气门开度大约1/2时的换挡车速:1挡升2挡为25 km/h、2挡升3挡为55 km/h、3挡升4挡为75 km/h

图3-17 丰田两种自动变速器的换挡图

2. 自动变速器的2个基本试验

（1）失速试验

图3-18 失速试验

（2）油压试验

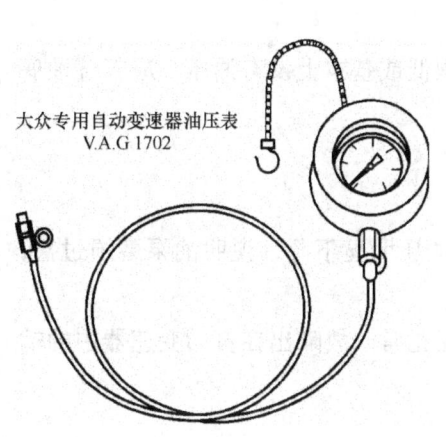

图 3-19 自动变速器油压表

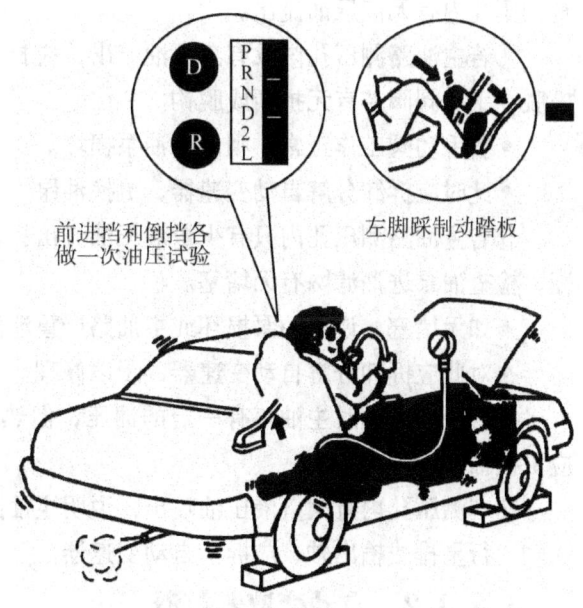

图 3-20 主油路油压测试

3.3.3 自动变速器故障诊断与分析

3.3.3.1 汽车不能行驶

1. 故障现象

①无论操纵手柄位于倒挡、前进挡还是前进低挡，汽车都不能行驶。

②冷车起动后汽车能行驶一段路程，但稍一热车就不能行驶。

2. 故障原因

①自动变速器油底壳被撞坏，液压油全部漏光。

②操纵手柄和手动阀摇臂之间的连杆或拉索松脱，手动阀保持在空挡或停车挡位置。

③油泵进油滤网堵塞。

④主油路严重泄漏。

⑤油泵损坏。

⑥电磁阀损坏。

3. 故障诊断与排除

①拔出自动变速器的油尺，检查自动变速器液压油的油面高度。

- 若油尺上没有液压油，说明自动变速器内的液压油已全部漏光。
- 对此应检查油底壳、液压油散热器、油管等处有无破损而导致漏油。
- 如有严重漏油处，应修复后重新加油。

②检查自动变速器操纵手柄与手动阀摇臂之间的连杆或拉索有无松脱。

- 如有松脱，应予以装复，并重新调整好操纵手柄的位置。

③拆下主油路测压孔上的螺塞，起动发动机，将操纵手柄拨至前进挡或倒挡位置，检查测压孔内有无液压油流出。

④若主油路测压孔内没有液压油流出，应打开油底壳，检查手动阀摇臂轴与摇臂有无松脱，手动阀阀芯有无折断或脱钩。

- 若手动阀工作正常，则说明油泵损坏。
- 此时应拆卸分解自动变速器，更换油泵。

⑤若主油路测压孔内只有少量液压油流出，油压很低或基本上没有油压，应打开油底壳，检查油泵进油滤网有无堵塞。

- 如无堵塞，说明油泵损坏或主油路严重泄漏。
- 对此应拆卸分解自动变速器，予以修理。

⑥若冷车起动时主油路有一定的油压，但热车后油压明显下降，说明油泵磨损过甚，应更换油泵。

⑦若测压孔内有大量液压油喷出，说明主油路油压正常，故障出在自动变速器中的输入轴、行星排或输出轴，应拆检自动变速器。

3.3.3.2 自动变速器打滑

1. 故障现象

①起步时踩下节气门踏板，发动机转速很快升高但车速升高缓慢。

②行驶中踩下节气门踏板加速时，发动机转速升高但车速没有很快提高。

③平路行驶基本正常，但上坡无力，且发动机转速异常高。

- 检查自动变速器油的颜色和气味，颜色发黑，气味恶臭，说明发生了"烧片子"。
- 上坡时做加速试验，猛踩节气门踏板，如发动机转速上去了，但汽车行驶速度没有明显增加，说明发生了"烧片子"。

2. 故障原因

①液压油油面太低。

②液压油油面太高，运转中被行星排剧烈搅动后产生大量气泡。

③离合器或制动器摩擦片、制动带磨损过甚或烧焦。

④油泵磨损过甚或主油路泄漏，造成油路油压过低。

⑤单向超越离合器打滑。

⑥离合器或制动器活塞密封圈损坏，导致漏油。

⑦减震器活塞密封圈损坏，导致漏油，造成离合器打滑。

3. 故障诊断与排除

①对于出现打滑现象的自动变速器，应先检查其液压油的油面高度和品质。

- 若油面过低或过高，应先调整至正常后再做检查。
- 若油面调整正常后自动变速器不再打滑，可不必拆修自动变速器。

②检查液压油的品质。

- 若液压油呈棕黑色或有烧焦味，说明离合器或制动器的摩擦片或制动带有烧焦，应拆修自动变速器。

③做道路试验,以确定自动变速器是否打滑,并检查出现打滑的挡位和打滑的程度。

● 将操纵手柄拨入不同的位置,让汽车行驶。

● 若自动变速器升至某一挡位时发动机转速突然升高,但车速没有相应提高,即说明该挡位有打滑。

● 打滑时发动机的转速越容易升高,说明打滑越严重。

④对于有打滑故障的自动变速器,在拆卸分解之前,应先检查自动变速器的主油路油压,以找出造成自动变速器打滑的原因。

● 自动变速器不论前进挡或倒挡均打滑,其原因往往是主油路油压过低。

● 若主油路油压正常,则只要更换磨损或烧焦的摩擦元件即可。

● 若主油路油压不正常,则在拆修自动变速器的过程中,应根据主油路油压对相应的油泵或阀板进行检修,并更换自动变速器的所有密封圈和密封环。

3.3.3.3 换挡冲击大

1. 故障现象

①在起步时,由停车挡或空挡挂入倒挡或前进挡时,汽车振动较严重。
②行驶中,在自动变速器升挡的瞬间汽车有较明显的闯动。

2. 故障原因

①发动机怠速过高。
②节气门拉索或节气门位置传感器调整不当,使主油路油压过高。
③升挡过迟。
④真空式节气门阀的真空软管破裂或松脱。
⑤主油路调压阀有故障,使主油路油压过高。
⑥减震器活塞卡住,不能起减振作用。
⑦单向阀钢球漏装,换挡执行元件(离合器或制动器)接合过快。
⑧换挡执行元件打滑。
⑨油压电磁阀不工作。
⑩电脑有故障。

3. 故障诊断与排除

● 导致自动变速器换挡冲击大的故障原因很多,情况也比较复杂。

● 故障原因可能是调整不当等,对此,只要稍作调整即可排除;也可能是自动变速器内部的控制阀、减震器或换挡执行元件有故障,对此,必须分解自动变速器,予以修理;还可能是电子控制系统有故障,对此,必须对电子控制系统进行检测,才能找出具体原因。

● 因此,在诊断故障的过程中,必须循序渐进,对自动变速器的各个部分认真地检查。

● 一定要在全面检测的基础上,有针对性地进行分解修理,切不可盲目拆修。

①检查发动机怠速。
- 装用自动变速器的汽车其发动机怠速一般为 750 r/min 左右。
- 若怠速过高,应按标准予以调整。

②检查节气门拉索或节气门位置传感器的调整情况。
- 如不符合标准,应重新予以调整。

③检查真空式节气门阀的真空软管,如有破裂,应更换;如有松脱,应接牢固。

④做道路试验。
- 如果有升挡过迟的现象,则说明换挡冲击大是升挡过迟所致。
- 如果在升挡之前发动机转速异常升高,导致在升挡的瞬间有较大的换挡冲击,则说明离合器或制动器打滑,应分解自动变速器,予以修理。

⑤检测主油路油压。
- 如果怠速时的主油路油压过高,则说明主油路调压阀或节气门阀有故障,可能是调压弹簧的预紧力过大或阀芯卡滞所致。
- 如果怠速时主油路油压正常,但起步进挡时有较大的冲击,则说明前进离合器或倒挡及高挡离合器的进油单向阀阀球损坏或漏装。
- 对此,应拆卸阀板,予以修理。

⑥检测换挡时的主油路油压。
- 在正常情况下,换挡时的主油路油压会有瞬时的下降。
- 如果换挡时主油路油压没有下降,则说明减震器活塞卡滞。
- 对此,应拆检阀板和减震器。

⑦电子控制自动变速器如果出现换挡冲击过大的故障,应检查油压电磁阀的线路以及油压电磁阀工作是否正常、电脑是否在换挡的瞬间向油压电磁阀发出控制信号。
- 如果线路有故障,应予以修复;如果电磁阀损坏,应更换电磁阀;如果电脑在换挡的瞬间没有向油压电磁阀发出控制信号,说明电脑有故障,应更换电脑。

3.3.3.4 异响

1. **故障现象**

①在汽车运转过程中,自动变速器内始终有异常响声。
②汽车行驶中自动变速器有异响,停车挂空挡后异响消失。

2. **故障原因**

①油泵因磨损甚或液压油油面高度过低、过高而产生异响。
②变矩器因锁止离合器、导轮单向超越离合器等损坏而产生异响。
③行星齿轮机构异响。
④换挡执行元件异响。

3. **故障诊断与排除**

①检查自动变速器液压油油面高度。
- 若太高或太低,应调整至正确高度。

②用举升器将汽车升起，起动发动机，在空挡、前进挡、倒挡等状态下检查自动变速器产生异响的部位和时刻。

③若在任何挡位下自动变速器前部始终有一连续的异响，通常为油泵或变矩器异响。
- 对此，应拆检自动变速器，检查油泵有无磨损、变矩器内有无大量摩擦粉末。
- 如果有异常，应更换油泵或变矩器。

④若自动变速器只在行驶中才有异响，空挡时无异响，则为行星齿轮机构异响。
- 对此，应分解自动变速器，检查行星排各个零件有无磨损痕迹，齿轮有无断裂，单向超越离合器有无磨损、卡滞，轴承或止推垫片有无损坏。
- 如果有异常，应予以更换。

3.3.4 自动变速器的常见故障检修

3.3.4.1 单向离合器故障

1. 汽车低速行驶时车速上不去

在低速区域车速上升非常缓慢，如20～30 km/h或20～40 km/h时（因车型不同，速度区域的宽度略有不同）速度上不去，过了低速区，到了中高速后汽车加速正常。这是典型的变矩器内单向离合器打滑的故障。液力变矩器能否取得增矩效果，汽车低速行驶时的加速性能如何，主要取决于固定导轮的单向离合器。单向离合器只要不打滑，液力变矩器的增矩效果就可以得到保证，汽车低速行驶时就会增速良好。在增矩工况时，液流冲击导轮的正面，负责固定导轮的单向离合器一旦打滑，导轮就会逆时针旋转，导轮改变液流方向的任务无法实现。导轮作用的消失使液力变矩器变成液力耦合器，丧失了增矩作用。

检修时，将手指从变矩器驱动毂处伸入，用手指直接旋转导轮的花键。因为本田汽车发动机为逆时针转动，所以导轮外圈应逆时针转动，顺时针锁止。其余所有的汽车发动机都是顺时针转动，所以导轮外圈应顺时针转动，逆时针锁止。如逆时针能转动，说明单向离合器滚柱或楔块磨损，锁止作用失效，必须更换液力变矩器总成。液力变矩器进入耦合区后，涡轮和泵轮转速相等，油液流动角度变到了最小点，由冲击导轮的正面，改为冲击导轮的背面。

2. 汽车中高速时车速上不去

汽车低速时加速良好，到了中高速后，车速上升缓慢，至70～90 km/h时车速几乎就不再上升了。出现这种故障的原因很多，但属于液力变矩器的故障只有一种，就是支撑导轮的单向离合器发生卡滞。这时导轮应旋转，如果此时导轮不旋转，导轮就成了障碍物，阻碍了油液的流动，也就阻碍了车速的提高。单向离合器的卡滞越严重，对汽车中高速时提速的阻碍就越大。因为耦合区只发生在汽车中高速行驶时，所以单向离合器卡滞后，汽车在低速区域仍然能保持良好的加速性能。只有到中高速后，才会出现加速性能不足的故障。

判断单向离合器是否发生卡滞，最简单的方法就是用手指沿单向离合器旋转方向（除本田汽车外，其余均为顺时针方向）旋转导轮花键。对于比较严重的卡滞现象，这种判断方法是很有效的。但任何故障的发展都有一个过程，单向离合器的卡滞也是逐渐加重的。在单向离合器轻微卡滞时，手感往往不准。单向离合器在轻微卡滞阶段会和导轮发生摩擦，从而产生过热现象，在液力变矩器驱动毂上能看见蓝色的过热痕迹。单向离合器无论是卡滞还是打滑，都必须更换整个液力变矩器。用手指检查单向离合器是否发生故障的方法非常简单。使用此法必须先拆下变速器，但拆装变速器非常麻烦。也有不拆变速器就可以检查出单向离合器故障的方法，即失速试验法。

3.3.4.2 行星齿轮的检修

在自动变速器所有的零件中，行星齿轮机构的寿命是最长的，它们不承受任何的换挡冲击，在正常使用的条件下工作寿命不会低于 40 万千米。其中太阳轮和齿圈几乎没有损坏的可能，行星齿轮自身损坏的可能性也很小，唯一可能出问题的是行星轮架。

1. 行星齿轮机构故障

同手动变速器一样，行星齿轮机构可能引起的故障主要是齿轮折断、轴承磨损等。将损坏部件更换后，故障就可排除，但某一机械部件的损坏必然会引起其前、后两侧相邻部件的磨损甚至损坏，这时就要仔细检查，尤其是对磨损部件，应检查其是否有继续使用的可能。变速齿轮机构能引起的故障主要有以下几个方面。

1）异响

异响可分为两种情况：第一种情况是行驶中突然产生很大的异响，然后车辆不能行驶。此类故障是由严重损坏造成的，主要原因有输入、输出轴断裂；齿圈、太阳轮鼓、齿轮等断裂；行星齿轮从行星架中脱出等。这类故障只要打开变速器后便可迅速发现。第二种情况是车辆能够行驶，但自动变速器内部有异响。此类故障在拆解时要注意检查止推轴承是否烧结、散架。常见的止推垫片有平止推垫片和带固定爪的止推垫片，带固定爪的止推垫片如固定爪脱落，垫片自动转动也可引起异响。

2）撞击声

撞击声主要在以下两种情况下出现：在起动状态踩住制动踏板，将选挡手柄从 P 位或 N 位挂入 D 位或 R 位时，变速器内部发出撞击声；行驶中急加速或急减速时。引起撞击声的原因有各部件间配合间隙过大、止推垫片磨损过度、止推垫片或止推轴承漏装等。

3）不能升挡

行星齿轮机构造成的不升挡的原因是齿圈与离合器组烧结在一起，离合器组失去其应有的作用，从而引起不能升挡。

2. 常见损坏形式及原因

①行星齿轮从行星架上脱落，这是行星齿轮式变速器较常见的故障。

其主要原因是配件质量差。

②行星齿轮与行星架间隙过大。

其主要原因是自然磨损。

③止推轴承或止推垫片破碎。

其主要原因是装配时受损或配件质量差。

④卡环脱落。

其主要原因是配件质量差或拆卸时将卡环撬变形了。

3. 检查

1）行星齿轮和轴有无烧蚀现象

行星齿轮和轴出现烧蚀（边黑），说明在工作时严重超载，行星轮架或行星轮轴可能会发生变形。修理时要么更换行星齿轮机构总成（齿轮应成对更换），要么更换行星轮架和行星轴。若行星轮轴部有旋具刀口时，需用旋具将轴拆下，安装时要用凡士林把轴与套筒间的滚针轴承粘好。

2）行星齿轮变速机构的工作间隙检查

对行星齿轮式自动变速器，需检查行星轮与行星架间隙、齿轮衬套直径。图 3-21 所示为 A341E 自动变速器变速齿轮机构的检查方法。行星轮与行星架标准间隙为 0.20～0.60 mm，极限值为 1 mm，齿圈衬套最大直径为 24.08 mm。

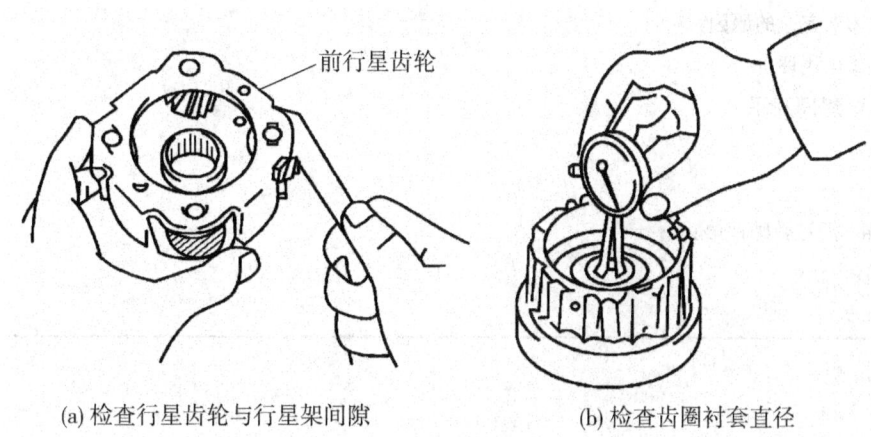

(a) 检查行星齿轮与行星架间隙　　(b) 检查齿圈衬套直径

图 3-21　自动变速器变速齿轮机构的检查方法

各种自动变速器标准数值不一样，可用手转动行星齿轮感觉其与行星架的松紧程度；将圈套在轴上感觉齿圈衬套与轴的间隙。

拓展训练

本单元了解了自动变速器的常见故障的现象原因以及处理的基本思路，写出在实训室完成自动变速器故障的诊断排查过程。请分析以下案例：

客户反映，丰田汽车凌志 LS400 挂 D 挡后不走，但挂入 R 挡后又能倒退，请分析是什么原因造成这种现象。

本单元对自动变速器容易出现故障的零部件进行了检修及调整，请归纳总结各个部件检修的要点及操作要领。

综合考核与评价

<table>
<tr><td rowspan="11">活动评价</td><td colspan="4">1. 评价标准：</td></tr>
<tr><td>序号</td><td>考核内容</td><td>配分</td><td>得分</td></tr>
<tr><td>a</td><td>自动变速器单向离合器打滑的现象、原因、诊断排查的操作顺序</td><td>15</td><td></td></tr>
<tr><td>b</td><td>离合器烧蚀及活塞漏油现象、原因、诊断排查的操作顺序</td><td>15</td><td></td></tr>
<tr><td>c</td><td>自动变速器抖动的现象、原因、诊断排查的操作顺序</td><td>15</td><td></td></tr>
<tr><td>d</td><td>行星齿轮机构异响的现象、原因、诊断排查的操作顺序</td><td>15</td><td></td></tr>
<tr><td>e</td><td>任务工单完成情况</td><td>30</td><td></td></tr>
<tr><td>f</td><td>课堂表现、团队协作、安全生产、工具5S整理等能力表现情况</td><td>10</td><td></td></tr>
<tr><td colspan="2">合　　计</td><td>100</td><td></td></tr>
<tr><td colspan="4">2. 自我检查评估：
①自我检查任务完成的质量，确定是否达到活动预期要求。□完成□未完成
②未完成的原因：
③自我评价：
3. 组间互评：</td></tr>
<tr><td colspan="4">4. 指导教师评语：</td></tr>
</table>

项目情景四　万向传动装置的结构认识与拆换

任务描述

　　万向传动装置在底盘的功能是保证变速器所输出的动力顺利地传到驱动轮上，使车辆受到高低不平的路面冲击，或受到转向离心力、道路横向力，以及受到加速或制动产生的惯性力作用时能够正常行驶。万向传动装置在使用过程中，各零部件因各种损伤、磨损、变形和动平衡遭受破坏，使汽车的传动效率降低，动力性和经济性下降。本项目主要任务是研究万向传动装置的功用、组成、分类等知识，掌握万向传动装置拆装的基本方法和步骤。

学习目标

1. 掌握万向传动装置的功用、组成及工作原理；
2. 掌握万向节的类型和应用特点；
3. 掌握传动轴和中间支承的结构特点；
4. 具有对万向传动装置主要零部件进行维修的能力。

案例导入

案例一：
富康轿车传动轴异响故障的检修。
　　故障现象：一辆富康 ZX 型(1.36 L)轿车在服务站维修差速器后不久，车主要求返修，声称异响较大。试车过程中，前桥底部发出周期性"呜、呜"响声，并且随着车速提高响声增大，在某一车速时车辆有抖动感。
案例二：
捷达轿车行驶途中自动跑偏故障的检修。
　　故障现象：一辆捷达轿车装用 ACR 发动机，车主说该车轮重新定位过，前束也调整过，4 个轮胎气压均符合标准，但是向右跑偏的故障一直没有排除。
　　案例评析：
案例一：
　　检修方法：用千斤顶架起前桥，用三角木楔好后轮，将变速器由低挡挂入高挡，仔细倾听发出声音的部位，似在传动部分，不在差速变速器壳体。
　　用手来回拧动传动轴，察视万向节的径向有无明显的间隙，靠主减速器一侧的万向节能否在轴向平滑地滑动。虽未发现明显间隙，但手感觉到有卡涩感。
　　根据经验判断，此类响声大都为装配不当引起，为验证这个经验判断，决定更换一节靠近主减速器一侧的传动轴进行对比试验。经拆检，发现原装配此节传动轴有两个错误：一是万向节三销轴安装方向有误，三销轴缺齿端应背向轴的方向安装；二是万向节与传动轴未作装配标记。

拆下另一节传动轴检查，除未作装配记号外，三销轴安装方向正确。

重新安装传动轴，将三销轴缸齿端安装朝向轴端；在传动轴和万向节上打上装配记号，上路试验，调整万向节和传动轴安装方向，至响声消失。

案例二：

检修方法：对该车进行路试，当空挡滑行或低速时跑偏现象消失，在加速或高速时跑偏现象明显。测量该车前束及倾角，均正常，轮胎气压也符合标准值，对换左右轮胎，试车，仍向右跑偏。看来该车跑偏是由于左右车轮所受力矩不平衡。

经过仔细检查，发现该车右传动半轴比正常的偏细。询问车主是否更换过传动轴，车主表示此前半轴磕碰后曾更换过。拆下该传动轴，发现它不仅比原厂配件细，而且轻了许多。重新更换标准配件后试车，跑偏故障排除。

因为捷达轿车传动轴不是等长半轴，所以力矩致使偏向的程度比较大。为了尽量降低力矩产生偏向的可能性，捷达轿车传动半轴加工粗细度及其重量均有严格的要求，如果使用不符合标准的配件，力矩致使偏向程度将明显提高，而且故障原因不易查找。

通过对万向传动装置的认识，掌握万向传动装置的组成及作用，万向传动装置在车上的应用，典型万向节的结构与原理，传动轴和中间支撑的结构与原理，万向传动装置的拆装等知识和内容。

活动任务一　万向传动装置的结构认识

1. 项目活动要点

(1) 在汽车底盘拆装实训室，利用汽车底盘实训平台，认识万向传动装置；

(2) 认识及观察万向传动装置的整体结构，了解其组成及工作原理。

2. 项目活动任务安排

项目化教学任务工单			
课程名称：汽车底盘构造与检修 学习情景：汽车传动系结构与检修 活动项目：万向传动装置的认识		班级：_____ 姓名：_____ 学号：_____第（　）组	场所：汽车底盘拆装实训室 日期：_____
活动任务	1. 了解万向传动装置的功用、组成及在汽车上的应用； 2. 重点认识万向节的种类和结构特点。		

项目情景四　万向传动装置的结构认识与拆换

活动目标	能力要点：能够正确区分各类万向节；熟悉各类万向节的结构特点。 知识要点：1. 熟悉万向传动装置在汽车上的应用； 　　　　　2. 掌握各类万向节的结构与工作原理； 　　　　　3. 掌握传动轴和中间支承基本结构。 职业素养：学习和工作中有主见；积极进取、勇担责任；培养集体荣誉感。
活动安排	1. 学生以小组为单位，在整车上(或总成)认识万向传动装置，完成"活动内容"。 2. 活动结束由小组、小组间和教师三方面对小组汇报、讨论及学习与活动报告进行评价。
活动内容	1. 本次任务：_____。 2. 用到的设备：_____。 3. 工具的操作要领：_____。 4. 计划工作流程(实训实施步骤)： 一、填空题 1. 万向传动装置的功用是_____。 2. 万向传动装置由_____和_____组成，必要时加装_____。 3. 通过观察车辆，请写出：万向传动装置除了用于汽车的传动系外，还可用于_____、_____、_____、_____。 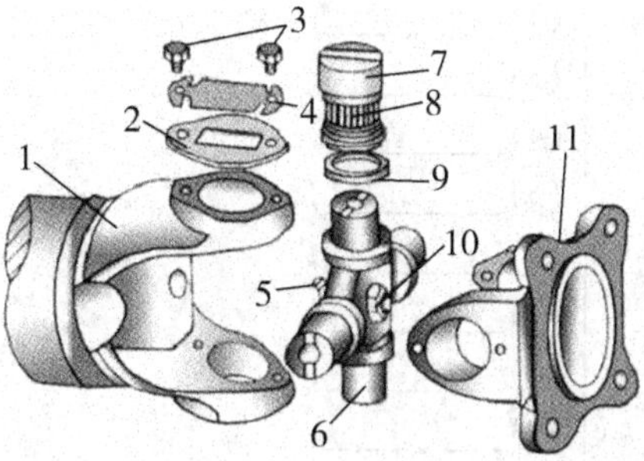 二、请说出图中万向节的名称。 图1：_____，按其速度特性分，属于_____万向节。 图2：_____，按其速度特性分，属于_____万向节。 图3：_____，按其速度特性分，属于_____万向节。 三、结合实物，填写图中各零部件名称。 图1： (1)_____；(2)_____； (3)_____；(4)_____； (5)_____；(6)_____； (7)_____；(8)_____； (9)_____；(10)_____； (11)_____； 该万向节特点为_____。 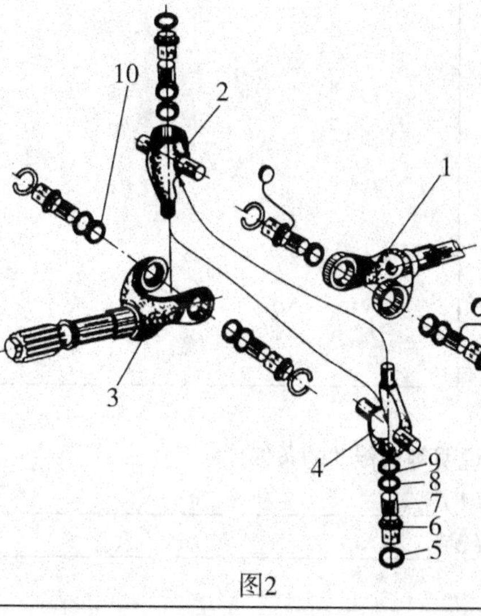

图1

图2

图2：
(1)　　　　　；
(2)　　　　　；
(3)　　　　　；
(4)　　　　　；
(5)　　　　　；
(6)　　　　　；
(7)　　　　　；
(8)　　　　　；
(9)　　　　　；
(10)　　　　　；
该万向节特点为_____
_____
_____。

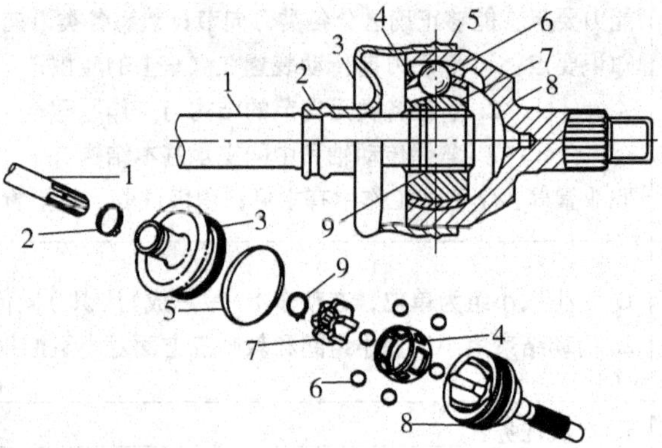

图3：
(1)　　　　　；
(2)　　　　　；
(3)　　　　　；
(4)　　　　　；
(5)　　　　　；
(6)　　　　　；
(7)　　　　　；
(8)　　　　　；
(9)　　　　　；
该万向节特点为_____
_____。

图3

四、观察实训室实物，请在方框内绘图说明发动机前置后驱汽车传动装置的布置。

说明等速传动的条件：
(1)_____。
(2)_____。

 知识链接

4.1.1 万向传动装置的功用、组成和应用

1. 功用

万向传动装置在汽车上有很多应用，结构也稍有不同，但其功用都是一样的，即在轴间夹角和相对位置经常发生变化的两转轴之间可靠地传递动力。

如图4-1所示为在汽车中最常见的应用，位于变速器与驱动桥之间的万向传动装置。由于汽车布置、设计等，变速器输出轴和驱动桥输入轴不可能在同一轴线上。变速器虽然安装在车架(车身)上，可以认为位置不动，但驱动桥会由于悬架的变形而引起其位置经常发生变化。因此，在变速器和驱动桥之间装万向传动装置正好可以满足这些应用、设计的要求。

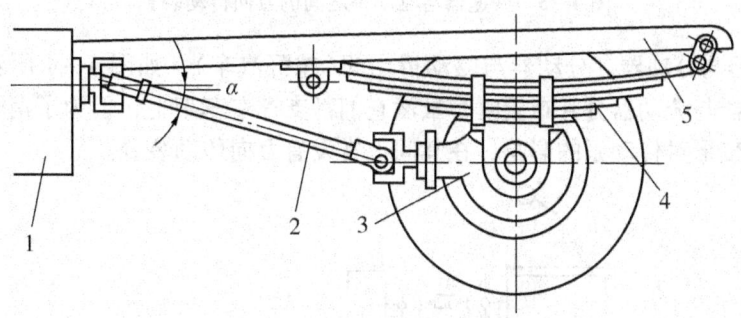

图4-1 变速器与驱动桥之间的万向传动装置
1—变速器；2—万向传动装置；3—驱动桥；4—后悬架；5—车架

2. 组成

万向传动装置主要由万向节、传动轴组成。对于传动距离较远的分段式传动轴，为了提高传动轴的刚度，还设置有中间支承，如图4-2所示。

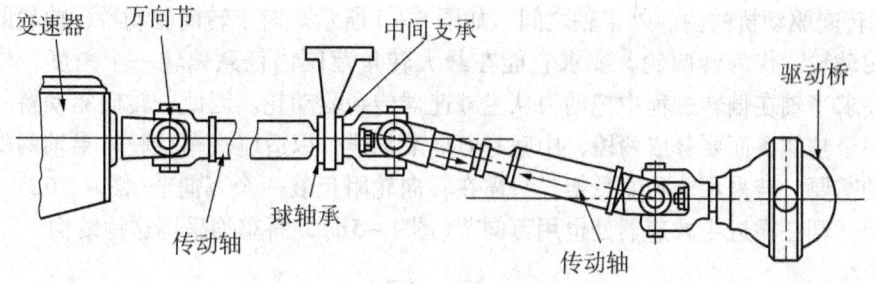

图4-2 万向传动装置的组成

3. 万向传动装置的应用

万向传动装置在汽车上的应用主要有以下几个方面：

(1)变速器与驱动桥之间(4×2汽车)，如图4-3所示。在发动机前置后轮驱动的汽

车上，变速器常与发动机、离合器连在一体支承在车架上，而驱动桥则通过弹性悬架与车架连接。变速器输出轴轴线与驱动桥输入轴轴线很难布置得重合，并且在行驶过程中，弹性悬架受路面冲击而振动，使两轴相对位置经常发生变化。故变速器的输出轴与驱动桥的输入轴不能刚性连接，而必须采用一般由两个万向节和一根传动轴组成的万向传动装置。在变速器与驱动桥距离较远的情况下，应将传动轴分为两段，防止传动轴过长使自频率降低而发生共振，同时采用三个万向节，并且在中间传动轴上还设置了中间支承。

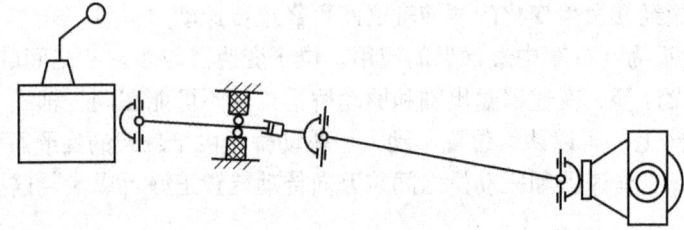

图 4-3　变速器与驱动桥之间的万向传动装置

（2）变速器与分动器、分动器与驱动桥之间（越野汽车），如图 4-4 所示。对于越野汽车，当变速器与分动器分开布置时，虽然它们都支撑在车架上，但为了消除制造、装配误差以及车架变形对传动系的影响，在其间也常设有万向传动装置。

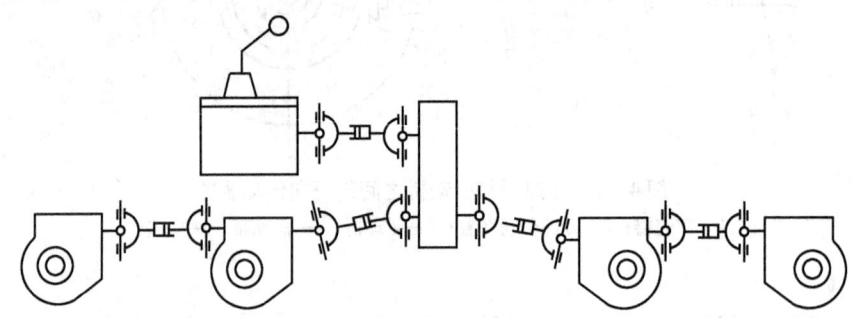

图 4-4　变速器与分动器、分动器与驱动桥之间的万向传动装置

（3）转向驱动桥的内、外半轴之间，如图 4-5 所示。对于转向驱动桥，前轮既是转向轮又是驱动轮。作为转向轮，要求它能在最大转角范围内任意偏转一个角度；作为驱动轮，则要求半轴在偏转过程中把动力从主减速器传到驱动轮。因此，转向驱动桥的半轴不能制成一个整体，而要分成两段，中间有万向节相连，以适应汽车行驶时半轴两端夹角不断变化的需要。若采用非独立悬架，只需在转向轮附近装一个万向节（图 4-5a）；若采用独立悬架，则在靠近主减速器处也用万向节（图 4-5b），轿车均采用这种结构。

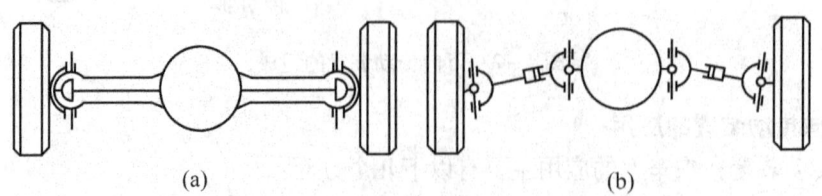

(a)　　　　　　　　　　(b)

图 4-5　转向驱动桥的万向传动装置

(4)转向机构的转向轴和转向器之间，如图4-6所示。某些汽车的转向操纵机构受整体布置的限制，转向盘轴线与转向器输入轴线不重合，因此在转向操纵机构中装有万向传动装置，这样有利于转向机构的总体布置。

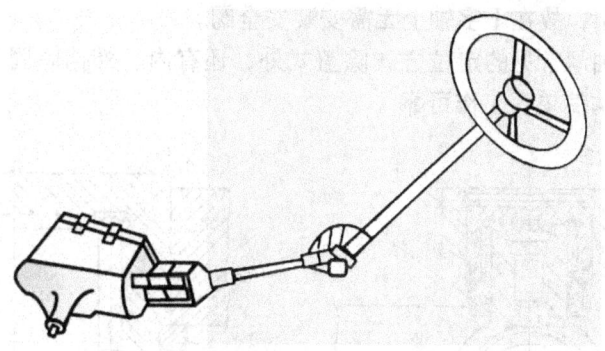

图4-6 转向机构的转向轴和转向器之间的万向传动装置

4.1.2 万向节

万向节按扭转方向是否有明显的弹性，可分为刚性万向节和挠性万向节。前者靠零件的铰链式连接传递动力；而后者则靠弹性连接来传递动力，且有缓冲减振作用。刚性万向节又可分为不等速万向节（普通十字轴万向节）、准等速万向节和等速万向节。目前，在汽车上常用的万向节有普通十字轴万向节和等角速万向节。

4.1.2.1 普通十字轴万向节

普通十字轴万向节又称不等速万向节。由于结构简单、传动可靠、效率高而被广泛应用到汽车传动系上，它允许相连两轴的最大夹角在15°～20°范围内传递动力。

1. 十字轴式万向节的构造

图4-7所示为汽车上常用的普通十字轴万向节。两万向节叉上的孔分别套在十字轴的两对轴颈上。当主动叉转动时，从动叉即随之转动，同时又绕十字轴中心在任意方向摆动。为了减少摩擦损失，提高传动效率，在十字轴轴颈和万向节叉孔之间装有滚针和套筒组成的滚针轴承，然后用螺钉和轴承盖将套筒固定在万向节叉上，并用锁片将螺钉锁紧，以防止轴承在离心力的作用下从万向节叉中脱出。为了减少摩擦，十字轴做成中空的，并有油路

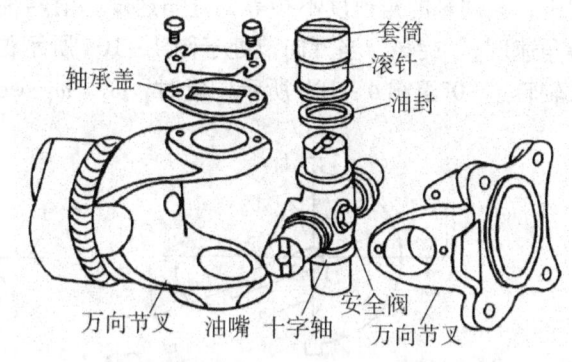

图4-7 普通十字轴万向节

通向轴颈，润滑油从油嘴注入十字轴内腔。为了避免润滑油流出及灰尘进入轴承，在十字轴的轴颈上装有油封。在十字轴的中部还装有带弹簧的安全阀，如果十字轴内腔的润滑油压力过大，安全阀即被顶开使润滑油外溢，防止油封因压力过高而损坏。

十字轴万向节的损坏程度是以十字轴的轴颈和滚针轴承的磨损为标准的,因此,润滑与密封直接影响着万向节的使用寿命。为了提高它的密封性能,现有的十字轴万向节多采用橡胶密封圈,当油腔内的润滑油压力大于允许值时,多余的润滑油就从橡胶油封内圈表面与十字轴颈处溢出,故在十字轴上无需安装安全阀。

万向节中滚针轴承常见的定位方式除盖式外,还有内、外挡圈固定式(图4-8、图4-9)。其特点是结构简单,工作可靠。

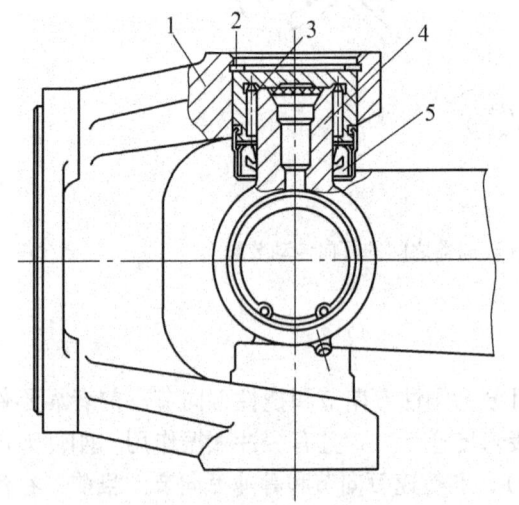 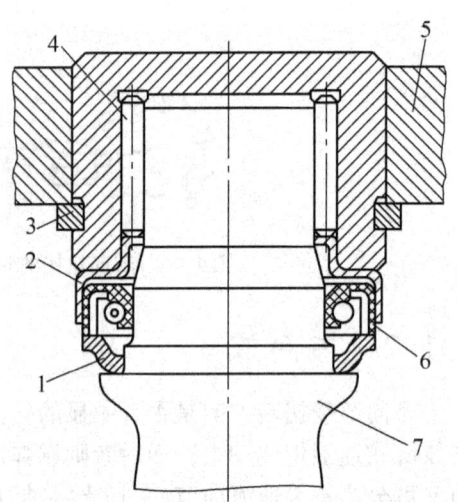

图4-8 滚针轴承内挡圈定位
1—万向节叉;2—内挡圈;3—滚针轴承;
4—十字轴;5—橡胶油封

图4-9 滚针轴承外挡圈定位
1—油封挡盘;2—油封座;3—外挡圈;
4—滚针;5—万向节叉;6—橡胶油封;7—十字轴

2. 十字轴式万向节的速度特性

上述的刚性万向节可以保证在轴向交角变化时可靠地传动,由于结构简单,并有较高的传动效率,因此在汽车上得到广泛的运用。其缺点是单个万向节在输入输出轴有夹角的情况下,其两轴的角速度不相等,且角速度差值随轴间夹角α的增大而增大。设主动叉轴以等角速度ω_1旋转,当万向节处于图4-10a所示位置时,$\omega_2 = \omega_1/\cos\alpha\,(\omega_2 > \omega_1)$;当主动叉轴转过90°至图4-10b所示位置时,$\omega_2 = \omega_1\cos\alpha\,(\omega_2 < \omega_1)$。

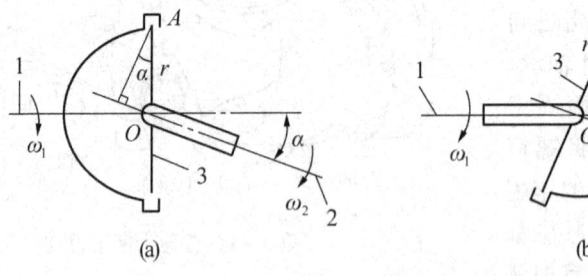

图4-10 十字轴式万向节传动的角速度分析
1—主动轴;2—从动叉轴;3—十字轴

由此可以看出当主动叉轴以等角速度旋转时,从动叉轴是不等角速度的,由图 4-10a 转到图 4-10b 位置时,从动叉轴的角速度由最大值变至最小值;当主动叉轴再转 90°时,从动叉轴的角速度由最小值变至最大值。可见从动叉轴角速度变化的周期为 180°。从动叉轴的不等速的程度随轴间夹角 α 的加大而加大。而主、从动轴的平均转速是相等的,即主动轴转一圈从动轴也转一圈。所谓"传动的不等速性"是指从动轴在一圈内,其角速度时而大于主动轴的角速度,时而小于主动轴的角速度的现象。

3. 十字轴万向节的等速排列

单个普通万向节的不等速性,将会使从动轴及与其相连的传动部件产生扭转振动,产生附加的交变载荷,影响零部件的使用寿命。

为了避免这一缺陷,在汽车上均采用两个十字轴刚性万向节,且中间以传动轴相连,利用第二个万向节的不等速效应来抵消第一个万向节的不等速效应,从而实现输入轴与输出轴等速传动。但要达到这一目的,还必须满足两个条件:

(1) 第一个万向节的主动节叉与第二个万向节的从动节叉在同一平面内,即传动轴上的两个节叉在同一平面内;

(2) 第一个万向节两轴之间的夹角 α_1 与第二个万向节两轴之间的夹角 α_2 相等(图 4-11)。

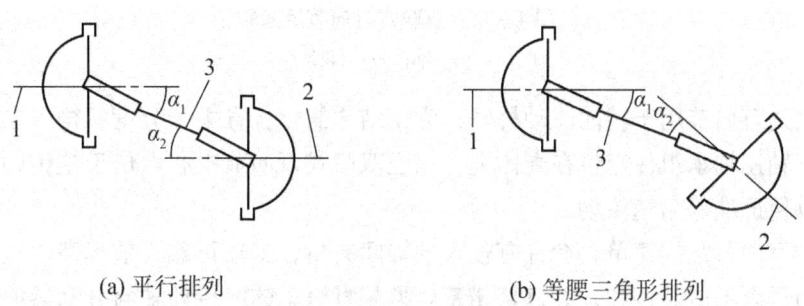

(a) 平行排列　　　　　　　　(b) 等腰三角形排列

图 4-11　双万向节等速传动布置示意图
1—输入轴;2—输出轴;3—传动轴

第一个条件可以通过正确装配传动轴与万向节予以保证,而后一个条件只有在驱动桥采用独立悬架时才能实现。若驱动桥采用非独立悬架,由于驱动桥随悬架一起振动,不可能在任何时候都保证 $\alpha_1 = \alpha_2$。因此只能做到尽量减小传动的不等速性。

十字轴刚性万向节虽然具有上述诸多优点,但因受轴向尺寸及轴间夹角的限制,难以实现转向驱动桥和断开式驱动桥的要求,在转向驱动桥和断开式驱动桥上多采用准等速万向节和等速万向节。

4.1.2.2　准等角速万向节

准等角速万向节是根据双万向节实现等速传动的原理,在结构上使中间轴缩短,从而实现或基本实现等角速传动。常见的有双联式和三销轴式等。

1. 双联式万向节

双联式万向节实际上是一套传动轴长度缩减至最小的双万向节传动装置。如图4-12所示的双联叉相当于两个在同一平面内的万向节叉。要使万向节叉的角速度相等，应保证 $\alpha_1 = \alpha_2$。为此，在有的双联式万向节的结构中，装有分度机构，使双联叉的对称线平分所连两轴的夹角。

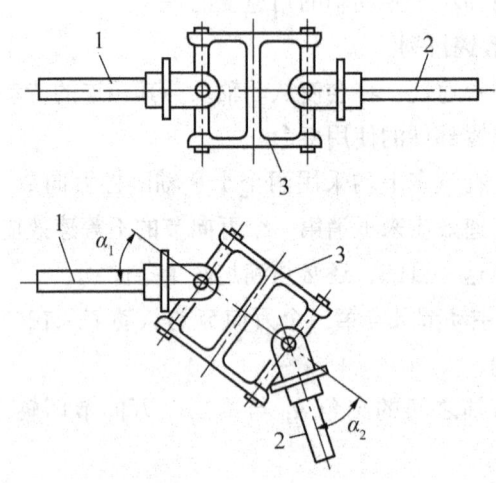

图4-12 双联式万向节示意图

1、2—轴；3—双联叉

当双联式万向节用于转向驱动桥时，为使结构简化，省去了分度机构。在结构上将内半轴或外半轴用轴承组件定位在壳体上，保证双联式万向节中心点位于主销轴线与半轴线的交点，以保证准等角速传动。

双联式万向节结构简单，允许有较大的轴间夹角，工作可靠，效率高，故在转向驱动桥中的应用逐渐增多。例如，北京切诺基轻型越野汽车的前传动轴与分动器前输出轴之间即采用了这种万向节。

2. 三销轴式万向节

三销轴式万向节是由双联式万向节演变而来的准等角速万向节，如图4-13所示。它主要由2个偏心轴叉、2个三销轴以及6个滑动轴承和密封件组成。装合时每一偏心轴叉的两叉孔通过轴承和1个三销轴大端的两轴颈配合，然后2个三销轴的小端互相插入对方的大端轴承孔内，形成3根轴线。与主动偏心轴叉相连的三销轴的2个轴颈端面和轴承座之间装有推力垫片，其余轴颈端面均无推力垫片，且端面与轴承座之间留有较大的空隙，保证转向时三销轴式万向节无运动干涉现象。传递扭矩时，扭矩由主动偏心轴叉经三轴线传递到从动偏心轴叉。

三销轴式万向节虽然形状复杂，但制造工艺并不复杂，它的最大特点是允许相邻两轴有较大的夹角，最大可达45°。采用此万向节的转向驱动桥可使汽车获得较小的转弯半径，提高通过性，故在越野汽车上得到了广泛应用，其缺点是所占空间较大。

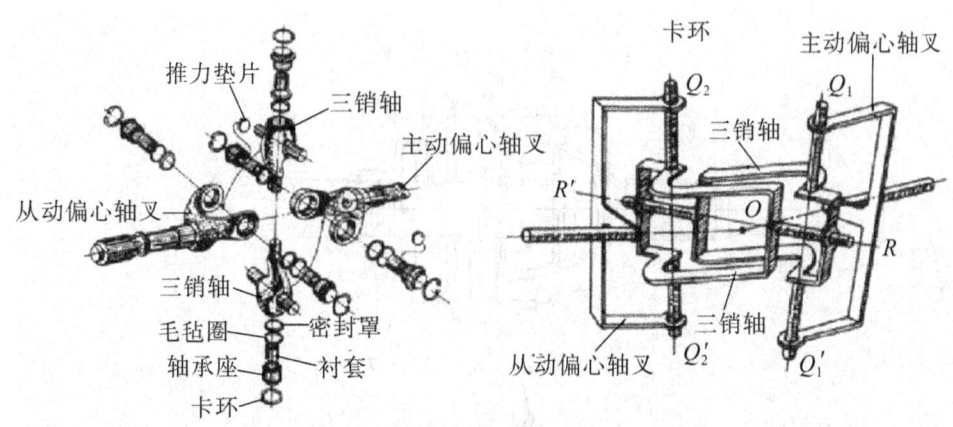

图 4-13 三销轴式准等角速万向节

4.1.2.3 等角速万向节

等速万向节多用在前驱动桥和断开式驱动桥轿车的半轴上。等速万向节的基本原理是从结构上保证万向节在传动过程中，传力点始终处于两轴交角的平分面上。这一原理可以用一对大小相等的锥齿轮传动原理来说明，如图 4-14 所示。两齿轮夹角 α、两齿轮啮合点 P 位于夹角的平分面上，P 点到两轴的距离都等于 r。在 P 点处两齿轮的圆周速度相等，因此两个齿轮的角速度也相等。

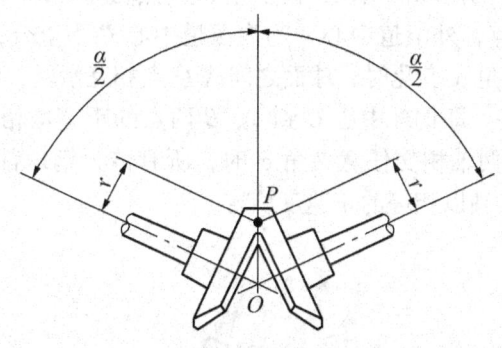

图 4-14 等角速万向节工作原理

等速万向节的常见结构形式有球笼式和球叉式。

1. 球笼式等速万向节

球笼式等速万向节又称球笼式碗形万向节的固定式，其构造如图 4-15 所示。主要由内球座 6、球笼 3、碗形外球座 1 及钢球 4 等组成。内球座通过花键与中半轴 9 相连接，用卡环 2、隔套 7 和碟形垫圈 8（轴向有弹性）轴向限位。内球座 6 的外表面有六条曲面凹槽，形成内滚道。外球座 1 与带花键的外半轴制成一体，内表面制有相应的六条曲面凹槽，形成外滚道。球笼上有六个窗孔。装合后六个钢球分别置于六条曲面凹槽内，并用球笼 3 使之保持在一个平面内，动力由中半轴 9 传至内球座 6，经六个钢球 4、外球座 1 及半轴输出（传给转向驱动轮）。

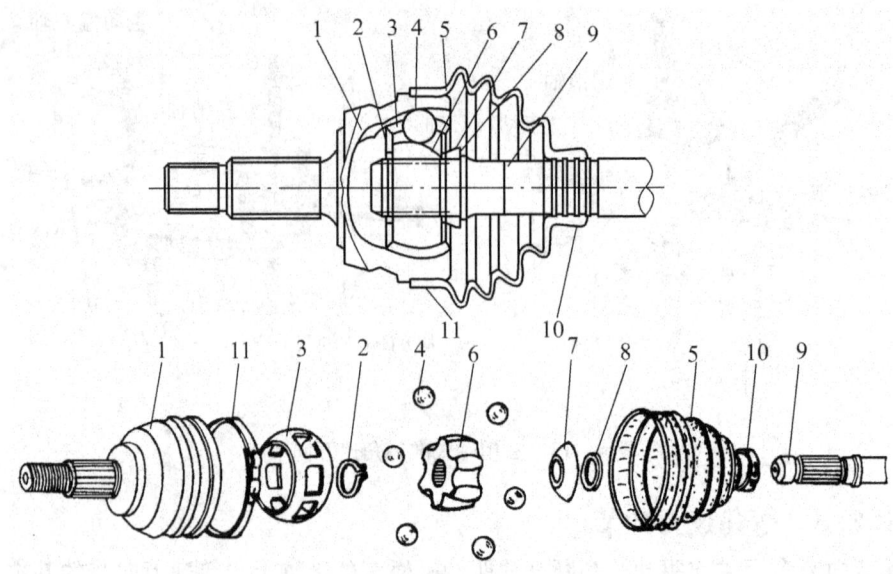

图4-15 球笼式万向节

1—外球座(外滚道);2—卡环;3—球笼(钢球保持架);4—钢球;5—防尘罩;
6—内球座;7—隔套;8—碟形垫圈;9—中段半轴;10、11—箍带

球笼式万向节等角速传动的结构原理如图4-16所示。其内球座的外球面、球笼的内球面和外球面以及外球座的内球面均以万向节中心 O 点为球心,球笼使6个钢球的中心所在的平面通过中心的 O 点,外滚道中心 A 与内滚道中心 B 不重合,分别位于中心 O 的两侧且 $OA=OB$。当两轴交角 α 变化时,球面之间绕 O 点相互滑转,钢球则在内外滚道上滚动且始终与内外滚道相切,即钢球中心 C 到 A、B 两点的距离均相等,故 $\triangle COA$ 与 $\triangle COB$ 全等,$\angle COA = \angle COB$,两轴相交任意夹角 α 时,所有传力钢球都处于交角的平分面上,从而保证了外半轴与内半轴以相等的角速度旋转。

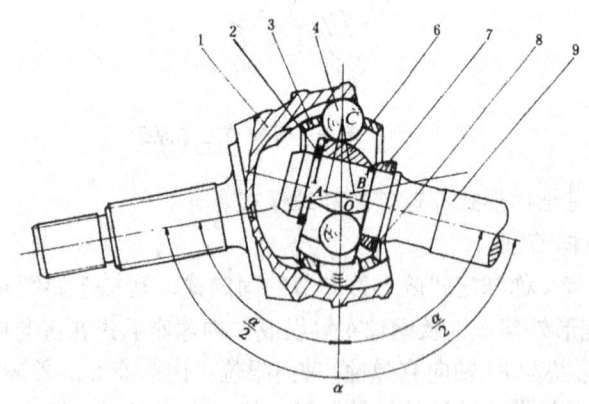

图4-16 球笼式万向节等角速传动原理

O—万向节中心;A—外滚道中心;B—内滚道中心;C—钢球中心;α—两轴交角

2. 球叉式等速万向节

球叉式等速万向节的构造如图4-17所示，由主动叉3、从动叉1、四个传力钢球2和定心钢球4组成。其主动叉3、从动叉1分别与内、外半轴制成一体，在主、从动叉上，各有四条曲面凹槽，装合后，形成两条相交的环槽，作为钢球2的滚道，四个传力钢球装在槽中，定心钢球4装在两叉中心凹槽内，以定中心。

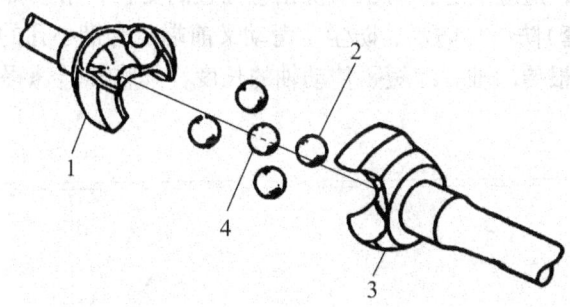

图4-17 球叉式等速万向节
1—从动叉；2—传力钢球；3—主动叉；4—定心钢球

球叉式万向节等速传动的原理如图4-18所示，主、从动叉曲面凹槽的中心线分别是以 O_1、O_2 为圆心的两个半径相等的圆，且圆心 O_1、O_2 到万向节中心 O 的距离相等(即 $O_1O = OO_2$)。这样，无论主、从动叉以任何角度相交，四个钢球只能位于两交叉凹槽的交点处，从而保证所有传动钢球始终位于两轴交角 α 的角平分面上，因而保证了等速传动。

球叉式万向节结构简单，允许轴间夹角最大交角为32°~38°。但由于工作时只有两个钢球传力，而另两个钢球在反转时传力，因此钢球与滚道之间的接触压力大，磨损快，影响其使用寿命。所以，球叉式万向节通常使用在中、小型越野汽车转向驱动桥上。

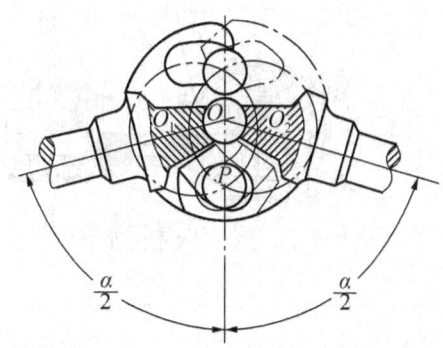

图4-18 球叉式万向节等速传动的原理

4.1.3 传动轴和中间支承

4.1.3.1 传动轴

1. 功用

传动轴是万向传动装置中的主要传力部件。通常用来连接变速器(或分动器)和驱动桥，在转向驱动桥和断开式驱动桥中，则用来连接差速器和驱动轮。

2. 构造

传动轴有实心轴和空心轴之分。为了减轻传动轴的质量，节省材料，提高轴的强度、刚度及临界转速，传动轴多做成中空的，一般用厚度为1.5~3.0 mm的薄钢板卷焊而成。在转向驱动桥和断开式驱动桥的万向传动装置中，传动轴通常制作成实心轴。

当传动轴过长时，其自振频率会降低，高转速下容易发生共振。为了防止传动轴发生共振，常将传动轴分成两段，并装有中间支承以提高传动轴的刚度，如图4-19所示。传动轴分成两段时，一般把前端称为中间传动轴，后端称为主传动轴。中间传动轴前端通过万向节与变速器相连，后端用中间支承悬挂在车架上。主传动轴前端通过万向节与中间传动轴相连，后端与驱动桥的输入端相连。主传动轴前端焊有花键轴，其上套装滑动叉并在花键轴上可轴向滑动，适应变速器与驱动桥相对位置的变化，滑动部位用润滑脂润滑，并用油封（即橡胶伸缩套）防漏、防水、防尘，滑动叉前端装有带小孔的堵盖，保证花键部位伸缩自由。采用了两根传动轴，缩短了传动轴的长度，其临界转速提高，从而保证了传动轴的安全性和可靠性。

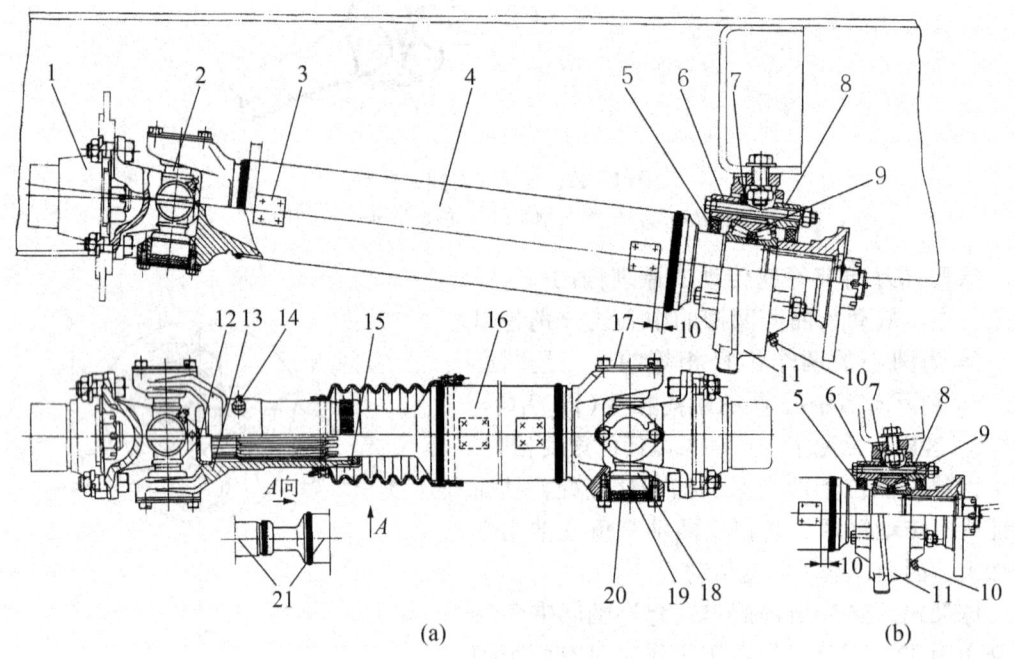

图4-19 解放CA1091型汽车传动轴与中间支承

1—凸缘叉；2—万向节十字轴；3—平衡片；4—中间传动轴；5、15—油封；6—中间支承前盖；7—橡胶垫环；8—中间支承后盖；9—双列圆锥滚子轴承；10、14—注油嘴；11—支架；12—堵盖；13—万向节滑动叉；16—主传动轴；17—销片；18—滚针轴承油封；19—万向节滚针轴承；20—滚针轴承轴盖；21—装配位置记号

4.1.3.2 中间支承

中间支承应能补偿传动轴轴向和角度方向的安装误差，并能适应行驶过程中由于发动机窜动或车架变形所引起的位移。它主要由轴承支架、橡胶垫环、轴承支架前、后盖板、轴承和油封等组成。如图4-19所示，所采用的为双列圆锥滚子轴承式中间支承，这种支承的特点是承载能力大，轴承轴向间隙可调（磨削轴承内圈之间的隔圈），使用寿命长。

有的汽车采用摆动式中间支承，如图4-20所示，中间支承安装在车架横梁上或车身底架上，它可绕支承轴摆动，改善了发动机轴向窜动时轴承的受力状况。橡胶衬套能适应传动轴轴线在横向平面内少量的位置变化。

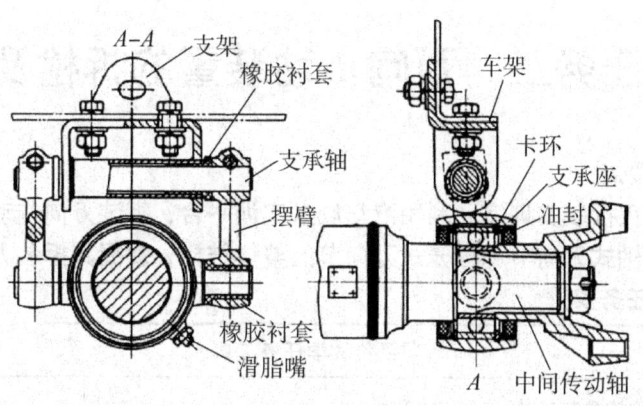

图 4-20 摆动式中间支承

拓展训练

本单元认识了万向传动装置的组成、结构及类型，请观察实训室中的万向节的结构，分别指出各个万向节的类型及其特点。

综合考核与评价

1. 评价标准：

	序号	考核内容	配分	得分
活动评价	a	完成任务工单上第一题：万向传动装置的功用、组成及在汽车上的应用，每空2分	16	
	b	完成任务工单上第二题：万向节的种类，每空2分	12	
	c	完成任务工单上第三题：十字轴式万向节、双联式万向节、球笼式万向节的结构特点，各零部件名称每空1分，结构特点每个7分	50	
	d	完成任务工单上第四题：等速传动条件，绘图10分，等速条件12分	22	
		合　　计	100	

2. 自我检查评估
①自我检查任务完成的质量，确定是否达到活动预期要求。□完成□未完成
②未完成的原因：
③自我评价：
3. 组间互评：

4. 指导教师评语：

活动任务二　万向传动装置的拆检及更换

1. 项目活动要点
(1) 在汽车底盘拆装实训室，利用汽车底盘实训平台，拆装万向传动装置；
(2) 观察十字轴式万向节和球笼式万向节的整体结构，掌握其拆装方法。

2. 项目活动任务安排

项目化教学任务工单		
课程名称：汽车底盘构造与检修 学习情景：汽车传动系结构与检修 活动项目：万向传动装置的拆检及更换	班级：_____ 姓名：_____ 学号：_____第(　)组	场所：汽车底盘拆装实训室 日期：_____
活动任务	1. 掌握万向传动装置的检修部位； 2. 掌握万向传动装置主要机件的检修和更换方法。	
活动目标	能力要点：1. 能够对万向传动装置主要零部件进行检修； 　　　　　2. 分析总结能力。 知识要点：1. 掌握汽车万向传动装置的检修内容； 　　　　　2. 掌握汽车万向传动装置的检修方法。 职业素养：培养动手能力；培养集体荣誉感。	
活动安排	1. 学生以小组为单位，拆卸和装配万向传动装置，重点掌握十字轴式万向节的拆检和更换。完成"活动内容"。 2. 活动结束由小组、小组间和教师三方面对小组汇报、讨论及学习与活动报告进行评价。	
活动内容	1. 本次任务：_____。 2. 用到的设备：_____。 3. 工具的操作要领：_____。 4. 计划工作流程(实训实施步骤)： 一、对十字轴式万向传动装置进行拆卸，请写出拆卸步骤： (1) 将汽车的前后轮支住，避免_____； (2) 检查总成上的装配标记，必要时需_____，如图1所示。 图1	

项目情景四　万向传动装置的结构认识与拆换

(3)拆下和主减速器凸缘相连的螺栓，拆下_____；
(4)拆下与驻车制动鼓连接的螺母，拆下与车架栋梁连接的螺栓，取下_____；
(5)分解滑动叉。方法：_____；
(6)分解_____。用_____取出凸缘叉孔内的_____，手托一端，用_____敲击凸缘叉外侧，将_____及_____振出，如图2a所示。将传动轴转过，用同样方法将凸缘叉上另一_____振出，并将_____取下，如图2b所示。左手抓住十字轴，将传动轴一端抬起，右手用_____敲击凸缘叉耳根部，将_____、_____及_____振出。

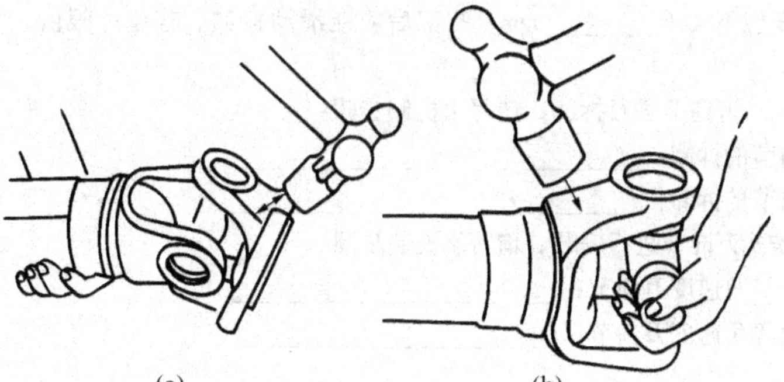

图 2

(7)分解中间支承。方法：_____。

二、对十字轴式万向节进行装配，请写出装配步骤：
(1)清洗零件。待装零件应彻底清洗，特别是_____、_____和_____。装配时，在轴颈和轴承上涂适量的_____。
(2)核对零件的装配标记。应认真校对_____和_____、_____和_____及_____和_____等的装配标记，按原标记装配。在安装滑动叉时，特别要保证传动轴两端万向节叉的轴承孔轴线位于_____；其位置误差应符合原厂规定。
(3)十字轴的安装。十字轴上的_____要朝向传动轴以便注油；两偏置油嘴应间隔_____，以保持传动轴的_____。
(4)中间支承的安装。方法：_____；
(5)加注_____。注入时，_____以_____为宜。
三、更换十字轴式万向节的注意事项是_____。
四、拆卸传动轴的注意事项是_____。
五、传动轴的主要损伤形式有_____、_____或_____等，主要检修内容：
(1)传动轴轴管不得有_____及严重的_____，否则应更换传动轴。
(2)检查传动轴，如图3所示。用_____架起_____，使其水平，而后旋转，用_____在轴的中间部位测量。径向全跳动公差应符合表1的规定，否则应_____或_____传动轴(轿车传动轴径向全跳动公差应比表1相应减小0.2mm)。

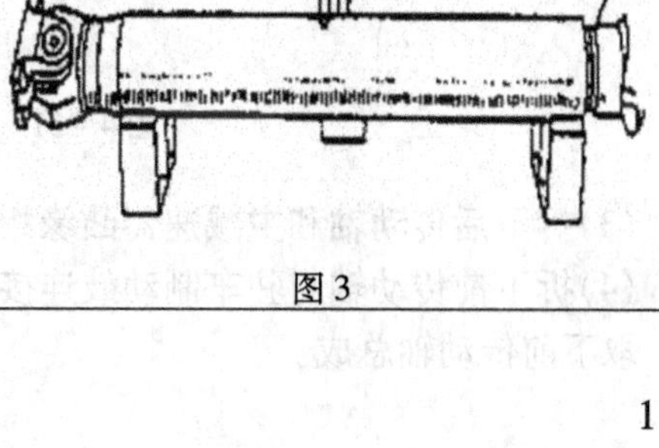

图 3

<table>
<tr><td colspan="4">表1 传动轴轴管的径向全跳动公差</td></tr>
<tr><td>轴 长</td><td>≤600</td><td>600～1000</td><td>>1000</td></tr>
<tr><td>径向全跳动公差</td><td>0.6</td><td>0.8</td><td>1.0</td></tr>
</table>

活动内容

(3)检查中间传动轴支承轴颈的径向圆跳动公差不应超过_____mm,否则应更换_____或镀铬修复_____或予以更换。

(4)检查_____与_____、_____与_____的间隙:轿车应不大于_____mm,其他类型的汽车应不大于_____mm,装配后应能滑动自如。若超过限值,则应更换传动轴或滑动叉。

六、对球笼式万向节进行拆卸,请写出拆卸步骤:
(1)外万向节的拆卸:_____。
(2)内万向节的拆卸:_____。

七、对球笼式万向节进行安装,请写出安装步骤:
(1)安装外等角速度万向节:_____。
(2)安装内等角速度万向节:_____。

知识链接

万向传动装置在使用过程中会出现各种损伤,尤其是那些传动轴管长度大、工作条件恶劣、润滑条件极差、行驶在不良道路上的汽车,冲击载荷的峰值往往会超过正常值的一倍以上,造成万向传动装置弯曲、扭转和达到磨损极限,产生振动异响等故障,破坏万向传动装置的动平衡特性、速度特性,使万向传动装置技术性变差,传动效率降低,从而影响汽车的动力性和经济性。

4.2.1 十字轴式万向传动装置的拆卸

(1)将汽车的前后轮支住,避免溜滑。
(2)检查总成上的装配标记,必要时重做记录,如图4-21所示。

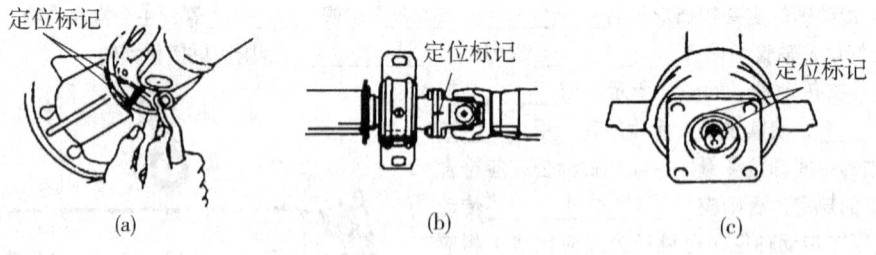

图4-21 传动轴拆卸前的标记

(3)拆下后传动轴和主减速器凸缘相连的螺栓,拆下后传动轴总成。
(4)拆下前传动轴与驻车制动鼓连接的螺母,拆下中间支撑支架与车架横梁连接的螺栓,取下前传动轴总成。

(5) 分解滑动叉。拧开滑动叉油封盖即可以把花键轴从滑动叉中抽出来，取下油封、油封垫和油封盖。

(6) 分解万向节。用卡钳取出凸缘叉孔内的卡环，手托传动轴一端，用手锤敲击凸缘叉外侧，将滚针轴承及轴承座振出，如图4-22a所示。将传动轴转过180°，用同样方法将凸缘叉上另一滚针轴振出，并将凸缘叉取下，如图4-22b所示。左手抓住十字轴，将传动轴一端抬起，右手用手锤敲击凸缘叉耳根部，将滚针轴承、轴承座及十字轴振出。

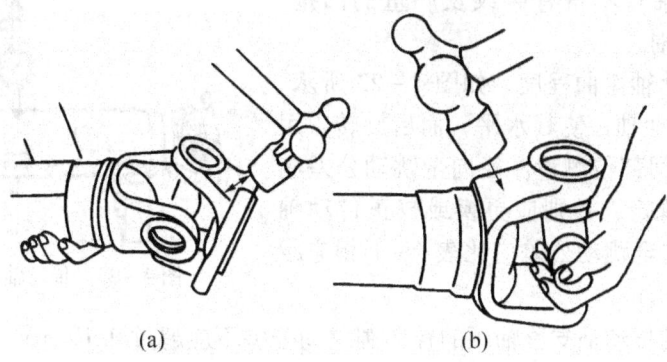

图4-22 分解万向节

(7) 分解中间支承。拔下开口销，旋下槽型螺母，取下垫圈，用手锤轻敲凸缘背面边缘，松动后把凸缘从中间轴花键轴上拔出来，在轴承座前端放置一垫板，用手锤轻敲垫板，将整个中间支承从中间花键轴上敲出，把橡胶垫环从轴承座上压出来，把轴承座夹在台钳上，用铜棒、手锤把两边的油封敲出，再取出轴承。

4.2.2 万向传动装置的装配

万向传动装置装配时，应注意装配位置对其传动速度特性的影响。

(1) 清洗零件。待装零件应彻底清洗，特别是十字轴的油道、轴颈和滚针轴承，最好用清洁的煤油清洗后，再用压缩空气吹干。装配时，在轴颈和轴承上涂适量的润滑脂；应避免磕碰，并注意传动轴管两端点焊的平衡片是否脱落。

(2) 核对零件的装配标记。应认真校对十字轴及万向节叉、十字轴及短传动轴、滑动叉及花键轴管等的装配标记，按原标记装配。在安装滑动叉时，特别要保证传动轴两端万向节叉的轴承孔轴线位于同一平面上，其位置误差应符合原厂规定。

(3) 十字轴的安装。十字轴上的润滑脂嘴要朝向传动轴以便注油；两偏置油嘴应间隔180°，以保持传动轴的平衡。部分式承孔的U形固定螺栓的力矩应严格执行原厂规定。

(4) 中间支承的安装。将中间支承轴承对正后压入中间传动轴的花键凸缘内。压入时，不允许用手锤敲打轴承，以防止轴承内圈挡边破裂。紧固中间支承的前后轴盖上的三个紧固螺栓时，应支起后轮，边转动驱动轮边紧固，以便自动找正中心；也可以先不拧紧到规定力矩，待走合一段时间，自动找正中心后再按规定力矩拧紧。但在走合中，一定要注意紧固螺栓的松脱。

(5) 加注润滑脂。用油枪加注汽车通用的锂基 2 号或二硫化钼锂基脂。注油时，既要充分又不过量，以能从油封刃口处或中间支承的气孔看到有少量新润滑脂被挤出为宜。

4.2.3 传动轴的检修

传动轴的主要损伤形式有弯曲、凹陷或裂纹等，主要检修内容：

(1) 传动轴轴管不得有裂纹及严重的凹瘪，否则应更换传动轴。

(2) 检查传动轴弯曲程度，如图 4-23 所示。用 V 形铁架起传动轴，使其水平，而后旋转，用百分表在轴的中间部位测量。径向全跳动公差应符合表 4-1 的规定，否则应更换或校正传动轴（轿车传动轴径向全跳动公差应比表 4-1 相应减少 0.2 mm）。

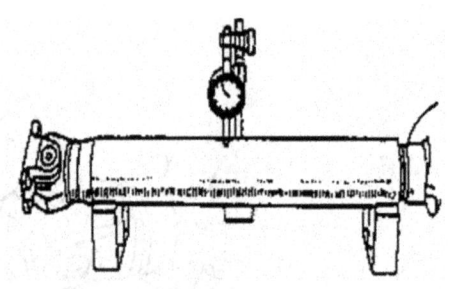

图 4-23 传动轴弯曲程度检查

(3) 检查中间传动轴支承轴颈的径向圆跳动公差不应超过 0.10 mm，否则应予以更换或镀铬修复。

(4) 检查传动轴花键与滑动叉花键、突缘叉与所配合花键的间隙：轿车应不大于 0.15 mm，其他类型的汽车应不大于 0.30 mm，装配后应能滑动自如。若超过限值，则应更换传动轴或滑动叉。

表 4-1 传动轴轴管的径向全跳动公差

轴　长	≤600	600～1000	>1000
径向全跳动公差	0.6	0.8	1.0

4.2.4 上海桑塔纳轿车万向传动装置拆装与调整

4.2.4.1 万向传动装置的拆卸

1. 万向传动装置的拆卸（图 4-24）

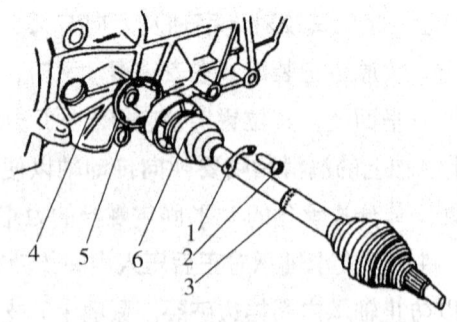

图 4-24 万向传动装置的拆卸
1—锁片；2—螺栓；3—万向节轴；4—主减速器；5—驱动凸缘盘；6—内等速万向节

(1)在车轮着地时,拆下传动轴与轮毂的紧固螺母。

(2)旋下可移动球形接头与下摆臂的紧固螺母,放下下摆臂,但要注意连接位置,并做好安装记号。

(3)弄直锁片1,旋下螺栓2,从主减速器4上的驱动凸缘盘5上取下传动轴内端的等速万向节6。

(4)从车轮轴承内拉出万向传动装置。拆卸后必须装上一根代替的连接轴,避免损坏前轮总成。

2. 万向传动装置的分解(图4-25)

(1)外万向节的拆卸:用钢锯将外万向节金属环(原先装卡箍)锯开。取下防护罩,用轻金属锤子用力将外万向节从传动轴上敲下。用电蚀笔或油石在外万向节球笼和球形壳上标上星形套的位置。

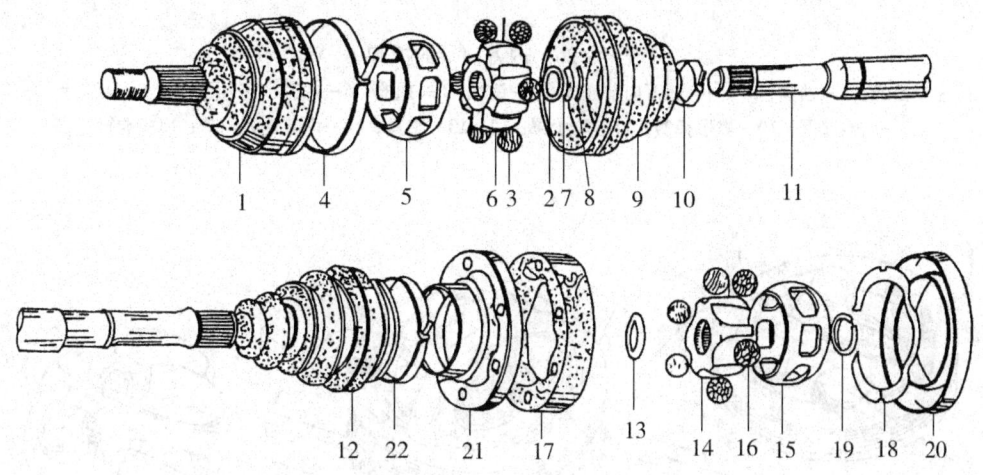

图4-25 万向传动装置的分解图

1—外等速万向节壳体;2、19—卡环;3、16—钢球;4、10、22—卡箍;5—外等速万向节保持架;
6—外等速万向节壳球毂;7—止推垫圈;8、13—碟形弹簧;9、12—防尘罩;11—万向节轴;
14—内等速万向节壳球毂;15—内等速万向节保持架;17—内等速万向节壳体;
18—密封垫圈;20—塑料罩;21—内等速万向节护盖

(2)内万向节(VL型球笼式等速万向节)的拆卸(图4-26):拆卸卡环2,然后用专用工具12、13将内万向节14从传动轴上压出。

(3)外万向节的分解

①旋转球笼与星形套,依次取下6个钢球5,如图4-27a所示。

②用力转动球笼2,直至球笼上的方孔(箭头所指部位)与球形壳3垂直,连同星形套1一起从球形壳中拆下,如图4-27b所示。

③把星形套的扇形齿旋入球笼的方孔,然后从球笼中取下星形套,如图4-27c所示。

115

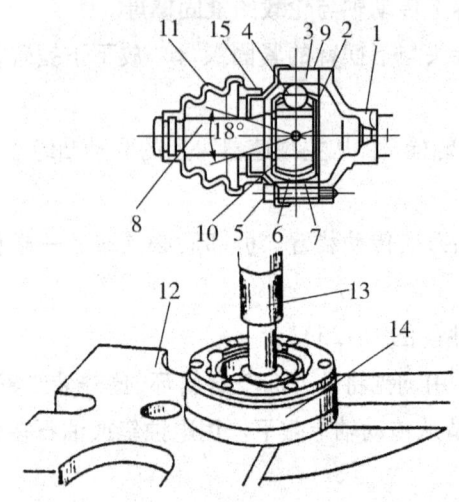

图4-26 内万向节的拆卸

1—驱动凸缘;2—挡圈;3—内等速万向节壳体;4—钢球;5—螺栓;6—球毂;7—保持架;8—万向节轴;9—密封垫圈;10—蝶形弹簧;11—防尘罩;12、13—工具;14—内等速万向节;15—卡箍

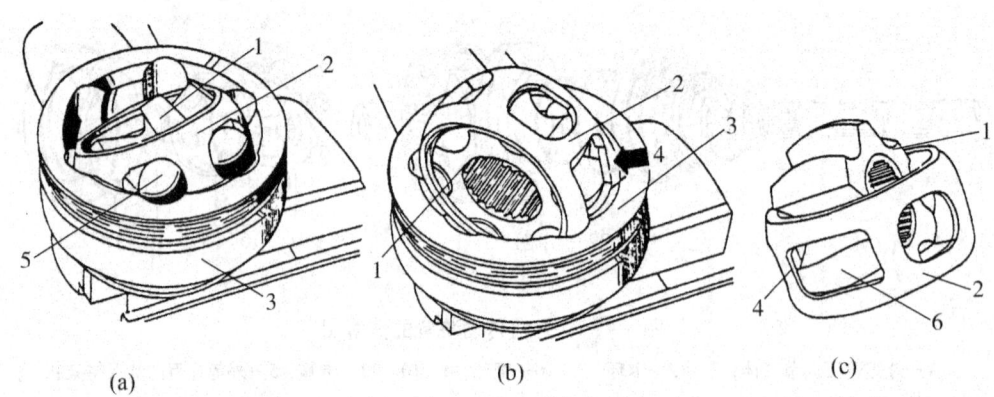

图4-27 外万向节的分解

1—球毂;2—球笼;3—壳体;4—保持架的长方形孔;5—钢球;6—球毂的扇形片

(4)内万向节的分解

①转动星形套与球笼4,按箭头方向压出球笼5和星形套4,然后取出钢球,如图4-28a所示。

②转动星形套4,使其与球笼分开,如图4-28b所示。

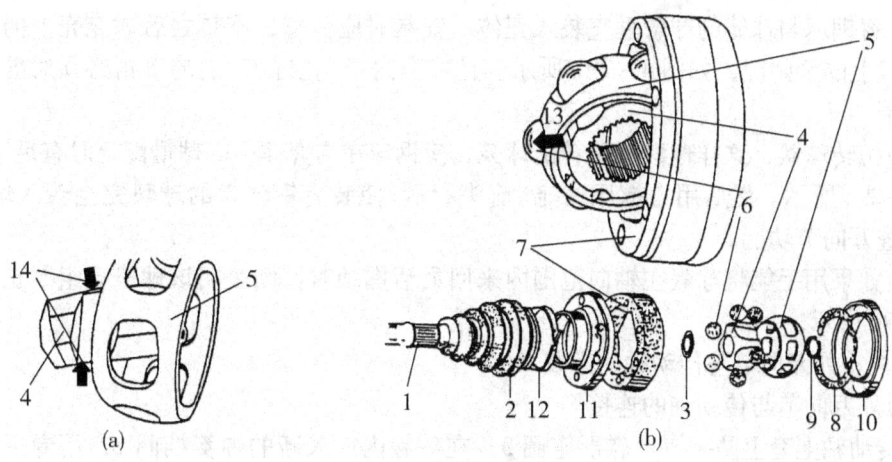

图 4-28 内万向节的分解

1—万向节轴；2—防尘罩；3—碟形弹簧；4—球毂；5—球笼；6—钢球；7—壳体；8—密封垫圈；9—挡圈；10—塑料罩；11—防护盖；12—卡箍；13—钢球的压出方向；14—球毂钢球的运行轨道

4.2.4.2 万向传动装置的安装

1. 安装外等角速万向节

(1) 将说明书规定的润滑脂总量的一半(45 kg)注入万向节内。

(2) 将球笼连同球壳一起装入球笼壳体，对角交替地压入钢球，必须保持球壳在球笼壳以及球笼壳内的原有位置。

(3) 将弹簧挡圈装入球毂，并将剩余的润滑脂压入万向节。

2. 安装内等角速万向节

(1) 对准凹槽将球毂 1 嵌入球笼 2 (球毂在球笼内的位置无关紧要)，如图 4-29a 所示。

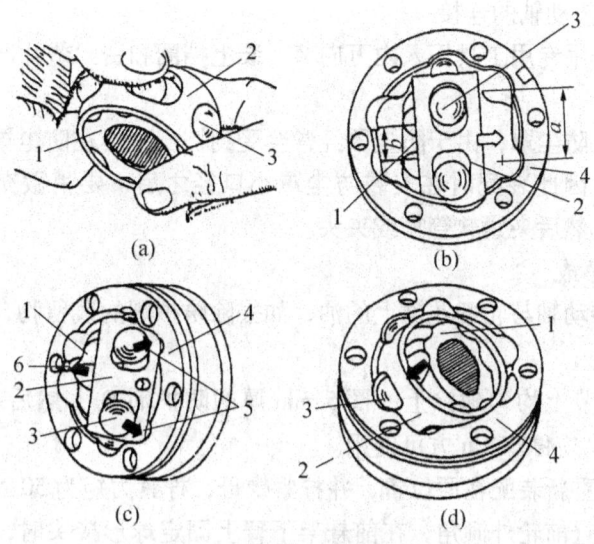

图 4-29 安装内等角速万向节

1—球毂；2—球笼；3—钢球；4—壳体；5—球笼转动方向；6—球毂转动方向

(2)将钢球与球笼的球毂垂直装入壳体。安装时应注意,旋转之后球笼壳上的宽间隙应对准毂上的窄间隙,如图4-29b所示。且球壳内径(花键齿)上的倒角必须对准球笼的大直径端。

(3)扭转球毂,这样球毂就能转出球笼,使钢球在与壳体中的球槽配合时有足够间隙,如图4-29c所示。然后用力撤压球笼(箭头所示)使装有钢球3的球毂完全转入球笼内。最后检查万向节功能。

(4)如果用手能将球毂在轴向范围内来回灵活推动时,则表明该球笼壳组装正确,如图4-29d所示。

3. 内、外万向节与传动轴的组装

(1)外万向节与传动轴的连接

在传动轴上套上防护罩、碟形座圈3;在球毂内放入新的弹簧挡圈1;用专用工具压入万向节,直至弹簧挡圈1和碟形座圈3装在与传动轴相配合的位置上,其安装位置如图4-30所示。

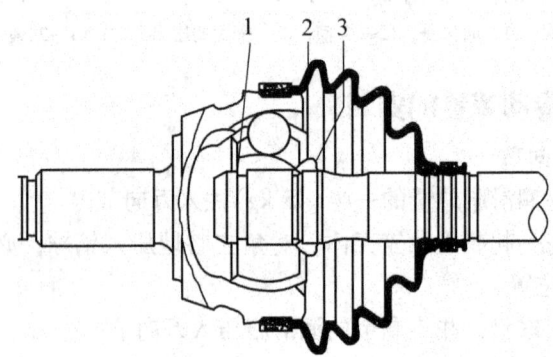

图4-30 弹簧挡圈和碟形座圈的安装位置
1—弹簧挡圈;2—隔圈;3—碟形座圈

(2)内万向节与传动轴的连接

以同样的方法,用专用工具压入内万向节,装上挡圈和密封垫片。

(3)安装防尘罩

在万向节上安装防尘罩,由于防尘罩经常会受到挤压,会在防尘罩内部产生真空,从而形成内吸的折痕。因此装配时在安装防尘罩小口径之后,要稍微充点气,使得压力平衡,不致产生皱褶,然后夹紧软管箍或夹头。

4. 安装传动轴总成

装配前应擦净传动轴与轮毂花键上的油,如去除防护剂的残留物,然后按下列步骤安装传动轴:

(1)在等速万向节上均匀地涂上一圈5 mm厚的防护剂D_6,然后装上传动轴花键套。注意涂上防护剂D_6,应停车1 h方可使用。

(2)将球形接头重新装配在原位置,并拧紧螺母,拧紧力矩为50 N·m。

(3)必要时应检查前轮外倾角,在前悬架下臂上固定球形接头时,应注意不要损坏波纹管护套。

(4)拧紧轮毂固定螺母,拧紧力矩是230 N·m。

拓展训练

本单元对万向传动装置进行了拆卸和装配,掌握了万向传动装置的调整方法,请结合拆装的万向传动装置的结构类型,写下拆卸和装配的标准流程及操作规范。

综合考核与评价

活动评价

1. 评价标准:

序号	考核内容	配分	得分
a	万向传动装置的分解,每出现一次操作错误扣2分	5	
b	十字轴式万向节的拆装及更换,拆装方法错误,一项扣4分	20	
c	传动轴的检修,检修方法错误,一项扣5分	20	
d	球笼式万向节的拆装,拆装方法错误,一项扣5分	20	
e	工作页的完成情况,根据完成情况扣分	30	
f	整理工具、清理场地,每项扣1分,扣完为止	5	
	合　　计	100	

2. 自我检查评估:
①自我检查任务完成的质量,确定是否达到活动预期要求。□完成□未完成
②未完成的原因:
③自我评价:

3. 组间互评:

4. 指导教师评语:

项目情景五　驱动桥的结构认识与检修

任务描述

驱动桥的作用是保证万向传动装置所输出的动力进一步降低转速增大转矩，并能使左右车轮在车辆经过高低不平路面、弯道转向时正常运转。通过本项目的学习，要求掌握驱动桥的构造和工作原理，掌握驱动桥正确拆装的基本方法和步骤。

学习目标

通过本单元学习情境的探讨，要求学生具备以下能力：
1. 掌握驱动桥的功用、组成及类型。
2. 掌握主减速器、差速器的类型、构造、工作原理和应用特点。
3. 掌握半轴与桥壳的结构特点。
4. 掌握四轮/全轮驱动系统的基本组成和工作原理。
5. 具备对驱动桥及其主要组成部件进行维护与检修的能力。
6. 具备对驱动桥常见故障进行分析、诊断与排除的能力。

案例导入

上汽奇瑞轿车修理差速器后出现异响故障的检修。故障为：该轿车的差速器大修过几天后，桥内出现响声，而且越来越严重，被迫停车进行检修。

案例评析：

该轿车的差速器采用普通行星齿轮式差速器，它由半轴齿轮、行星齿轮及轴、差速器壳（左右）、轴承、弹性圆柱销等组成。主减速器为斜齿圆柱齿轮，单级主减速器，主动齿轮用螺栓与差速器壳体相连。斜齿圆柱齿轮比常用的螺栓齿轮加工简单，同时装配后无需调整啮合间隙和啮合印痕，并且可以互换，无需配对啮合。

因该驾车后桥刚大修不久，桥内发出严重响声，其主要原因有以下几种可能：①主减速器或差速器轴承损坏；②主减速器和差速器齿轮掉齿；③差速器行星齿轮轴断裂或窜出；④差速器行星齿轮轴弹性圆柱销掉出或漏装；⑤润滑油变质或有质量问题。

对主减速器和差速器进行拆检，主减速器部分没有异常现象，而差速器行星齿轮轴窜出。

打开差速器壳，发现行星齿轮和半轴齿轮已报废。仔细检查没有发现弹性圆柱销的踪影。因弹性圆柱销的硬度较高，不可能一点残渣都没有，漏装的可能性很大。于是驾驶员找到原来修车的修理部，发现弹性圆柱销仍在纸盒里，但它属于一次性使用零件，只能重新用新件换上，进行路试，响声消失，故障排除。

项目情景五 驱动桥的结构认识与检修

学习指导

通过对驱动桥在汽车上的位置及作用的认识,掌握驱动桥的组成及结构类型,主减速器的结构与调整,差速器的功用、结构与原理,半轴、桥壳和变速驱动桥,主减速器差速器的拆装与调整等内容。

活动任务一 驱动桥的结构认识

1. 项目活动要点
(1)在汽车底盘拆装实训室,利用汽车底盘实训平台,认识驱动桥;
(2)认识及观察驱动桥的整体结构,分析工作传动路线及观察如何传动。

2. 项目活动任务安排

项目化教学任务工单		
课程名称:汽车底盘构造与检修 学习情景:汽车传动系结构与检修 活动项目:驱动桥的认识	班级:_____ 姓名:_____ 学号:_____第( )组	场所:汽车底盘拆装实训室 日期:_____
活动任务	1. 了解驱动桥的功用、组成及分类; 2. 熟悉驱动桥的动力传递路线; 3. 掌握主减速器、差速器的结构和工作原理。	

活动预期效果	能力要点:1. 能够对驱动桥的类型进行识别;
	          2. 熟悉主减速器、差速器的结构特点。
	知识要点:1. 掌握驱动桥的结构形式;
	          2. 掌握差速器的结构、分类与工作原理;
	          3. 掌握半轴与桥壳的结构;
	          4. 熟悉驱动桥的作用和分类。
	职业素养:1. 培养实事求是、言行一致的思想作风;
	          2. 形成不断追求新知识的意识。	

活动安排	1. 学生以小组为单位,在总成上认识驱动桥。完成工作页上"活动内容"。 2. 活动结束由小组、小组间和教师三方面对小组汇报、讨论及学习与活动报告进行评价。	

活动内容	1. 本次任务： 2. 用到的设备： 3. 工具的操作要领： 4. 计划工作流程(实训实施步骤)是： 一、主减速器 1、驱动桥的功用是_____。它主要是由_____、_____、_____和_____等组成。请将图1中序号1到5对应的名称写出 (1)_____； (2)_____； (3)_____； (4)_____； (5)_____。 2. 主减速器的功用是_____。 图1 3. 主减速器按齿轮副数目分，可分为单级主减速器和双级主减速器。通常单级主减速器是由一对_____组成；双级主减速器由一对_____和一对_____组成。如果按挡数分，可分为_____和_____。如果按齿轮结构分，可分为_____、_____和_____。 二、差速器 1. 差速器的功用是_____。 2. 差速器按用途分类，可分为_____和_____；按工作特性分类，可分为_____和_____。 3. 齿轮式差速器的组成包括：_____、_____、_____和_____。 4. 结合实物，填写图2中各零部件名称。 (1)_____；(2)_____；(3)_____；(4)_____； (5)_____；(6)_____；(7)_____。

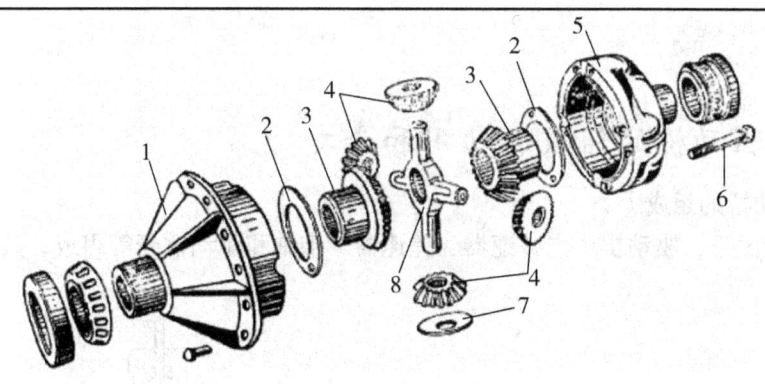

图2

5. 行星齿轮的自转是指_____；公转是指_____。
6. 图3为差速器结构简图。请结合实物，写出图中各标号名称。
(1)_____；(2)_____；(3)_____；(4)_____；(5)_____；(6)_____；
汽车在行驶过程中，发动机的动力经过离合器、变速器、万向传动装置传至主减速器，由主减速器(单级)从动锥齿轮传来的动力在差速器中的动力传递路线是：_____、_____、_____、_____、_____。

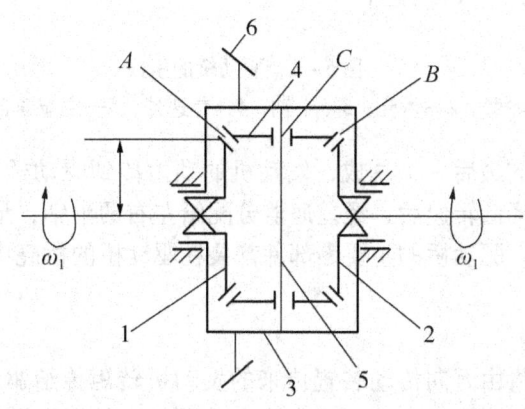

图3

三、半轴及桥壳

1. 半轴的功用是_____。
2. 半轴的支承型式分为_____和_____两种。半轴的一端与_____相连，另一端与_____相连。
3. 后桥壳是用来安装_____、_____、_____、_____、_____的基础件，一般可以分为_____和_____两种，绝大多数汽车采用的是_____。

知识链接

5.1.1 驱动桥的组成、功用和分类

1. 驱动桥的组成

通常情况下，驱动桥由主减速器、差速器、半轴和驱动桥壳等组成，其构造如图 5-1 所示。

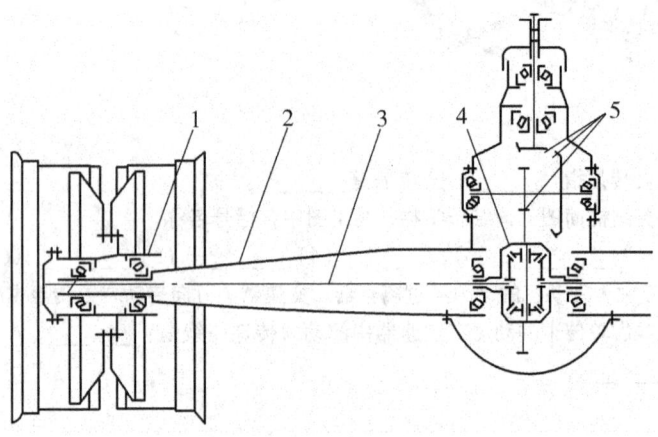

图 5-1 驱动桥的组成
1—轮毂；2—桥壳；3—半轴；4—差速器；5—主减速器

驱动桥是传动系的最后一个总成，发动机的动力传到驱动桥后，首先传到主减速器，在这里将转矩放大并降低转速后，经差速器分配给左右两半轴，最终通过半轴外端的凸缘盘传至驱动轮的轮毂。驱动桥的主要零部件都装在驱动桥的桥壳中。桥壳由主减速器壳和半轴套管组成。

2. 驱动桥的功用

驱动桥的功用是将由万向传动装置传来的发动机转矩传给驱动车轮，并经降速增矩、改变动力传动方向，使汽车行驶，而且允许左右驱动车轮以不同的转速旋转。具体而言，主减速器的功用是降速增矩，改变动力传动方向；差速器的功用是允许左右驱动车轮以不同的转速旋转；半轴的功用是将动力由差速器传给驱动车轮。

3. 驱动桥的分类

按照悬架结构的不同，驱动桥可以分为整体式驱动桥和断开式驱动桥。整体式驱动桥又称为非断开式驱动桥。

1) 整体式驱动桥

整体式驱动桥如图 5-1 所示，与非独立悬架配用。其驱动桥壳为一刚性的整体，驱动桥两端通过悬架与车架或车身连接，左右半轴始终在一条直线上，即左右驱动轮不能相互独立地跳动。当某一侧车轮通过地面的凸出物或凹坑升高或下降时，整个驱动桥及车身都要随之发生倾斜，车身波动大。

2) 断开式驱动桥

断开式驱动桥如图 5-2 所示，与独立悬架配用。其主减速器固定在车架或车身上，

驱动桥壳制成分段并用铰链连接，半轴也分段并用万向节连接。驱动桥两端分别用悬架与车架或车身连接。这样，两侧驱动车轮及桥壳可以彼此独立地相对于车架或车身上下跳动。

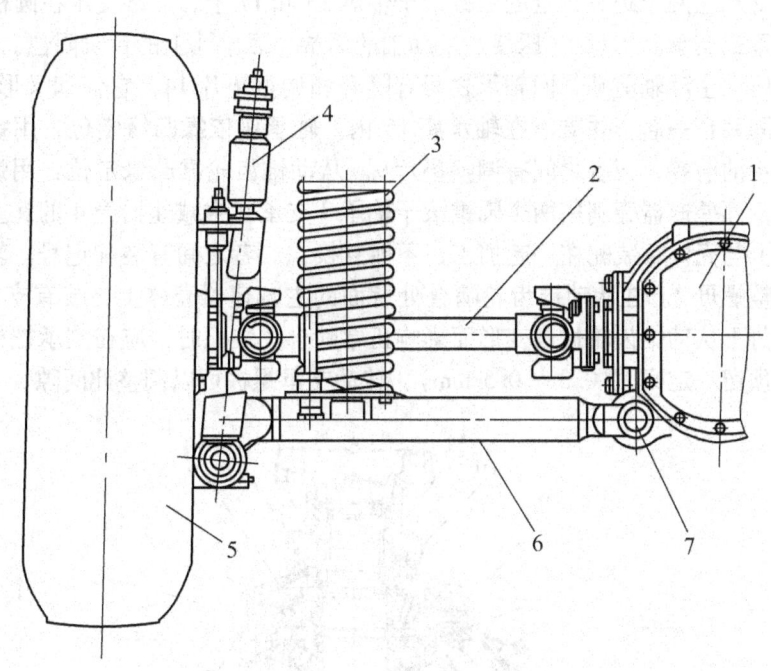

图5-2 断开式驱动桥
1—主减速器；2—半轴；3—弹性元件；4—减震器；5—驱动车轮；6—摆臂；7-摆臂轴

5.1.2 主减速器

5.1.2.1 主减速器的功用与类型

主减速器的功用是进一步增大驱动扭矩，降低发动机转速。当采用发动机纵置的布置形式时，主减速器还具有改变扭矩传递方向的作用。

按照使用要求的不同，汽车的主减速器有不同的结构形式。

按减速传动齿轮副数目多少，可将主减速器分为单级减速和双级减速两种形式。而按主减速器能够提供的挡数可将主减速器分为单速比和双速比两种。前者的传动比是固定的，后者则能提供两个不同的传动比供驾驶员选择，以适应不同的行驶需要。还可按主减速器齿轮齿形不同分为圆柱齿轮式和圆锥齿轮式。

有些汽车为了获得较大的减速传动比，或为了降低车厢地板高度，会在车轮上增加一套齿轮减速装置，称作轮边减速器。

5.1.2.2 主减速器的构造与工作原理

1. 单级主减速器

单级主减速器具有结构简单、维修便利、体积小、重量轻和传动效率高等优点，所以轿车和一般轻、中型货车均采用单级主减速器。

如图 5-3 所示为东风 EQ1090E 型汽车单级主减速器。其减速传动机构为一对准双曲面齿轮 18 和 7。主动齿轮 18 有 6 个齿，从动齿轮 7 有 38 个齿，故主传动比为 38/6 = 6.33。

主动锥齿轮与主动轴制成一体。为了保证主动锥齿轮有足够的支承刚度，改善啮合条件，其前端支承在两个距离较近的圆锥滚子轴承 13 和 17 上，后端支承在圆柱滚子轴承 19 上，形成跨置式支承。轴承 19 压装在主动轴的后端，靠座孔上的台阶限位。轴承 13 和 17 以小端相对压入主动轴前端，两轴承之间有隔套和调整垫片 14，它们和叉形凸缘 11 用螺母与主动轴固装在一起，并支承在轴承座 15 内。轴承座依靠凸缘定位，用螺钉固装在主减速器壳体 4 的前端，两者之间有调整垫片 9。从动锥齿轮靠凸缘定位，用螺栓紧固在差速器壳 5 上，而差速器壳则用两个圆锥滚子轴承 3 支承在主减速器壳 4 的瓦盖式轴承座孔中。轴承盖 1 与壳体 4 装配在一起加工，不能互换，二者之间有装配记号。轴承座孔外侧装有环形调整螺母 2。在从动锥齿轮啮合处背面的主减速器壳体上，装有支承螺柱 6，用以限制大负荷下从动锥齿轮过度变形而影响正常啮合。装配时，应在支承螺柱与从动锥齿轮背面之间预留一定间隙 (0.3~0.5 mm)，转动支承螺柱可以调整此间隙。

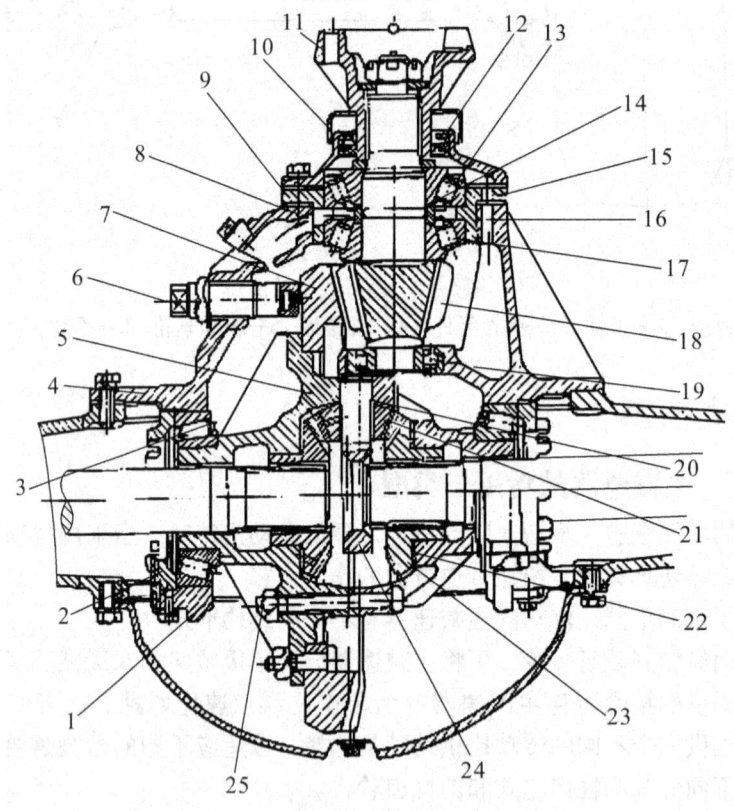

图 5-3 东风 EQ1090E 型汽车单级主减速器

1—差速器轴承盖；2—轴承调整螺母；3、13、17—圆锥滚子轴承；4—主减速器壳；5—差速器壳；6—支承螺柱；7—从动锥齿轮；8—进油道；9、14—调整垫片；10—防尘罩；11—叉形凸缘；12—油封；15—轴承座；16—回油道；18—主动齿轮；19—圆柱滚子轴承；20—行星齿轮垫片；21—行星齿轮；22—半抽齿轮推力垫片；23—半轴齿轮；24—行星齿轮轴；25—螺栓

2. 双级主减速器

当汽车主减速器需要有较大的传动比时，若采用单级主减速器，难以保证足够的离地间隙，这时需采用双级主减速器。

如图5-4所示为解放CA1091型汽车双级主减速器。第一级传动为一对螺旋锥齿轮11和16，传动比为25/13＝1.923；第二级传动为一结斜齿圆柱齿轮5和1，传动比为45/15＝3。主减速器的传动比等于两级齿轮传动比的乘积。

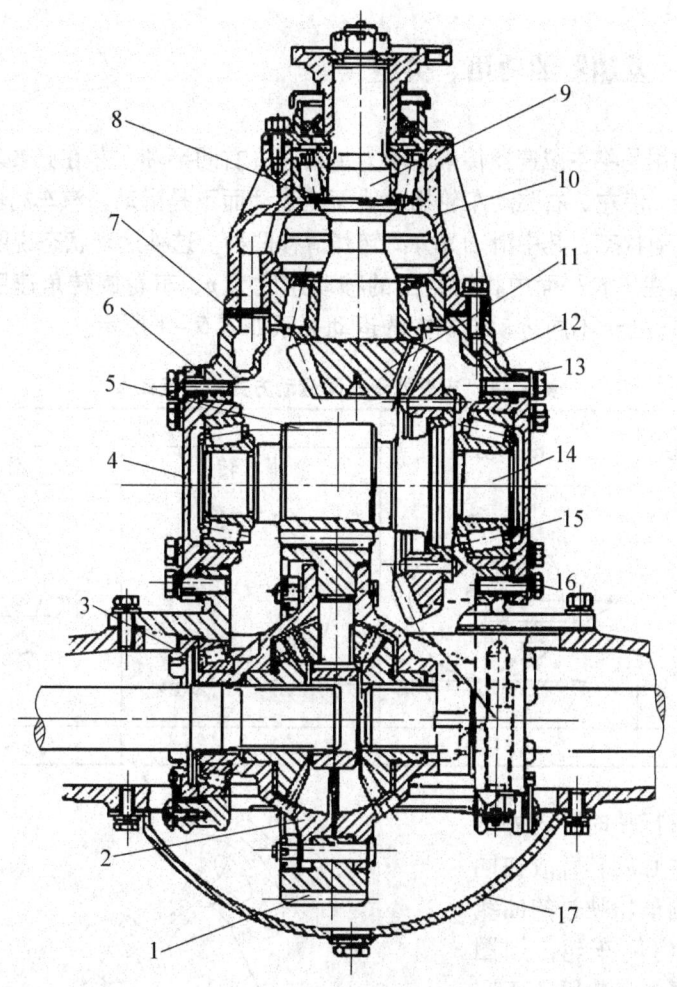

图5-4 解放CA1091型汽车双级主减速器

1—第二级从动齿轮；2—差速器壳；3—调整螺母；4、15—轴承盖；5—第二级主动齿轮；6、7、8、13—调整垫片；9—第一级主动锥齿轮轴；10—轴承座；11—第一级主动锥齿轮；12—主减速器壳；14—中间轴；16—第一级从动锥齿轮；17—后盖

主动锥齿轮11和主动齿轮轴9制成一体，用两个圆锥滚子轴承（相距较远）支承在轴承座10的座孔中，因主动锥齿轮悬伸在两轴承之后，故称为悬壁式支承。这种支承形式结构简单，虽支承刚度不及跨置式支承大，但由于传动比小，主动锥齿轮及主动轴的尺寸可以制得大一些。同时还可以尽量加大两轴承之间距离，以提高支承刚度，使其同样能满

足承载的要求。从动锥齿轮16用铆钉铆接在中间轴14的凸缘上。第二级传动的主动斜齿圆柱齿轮5与中间轴14制成一体，用两个圆锥滚子轴承支承主减速壳12在两端的座孔中，轴承盖用螺钉与主减速器壳12固定连接。从动斜齿圆柱齿轮1夹在左右两半差速器壳之间，并用螺栓将它们紧固在一起，其支承形式与东风EQ1090E汽车主减速器中差速器壳的支承形式相同。

5.1.3 差速器

5.1.3.1 差速器的功用、类型

1. 功用

差速器的功用是将主减速器传来的动力传给左、右两半轴，并在必要时允许左、右半轴以不同转速旋转，使左、右驱动车轮相对地面纯滚动而不是滑动。汽车行驶过程中，车轮相对路面有两种运动状态：其中滑动又分滑转和滑移两种。这种运动状态说明如下：

设车轮中心在车轮平面内相对路面的移动速度为 v，车轮旋转角速度为 ω，车轮滚动半径为 r，则车轮处于不同运动方式中的运动关系如表5–1所示。

表5–1 车轮处于不同运动方式中的运动关系

运动状态	滚动	滑动	
		滑转	滑移
图示	(图)	(图)	(图)
特征	$v = r \cdot \omega$	$v < r \cdot \omega$	$v > r \cdot \omega$

当汽车转弯行驶时，内外两侧车轮绕同一中心旋转，故在同一时间内，外侧车轮驶过的曲线距离显然大于内侧车轮，如图5–5所示。若两侧车轮固定于同一刚性转轴上，以同一角速度转动，则外轮必然会边滚动边滑移，而内轮却会边滚动边滑转。

同样的情形也会发生在不平路面的直线行驶时，因为此时两侧车轮实际运动的曲线距离仍然会不相等。此外，由于轮胎承载不同、气压不同、磨损不同也会导致各轮胎的滚动半径实际上不

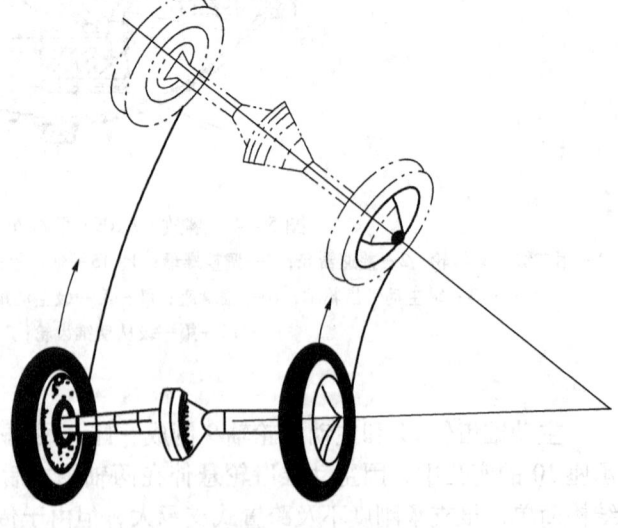

图5–5 汽车转向时驱动车轮的运动示意图

可能完全相等，因此，只要各轮角速度相等，即使在非常平直的路面上，车轮对路面的滑动也必然存在。

车轮对路面的滑动一方面会加速轮胎磨损，增加动力损耗，另一方面还会影响轮胎与地面的附着，破坏汽车转向、驱动、制动性能。所以，在正常行驶条件下，应使车轮尽可能不发生滑动，差速器的作用就在于此。

2. 类型

差速器按其工作特性可分为普通齿轮差速器和防滑差速器两大类。

5.1.3.2 普通齿轮差速器

应用最广泛的普通齿轮差速器为圆锥齿轮差速器，如图5-6所示。

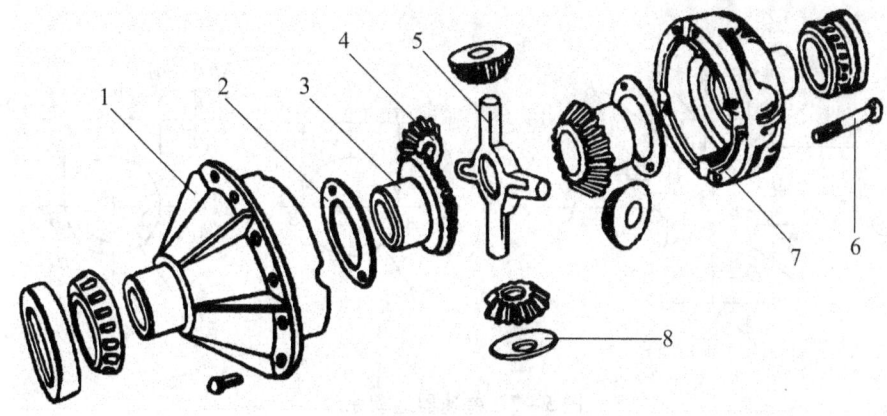

图5-6 圆锥齿轮差速器分解图
1、7—差速器壳；2—半轴齿轮推力垫片；3—半轴齿轮；4—行星齿轮；
5—十字形行星齿轮轴；6—差速器壳螺栓；8—行星齿轮球面垫片

1. 结构

对称式圆锥齿轮差速器由圆锥行星齿轮4、十字形行星齿轮轴5、圆锥半轴齿轮3、差速器壳1和7等组成。行星齿轮个数由差速器传递扭矩大小决定，中级以下轿车的差速器通常设两个行星齿轮，此时的行星齿轮轴为一根直轴。大部分汽车的差速器行星齿轮为四个，行星齿轮轴为十字轴，差速器壳由两部分组成，主减速器从动齿轮用铆钉或螺栓固定在差速器壳左半部的凸缘上。装合时，十字轴的四个轴颈嵌在两差速器壳凹槽形成的孔内。十字轴每个轴颈浮套一个直齿圆锥行星齿轮，分别与两个直齿圆锥半轴齿轮啮合。半轴齿轮的轴颈支承在差速器壳相应的座孔内，并借花键与半轴相连。动力自主减速器从动齿轮依次经过差速器壳、十字轴、行星齿轮、半轴齿轮和半轴输出给驱动车轮。当两侧车轮以相同速度旋转时，行星齿轮绕半轴轴线转动，形成行星齿轮的公转。而当两侧车轮遇到不同阻力时，行星齿轮除做上述公转外，还绕自身轴线自转，此时，两半轴齿轮带动两侧车轮以不同转速转动。

行星齿轮的背面以及差速器壳相应内表面均制成球面，以保证行星齿轮对正中心，有利于与两个半轴齿轮正确地啮合。由于行星齿轮和半轴齿轮都是锥齿轮传动，在动力传递时会产生很大的轴向力,另一方面,在齿轮与差速器壳之间存在相对运动,因此,为减少齿轮与差速器壳间的磨损,在半轴齿轮和行星齿轮与差速器壳之间分别装有铜或聚甲醛塑料制成的平垫片和球面垫片,利用这些垫片可以调整半轴齿轮和行星齿轮的啮合间隙。

差速器壳中的润滑靠壳体上开出的进出液窗口,为保证行星齿轮和十字轴轴颈间有良好的润滑,在十字轴轴颈上铣有平面,并在行星齿轮的轮齿间钻有通油孔。

2. 工作原理

差速器的工作原理如图 5-7、图 5-8 所示。主减速器传来的动力带动差速器壳(转速为 n_0)转动,经过行星齿轮轴、行星齿轮、半轴齿轮、半轴(转速分别为 n_1 和 n_2),最后传给两侧驱动车轮。

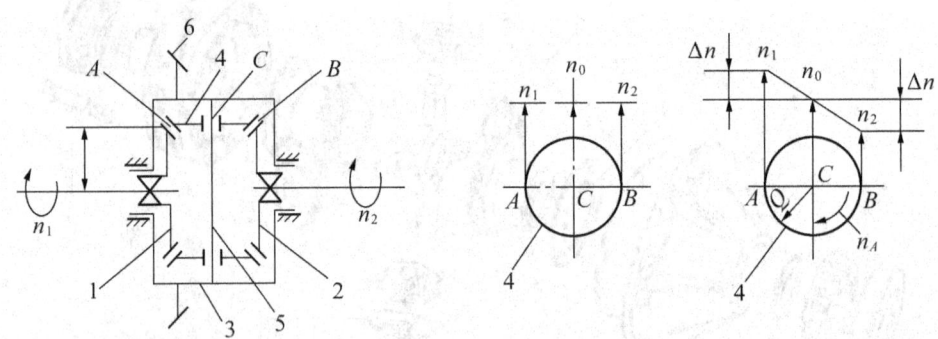

图 5-7 差速器运动原理

1、2—半轴齿轮;3—差速器壳;4—行星齿轮;5—行星齿轮轴;6—主减速器从动齿轮

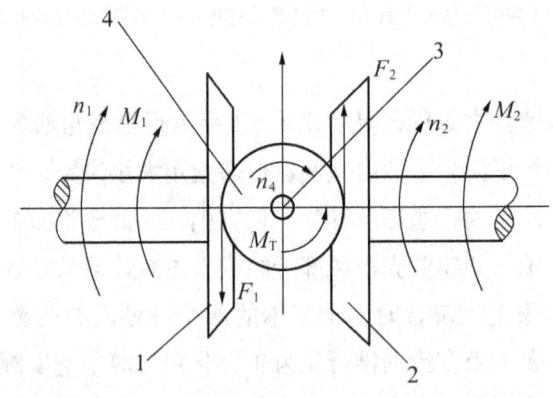

图 5-8 差速器转矩分配原理

1、2—半轴齿轮;3—行星齿轮轴;4—行星齿轮

1)汽车直线行驶时

此时两侧驱动车轮所受到的地面阻力相同,并经半轴、半轴齿轮反作用于行星齿轮两啮合点 A 和 B(图 5-7)。这时行星齿轮相当于等臂杠杆,即行星齿轮不自转,只随差速器壳和行星齿轮轴一起公转,两半轴无转速差,即 $n_1 = n_2 = n_0$,$n_1 + n_2 = 2n_0$。

同样,由于行星齿轮相当于等臂杠杆,主减速器传动差速器壳体上的转矩 M_0 等分给两半轴齿轮(半轴),即 $M_1 = M_2 = M_0/2$。

2)汽车转向行驶时

此时两侧驱动车轮所受到的地面阻力不同。如果车辆右转,右侧(内侧)驱动车轮所受的阻力大,左侧(外侧)驱动车轮所受的阻力小。这两个阻力经半轴、半轴齿轮反作用于行星齿轮两啮合点 A 和 B(图5-7),使行星齿轮除了随差速器壳公转外还顺时针自转,设自转转速为 n_4,则左半轴齿轮的转速增加,右半轴齿轮的转速降低,且左半轴齿轮增加的转速等于右半轴齿轮降低的转速。设半轴齿轮的转速变化为 Δn,则 $n_1 = n_0 + \Delta n$,$n_2 = n_0 - \Delta n$,即汽车右转时,左侧(外侧)车轮转得快,右侧(内侧)车轮转得慢,实现纯滚动。此时依然有 $n_1 + n_2 = 2n_0$。

由于行星齿轮的自转,行星齿轮孔与行星齿轮轴轴径间以及齿轮背部与差速器壳体之间都产生摩擦。如图5-8所示,行星齿轮所受的摩擦力矩 M_T 方向与其自转方向相反,并传到左、右半轴齿轮,使转得快的左半轴的转矩减小,转得慢的右半轴的转矩增加。所以当左、右驱动车轮存在转速差时,$M_1 = (M_0 - M_T)/2$,$M_2 = (M_0 + M_T)/2$。但由于推力垫片的存在,实际中的 M_T 很小,可以忽略不计,即 $M_1 = M_2 = M_0/2$。

总结:

(1)普通锥齿轮差速器的运动特性:$n_1 + n_2 = 2n_0$。

(2)普通锥齿轮差速器的转矩分配特性:$M_1 = M_2 = M_0/2$,即转矩等量分配特性。

普通锥齿轮式差速器转矩等量分配的特性对于汽车在好路面上行驶是有利的。但汽车在坏路面上行驶时却会严重影响其通过能力。例如当汽车的一个驱动轮处于泥泞路面因附着力小而原地打滑时,即使另一驱动轮处于附着力大的路面上未滑转,汽车仍不能行驶。这是因为附着力小的路面只能对驱动车轮作用一个很小的反作用力矩,而驱动转矩也只能等于这一很小的反作用力矩。由于差速等量分配转矩的特性,附着力好的驱动轮也只能分配到同样小的转矩,以至于总的牵引力不足以克服行驶阻力,汽车便不能前进。

为了提高汽车通过坏路面的能力,可采用防滑差速器。当汽车某一侧驱动轮发生滑转时,差速器的差速作用即被锁止,并将大部分或全部转矩分配给未滑转的驱动轮,充分利用未滑转车轮与地面之间的附着力,以产生足够的牵引力使汽车继续行驶。

5.1.4 半轴与桥壳

5.1.4.1 半轴

半轴是差速器与驱动轮之间传递动力的实心轴,其内端与差速器的半轴齿轮相连,外端与驱动轮轮毂相接。半轴与驱动轮的轮毂在桥壳上的支承形式决定了半轴的受力状态。现代汽车半轴的支承形式有三种:全浮式支承、半浮式支承和3/4浮式支承(图5-9)。

全浮式支承对地面反力 N 和 F 以及由 F 形成的弯矩均通过桥壳传至车身,故半轴只承受转矩,不承受任何反力和弯矩作用,受力状态简单,广泛用于各种载货汽车。

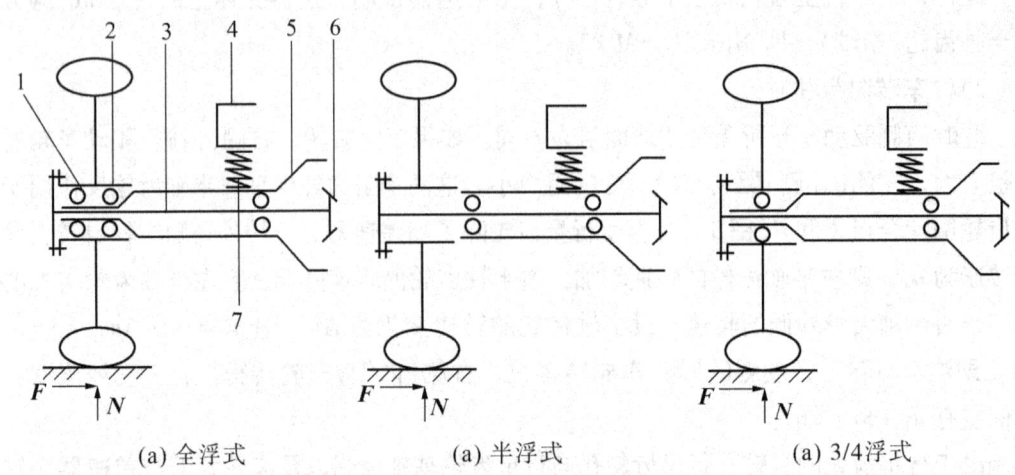

(a) 全浮式　　　　　　(a) 半浮式　　　　　　(a) 3/4浮式

图 5-9　半轴的支承形式

1—轮毂；2—轮毂轴承；3—半轴；4—车架；5—驱动桥壳；6—半轴齿轮；7—弹簧

在结构上（图5-10），半轴外端锻出的凸缘借助螺栓与轮毂相连。轮毂通过两个跨距较大的圆锥滚子轴承支承在半轴套管上。半轴套管与空心梁压配在一起形成桥壳。半轴内端通过花键与差速器的半轴齿轮相连。这样的连接方式使得半轴易于拆卸，即只需拧下凸缘上的螺栓，便可将半轴抽出，而车轮与桥壳仍能支承住汽车。

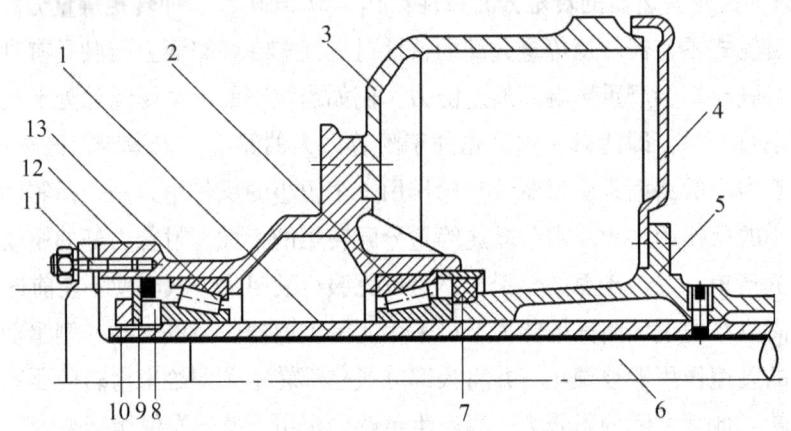

图 5-10　全浮式半轴支承的轮毂部分

1—半轴套管；2—轮毂内侧滚子轴承；3—制动毂；4—车轮底板；5—半轴壳；6—半轴；7—油封；
8—调整螺母；9—锁紧垫片；10—锁紧螺母；11—轮毂螺栓；12—轮毂；13—轮毂外侧滚子轴承

半浮式半轴将作用在车轮上的各种反力通过半轴才能传递给驱动桥壳，故此种支承形式只能使半轴内端免受弯矩，而外端却需承受全部弯矩。

在结构上，半轴与桥壳间的支承只靠一个轴承，为使半轴和车轮不致被向外的侧向力拉出，该轴承必须能够承受向外的轴向力。

半浮式支承结构简单，被广泛应用于反力弯矩较小的轿车上。

5.1.4.2 桥壳

驱动桥桥壳具有支承并保护主减速器、差速器和半轴，固定左右驱动轮轴向位置，支承车架和车身，承受车轮传来的各种路面反力等作用。因此要求驱动桥壳应具有足够的刚度，尽可能小的质量，便于制造，便于维修等特点。驱动桥壳可分为整体式和分段式桥壳两大类（图5-11）。

整体式桥壳具有较大的强度和刚度，便于主减速器装配、调整和维修等优点。在结构上，针对多种不同的制造方法，整体式桥壳有多种不同的形式。常见的有：整体铸造式、中段铸造压入钢管式、钢板冲压焊接式等。整体铸造式桥壳刚度大，强度高，易铸造成等强度梁，载荷分配合理，但质量大、铸造质量要求高，适用于中重型载货汽车。中段铸造压入钢管式桥壳重量较轻、工艺简单、便于变形，但刚度较差，适于批量生产的车型。钢板冲压焊接式桥壳重量轻、工艺简单、材料利用率高、抗冲击性好、制造成本低，适于大量生产。

分段式桥壳通常分为两段，由螺栓相连。分段式桥壳比整体式桥壳易于铸造，加工方便，但维修保养不便，易泄漏。

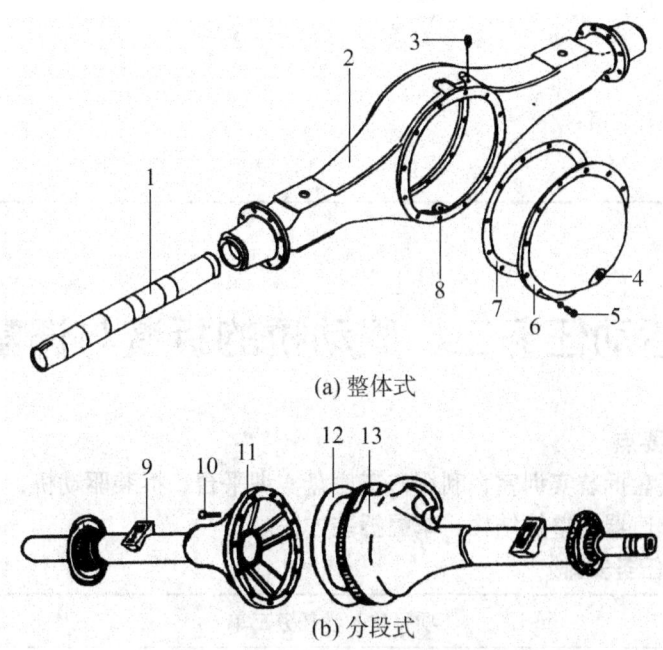

(a) 整体式

(b) 分段式

图5-11 桥壳结构类型

1—半轴套管；2—桥壳；3—通气塞；4—加油孔；5—主减速器盖螺栓；6—主减速器盖；
7—密封垫圈；8—放油孔；9—弹簧座；10—桥壳螺栓；11—左桥壳；12—密封垫圈；13—右桥壳

拓展训练

本单元认识了驱动桥的基本功能、组成、结构，请观察实训室中的驱动桥，分别指出各组成部分的组件和工作原理。

综合考核与评价

1. 评价标准：

<table>
<tr><th colspan="2">序号</th><th>考核内容</th><th>配分</th><th>得分</th></tr>
<tr><td rowspan="10">活动评价</td><td>a</td><td>完成任务工单中的第一道题，主减速器；分类每空 1 分，功用每空 2 分</td><td>21</td><td></td></tr>
<tr><td>b</td><td>完成任务工单中的第二道题，差速器；每空 2 分</td><td>58</td><td></td></tr>
<tr><td>c</td><td>完成任务工单中的第三道题，半轴及桥壳；每空 1 分</td><td>13</td><td></td></tr>
<tr><td>d</td><td>工作页的完成情况，根据完成情况扣分</td><td>8</td><td></td></tr>
<tr><td colspan="2">合　　计</td><td>100</td><td></td></tr>
</table>

2. 自我检查评估
① 自我检查任务完成的质量，确定是否达到活动预期要求？□完成 □未完成
② 未完成的原因：
③ 自我评价：
3. 组间互评：

4. 指导教师评语：

活动任务二　驱动桥的拆装与调整

1. 项目活动要点
（1）在汽车底盘拆装实训室，利用汽车底盘实训平台，拆装驱动桥；
（2）观察主减速器的整体结构，掌握拆装方法。

2. 项目活动任务安排

<table>
<tr><th colspan="4">项目化教学任务工单</th></tr>
<tr><td colspan="2">课程名称：汽车底盘构造与检修
学习情景：汽车传动系结构与检修
活动项目：<u>差速器的拆装与调整</u></td><td>班级：_____
姓名：_____
学号：_____　第（　）组</td><td>场所：<u>汽车底盘拆装实训室</u>
日期：_____</td></tr>
<tr><td>活动任务</td><td colspan="3">1. 掌握驱动的检修部位；
2. 掌握驱动桥主要零部件的拆装、检修和调整方法。</td></tr>
</table>

项目情景五　驱动桥的结构认识与检修

活动预期效果	能力要点：1. 能够对驱动桥主要零部件进行拆装、检修； 　　　　　2. 分析总结能力。 知识要点：1. 掌握汽车驱动桥的检修内容； 　　　　　2. 掌握汽车驱动桥主要零部件的拆装、检修方法。 职业素养：培养动手能力；培养集体荣誉感。
活动安排	1. 学生以小组为单位，拆卸和装配驱动桥及其主要零部件，重点掌握主减速器、差速器的拆检和调整。完成工作页上"驱动桥的拆装与调整"的内容。 2. 活动结束由小组、小组间和教师三方面对小组汇报、讨论及学习与活动报告进行评价。
活动内容	1. 驱动桥进行拆装的注意事项： (1)＿＿＿＿＿＿＿＿＿＿＿＿＿＿＿＿＿＿＿＿＿＿＿＿＿＿； (2)＿＿＿＿＿＿＿＿＿＿＿＿＿＿＿＿＿＿＿＿＿＿＿＿＿＿； (3)＿＿＿＿＿＿＿＿＿＿＿＿＿＿＿＿＿＿＿＿＿＿＿＿＿＿； (4)＿＿＿＿＿＿＿＿＿＿＿＿＿＿＿＿＿＿＿＿＿＿＿＿＿＿； (5)＿＿＿＿＿＿＿＿＿＿＿＿＿＿＿＿＿＿＿＿＿＿＿＿＿＿； (6)＿＿＿＿＿＿＿＿＿＿＿＿＿＿＿＿＿＿＿＿＿＿＿＿＿＿； (7)＿＿＿＿＿＿＿＿＿＿＿＿＿＿＿＿＿＿＿＿＿＿＿＿＿＿； 2. 对主减速器进行分解，请写出分解步骤： (1)打开主减速器输入轴的锁片，拆下＿＿＿＿＿＿，取下＿＿＿＿＿＿； (2)用油封拉拔器或螺钉旋具取出＿＿＿＿＿＿，用木槌轻轻敲击将＿＿＿＿＿＿打出，取出输入轴时后支承轴承一起被取出； (3)取出输入轴的＿＿＿＿＿＿、＿＿＿＿＿＿、＿＿＿＿＿＿，记录输入轴调整垫片的＿＿＿＿＿＿后放好； (4)用专用的拉器拉出＿＿＿＿＿＿； (5)用压力器将前、后支承轴承的＿＿＿＿＿＿压出。 3. 主减速器装配时，主动和从动齿轮之间必须有正确的相对位置，因此在结构上必须满足两方面的要求才能做到两齿轮啮传动的冲击噪声小，磨损均匀。一方面是主动和从动齿轮必须有足够的支承刚度；另一方面是应有必要的啮合调节装置。 (1)轴承预紧度的调整 目的：使轴承承受一定轴向压紧力，提高支承刚度，保证正常啮合。 预紧度过大，影响：＿＿＿＿＿＿。 预紧度过小，影响：＿＿＿＿＿＿。 检查方法： 经验检查：＿＿＿＿＿＿。 定量检查：＿＿＿＿＿＿。 调整方法：＿＿＿＿＿＿。 主动锥齿轮的调整：＿＿＿＿＿＿。 从动锥齿轮的调整：＿＿＿＿＿＿。 图1

(2)齿轮啮合的调整。主要包括齿轮啮合印痕和啮合间隙的调整。
a. 齿轮啮合印痕的检查方法：
调整方法：＿＿＿＿＿＿＿＿＿＿＿＿＿＿＿＿＿。

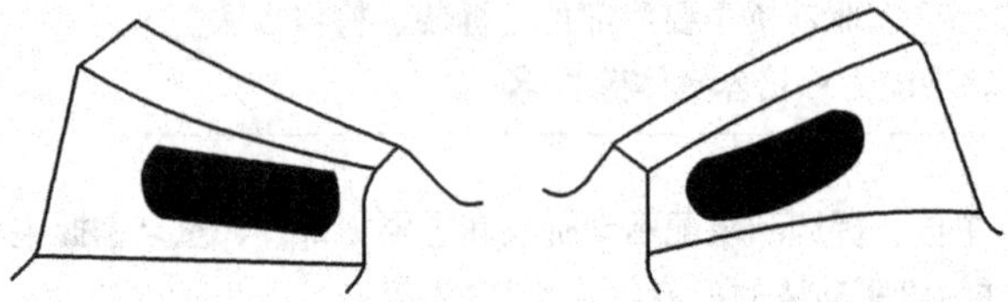

(a) 正转工作时　　　　　　(b) 逆转工作时

图2

b. 啮合间隙的检查方法：
主、从动齿轮啮合间隙的检查
调整方法：＿＿＿＿＿＿＿＿＿＿＿＿＿＿＿＿＿。

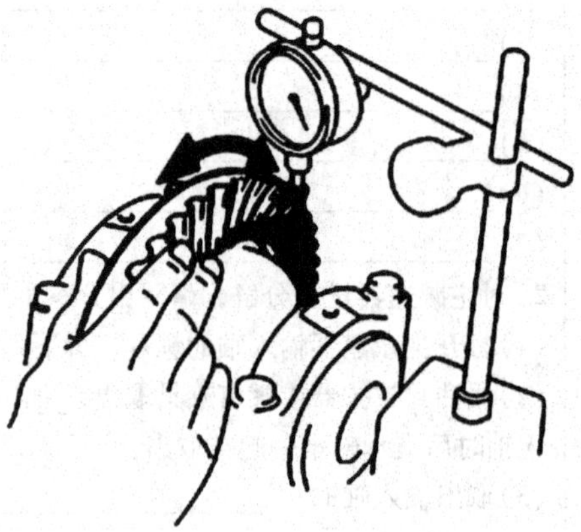

图3

5.2.1　拆装驱动桥的注意事项

（1）拆卸轴承、齿轮必须使用专用工具，不得用锤子直接敲击进行拆卸。

（2）为保证再次装配时的装配精度，在拆解驱动桥时应检查装配标记，如标记不清应重新做好标记。特别要注意的是行星齿轮止推垫片不得随意更换。

（3）驱动桥零件分解后应清洗干净，涂上润滑油以防装配前生锈，并将零件按照装配关系整齐地摆放在清洁的工作台上或油盘中。

（4）严格按照技术要求对轴承预紧度、齿轮啮合印记等配合尺寸进行调整，不得随意改变技术要求。

（5）对各紧固螺栓严格按照规定力矩拧紧。

（6）支撑轴承不能随意用其他型号代替。

（7）装配后的驱动桥必须按规定添加齿轮油。

5.2.2 主减速器的分解

(1) 打开主减速器输入轴锁紧螺母的锁片，拆下锁紧螺母，取下凸缘盘。

(2) 用油封拉拔器或螺钉旋具取出油封，用木槌轻轻敲击将主减速器输入轴打出，取出输入轴时后支承轴承一起被取出。

(3) 取出输入轴的前支承轴承、止推套筒、调整垫片，记录输入轴调整垫片的厚度后放好。

(4) 用专用的拉器拉出输入轴后支承轴承。

(5) 用压力器将前、后支承轴承的外座圈压出。

5.2.3 主减速器的装配与调整

主减速器装配时，主动和从动齿轮之间必须有正确的相对位置，方能使两齿轮啮合传动的冲击噪声较小，轮齿沿其长度方向磨损较均匀。为此，在结构上一方面必须要使主动和从动齿轮有足够的支承刚度，使其在传动过程中不至于发生较大变形而影响正常啮合；另一方面应有必要的啮合调节装置。一般的装配与调整顺序：单级主减速器，应先进行差速器的装配和调整，然后调整主、从动锥齿轮的轴承预紧度，最后调整主、从动锥齿轮的啮合印痕和啮合间隙。双级主减速器，应先调整主、从动锥齿轮的装配和轴承预紧度，然后调整齿轮啮合印痕和啮合间隙。差速器的装配调整可在最后进行。

5.2.3.1 主动锥齿轮轴承预紧度的调整

主动锥齿轮轴承预紧度的调整的目的是使轴承承受一定轴向压紧力，提高支承刚度，保证正常啮合。主动锥齿轮轴承预紧度多用调整垫片调整，若两锥轴承外圈距离一定，就可通过增减两轴承内圈之间的距离来调整，从而使轴承预紧度保持在规定范围内。预紧度过大，会造成发热量大，磨损大，促使轴承寿命下降；预紧度过小，则会破坏齿轮的啮合，促使齿轮寿命下降。

常用的检查预紧度的方法包括经验检查法和定量检查法。

经验检查法，即用手转动主(从)动锥齿轮时，应能转动自如，且轴向推动无间隙。

定量检查法，是将轴承座夹在虎钳上，按规定转矩拧紧凸缘螺母后，在各零件润滑的情况下用弹簧秤测凸缘盘拉力或用指针式扭力扳手在锁紧螺母上测主动锥齿轮的转动力矩，其值应符合规定，如图 5-12 所示。

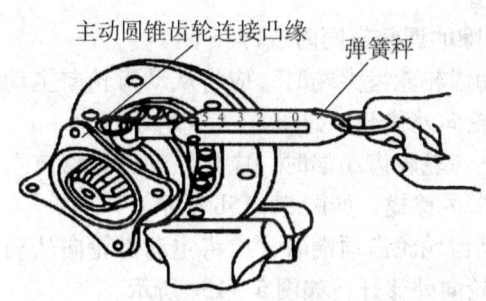

图 5-12 主动锥齿轮轴承预紧度的调整

主动锥齿轮轴承预紧度的调整：①在前轴承内圈下加减调整垫片；②用弹性套来调整主动锥齿轮轴承的预紧度。

从动锥齿轮轴承预紧度的调整：①单级主减速器：通过调整差速器轴承两侧的调整螺母来调整差速器轴承的预紧度；②双级主减速器：通过选择适当厚度的调整片，安装在主减速器壳与轴承盖之间来进行。

5.2.3.2 主、从动锥齿轮的啮合印痕和啮合间隙的调整

主、从动锥齿轮啮合印痕和啮合间隙都是利用改变两齿轮装配中心距来实现的，即通过两齿轮做轴向移动来调整。啮合印痕与啮合间隙既互相联系，又互相矛盾。当改变啮合印痕，啮合间隙也随之变化，而改变啮合间隙，啮合印痕又随之变化。由此可见，它们在调整中，往往难以使两者同时达到理想状态。应尽量保证啮合印痕，啮合间隙可适当大一点。但最大不能超过啮合间隙的极限值，否则应重新选配齿轮。

1. 啮合印痕的检查

从动锥齿轮每间隔120°分一处，每处取2～3个轮齿，在轮齿的正反面薄而均匀地涂上红丹油或氧化铅与机油的混合液，然后对从动锥齿轮略施压力转动数圈，观察齿面上所压的红色印痕是否正确，如图5-13所示。

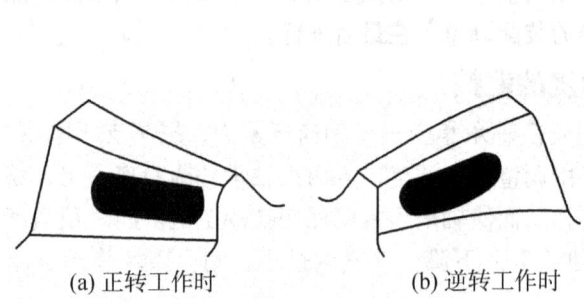

(a) 正转工作时　　(b) 逆转工作时

图5-13 啮合印痕的检查

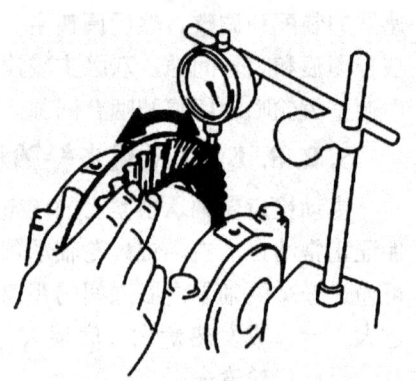

图5-14 啮合间隙的检查

2. 啮合间隙的检查

把百分表抵在从动锥齿轮轮齿大端的凸面（图5-14），对圆周均匀分布的不少于4个齿进行测量。或将一细保险丝（铅丝）放在从动锥齿轮齿面上，转动齿轮掠夺保险丝，保险丝的厚度值即为啮合间隙值。

3. 啮合印痕和啮合间隙的调整应同时进行

（1）当啮合印痕在从动齿轮轮齿大端时，应将从动齿轮向主动齿轮靠拢，假如因此而使齿隙过小，可将主动齿轮向外移开，如图5-15a所示。

（2）当啮合印痕在从动齿轮轮齿小端时，应将从动齿轮移离主动齿轮，假如因此而使齿隙过大，可将主动齿轮向内移拢，如图5-15b所示。

（3）当啮合印痕在从动齿轮轮齿顶端时，应将主动齿轮向从动齿轮靠拢，假如因此而使齿隙过小，可将从动齿轮向外移开，如图5-15c所示。

（4）当啮合印痕在从动齿轮轮齿根部时，应将主动齿轮移离从动齿轮，假如因此而使齿隙过大，可将从动齿轮向内移拢，如图5-15d所示。

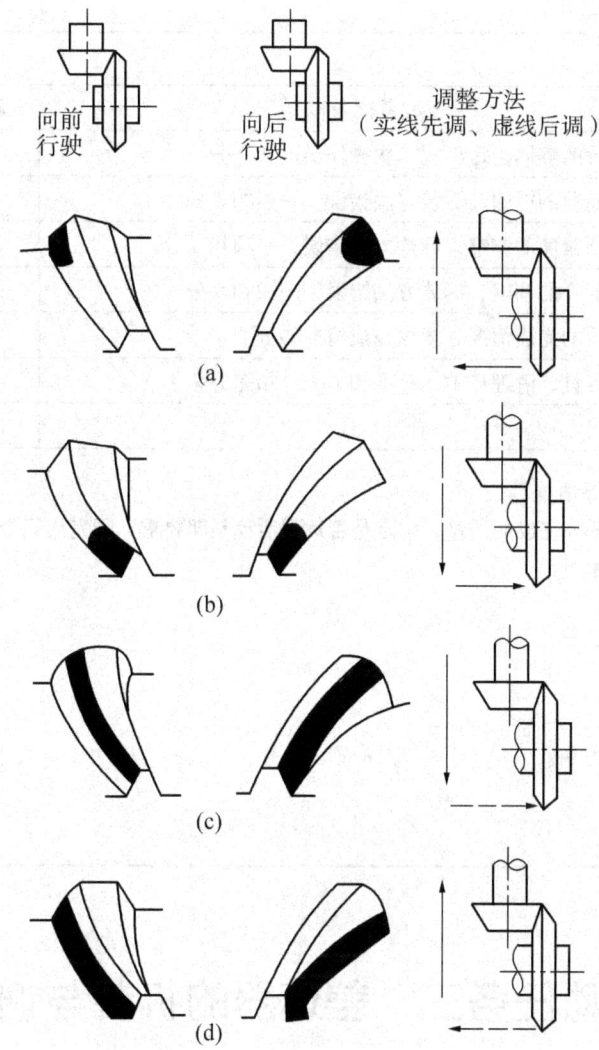

图 5-15 啮合印痕和啮合间隙的调整

4. 主、从动锥齿轮啮合间隙的调整

通过移动从动齿轮的位置可以调整啮合间隙，当啮合间隙过大时，应使从支齿轮靠近主动齿轮，反之则反方向移动。如东风 EQ1090E，移动差速器轴承调整螺母可调整从动齿轮的位置，为保持差速器轴承的预紧度不变，一端调整螺母拧松（或拧紧）多少，另一端调整螺母则相应拧紧（或拧松）多少。齿隙的数值可用百分表在从动齿轮轮齿大端上测量，并应测量该圆周上三个以上的齿。

拓展训练

本单元对驱动桥进行了拆卸和装配，请结合拆装的驱动桥的结构类型，写下主减速器拆卸和装配的标准流程及操作规范。

综合考核与评价

1. 评价标准：

<table>
<tr><td rowspan="9">活 动 评 价</td><td colspan="4"></td></tr>
<tr><td>序号</td><td>考核内容</td><td>配分</td><td>得分</td></tr>
<tr><td>a</td><td>驱动桥的解体，每出现一次操作错误扣 2 分</td><td>10</td><td></td></tr>
<tr><td>b</td><td>主减速器的拆卸，拆装方法错误，一项扣 4 分</td><td>15</td><td></td></tr>
<tr><td>c</td><td>轴承预紧度的调整，调整方法错误，一项扣 5 分</td><td>20</td><td></td></tr>
<tr><td>d</td><td>齿轮啮合的调整，拆装方法错误，一项扣 5 分</td><td>20</td><td></td></tr>
<tr><td>e</td><td>工作页的完成情况，根据完成情况扣分</td><td>30</td><td></td></tr>
<tr><td>f</td><td>整理工具、清理场地，每项扣 1 分，扣完为止</td><td>5</td><td></td></tr>
<tr><td colspan="2">合　　计</td><td>100</td><td></td></tr>
</table>

2. 自我检查评估
① 自我检查任务完成的质量，确定是否达到活动预期要求？□完成□未完成
② 未完成的原因：
③ 自我评价：
3. 组间互评：

4. 指导教师评语：

活动任务三　差速器的拆装与调整

1. 项目活动要点
（1）在汽车底盘拆装实训室，利用汽车底盘实训平台，拆装差速器；
（2）观察差速器的整体结构，掌握动力传递路线和拆装方法。
2. 项目活动任务安排

<table>
<tr><td colspan="3">项目化教学任务工单</td></tr>
<tr><td>课程名称：汽车底盘构造与检修
学习情景：汽车传动系结构与检修
活动项目：差速器的拆装与调整</td><td>班级：_____
姓名：_____
学号：_____第（　）组</td><td>场所：汽车底盘拆装实训室
日期：_____</td></tr>
<tr><td>活动
任务</td><td colspan="2">1. 掌握驱动的检修部位；
2. 掌握驱动桥主要组成部件的拆装、检修和调整方法。</td></tr>
</table>

活动预期效果	能力要点：1. 能够对驱动桥主要组成部件进行拆装、检修； 　　　　　2. 分析总结能力。 知识要点：1. 掌握汽车驱动桥的检修内容； 　　　　　2. 掌握汽车驱动桥主要组成部件的拆装、检修方法。 职业素养：培养动手能力；培养集体荣誉感。
活动安排	1. 学生以小组为单位，拆卸和装配驱动桥及其主要零部件，重点掌握主减速器、差速器的拆检和调整。完成工作页上差速器的拆装与调整的相关内容。 2. 活动结束后由小组、小组间和教师三方面对小组汇报、讨论及学习与活动报告进行评价。
活动内容	1. 对差速器进行分解，请写出分解步骤： (1) ＿＿＿＿＿＿＿＿＿＿＿＿＿＿＿＿＿＿＿＿＿＿＿＿＿＿＿＿＿＿＿＿＿＿＿； (2) ＿＿＿＿＿＿＿＿＿＿＿＿＿＿＿＿＿＿＿＿＿＿＿＿＿＿＿＿＿＿＿＿＿＿＿； (3) ＿＿＿＿＿＿＿＿＿＿＿＿＿＿＿＿＿＿＿＿＿＿＿＿＿＿＿＿＿＿＿＿＿＿＿； (4) ＿＿＿＿＿＿＿＿＿＿＿＿＿＿＿＿＿＿＿＿＿＿＿＿＿＿＿＿＿＿＿＿＿＿＿； (5) ＿＿＿＿＿＿＿＿＿＿＿＿＿＿＿＿＿＿＿＿＿＿＿＿＿＿＿＿＿＿＿＿＿＿＿； (6) ＿＿＿＿＿＿＿＿＿＿＿＿＿＿＿＿＿＿＿＿＿＿＿＿＿＿＿＿＿＿＿＿＿＿＿； (7) ＿＿＿＿＿＿＿＿＿＿＿＿＿＿＿＿＿＿＿＿＿＿＿＿＿＿＿＿＿＿＿＿＿＿＿。 2. 对差速器进行装配，请写出装配步骤： (1) ＿＿＿＿＿＿＿＿＿＿＿＿＿＿＿＿＿＿＿＿＿＿＿＿＿＿＿＿＿＿＿＿＿＿＿； (2) ＿＿＿＿＿＿＿＿＿＿＿＿＿＿＿＿＿＿＿＿＿＿＿＿＿＿＿＿＿＿＿＿＿＿＿； (3) ＿＿＿＿＿＿＿＿＿＿＿＿＿＿＿＿＿＿＿＿＿＿＿＿＿＿＿＿＿＿＿＿＿＿＿； (4) ＿＿＿＿＿＿＿＿＿＿＿＿＿＿＿＿＿＿＿＿＿＿＿＿＿＿＿＿＿＿＿＿＿＿＿； (5) ＿＿＿＿＿＿＿＿＿＿＿＿＿＿＿＿＿＿＿＿＿＿＿＿＿＿＿＿＿＿＿＿＿＿＿。 3. 差速器的调整包括行星齿轮与半轴齿轮啮合间隙的调整和差速器轴承预紧度的调整。 (1) 行星齿轮与半轴齿轮啮合间隙的调整方法：＿＿＿＿＿＿＿＿＿＿＿＿＿＿＿＿ (2) 差速器轴承预紧度的调整方法：＿＿＿＿＿＿＿＿＿＿＿＿＿＿＿＿＿＿＿＿＿ ＿＿＿＿＿＿＿＿＿＿＿＿＿＿＿＿＿＿＿＿＿＿＿＿＿＿＿＿＿＿＿＿＿＿＿＿＿＿＿ 4. 自我检查评估 ①自我检查任务完成的质量，确定是否达到活动预期要求？□完成□未完成 ②未完成的原因：＿＿＿＿＿＿＿＿＿＿＿＿＿＿＿＿＿＿＿＿ ③自我评价： 5. 组间互评： 6. 指导教师评语：

5.3.1 差速器的分解

(1) 先放出主减速器壳中的齿轮油。

(2) 对于组合形式或整体式的桥壳,它的主减速器内的主动小齿轮是由两个圆锥滚子轴承装在减速器壳内,从动齿轮装在差速器壳上,差速器壳两侧用轴承支承起来,并且主减速器的主、从动齿轮处于啮合状态。分解时,首先把桥壳后盖和密封纸垫一起拆下。

(3) 拆下差速器支承轴调整螺母的止动装置,把调整螺母和垫片一起拆下,然后拆下轴承座盖。

(4) 取出差速器总成。

(5) 分解差速器时,应于分解前在差速器壳的分割面上打上标记。

(6) 采用整体式桥壳时,鼓形桥壳、差速器和减速器主、从动齿轮等,作为一个整体安装在减速器支座上。这个减速器总成是用螺钉安装在桥壳上(通常用在载货汽车上)。因此,对于这种结构形式,在卸下传动轴从后桥中抽出半轴之后,可在差速器总成与减速器支座仍然连接着的状态下,把减速器总成卸下。分解方法与前面相同。

(7) 在减速器从动齿轮上有止推销时,预先要松开锁止螺母,把螺塞和止推销一起拿掉。

5.3.2 差速器的装配

在垫片、齿轮的工作面及轴颈、轴孔处涂上润滑油。再用压力机或专用工具把轴承的内座圈压入左右差速器壳的轴颈,然后把差速器右外壳放在工作台上(装轴承的轴颈向下),再把半轴齿轮止推垫片和半轴齿轮一起装入(止推垫片有油槽的一面应朝向齿轮),接着把已装好行星齿轮的十字轴装入差速器壳的十字槽中。注意:行星齿轮与十字轴要按原装配记号进行装复,十字轴与十字槽也要按原位置装复,并使行星齿轮与半轴齿轮啮合。最后在行星齿轮上装上半轴齿轮、止推垫圈,再把差速器左外壳扣合到右外壳上。这时要注意校对记号,并按规定方向穿入螺栓,装上锁片,按规定扭力大小拧紧螺母并用锁片锁好。最后按原位装上轴承盖,注意左右不能换错。

5.3.3 差速器的调整

差速器的调整包括行星齿轮与半轴齿轮啮合间隙的调整和差速器轴承预紧度的调整。

1. 行星齿轮与半轴齿轮啮合间隙的调整

行星齿轮与半轴齿轮啮合间隙的调整通过增加或减少行星齿轮背面球形垫片与半轴齿轮止推垫片的厚度来进行。齿隙一般为 0.2～0.3mm,当间隙大小合适时,半轴齿轮轮齿大端面的弧面与四个行星齿轮的背面的弧面相吻合,并在同一球面上。当间隙不合适时,调整行星齿轮背面的球形垫片,改变其厚度即可。调整后,还要重新检查半轴齿轮转动是否灵活及啮合间隙值是否符合标准。

2. 差速器轴承预紧度的调整

差速器轴承预紧度的调整有两种方法:一种是利用差速器左右轴承环形调整螺母来进

行。如东风 EQ1090 型汽车，其差速器轴承预紧度的调整是在未装入主动锥齿轮之前并在差速器轴承盖紧固螺栓（用 200～240 N·m 的力矩）拧紧后进行。通过拧紧或拧松左右两端的调整螺母进行调整，边调整边用手转动从动锥齿轮，使轴承滚子处于正确位置。调好后用 1.50～2.50 N·m 的力矩应能转动差速器总成，用弹簧秤测量时拉力应为 11.3～18.6 N。另一种是通过增加或减少差速器轴承内侧的调整垫片进行调整。

拓展训练

本单元对差速器进行了拆卸和装配，掌握了差速器的调整方法，请结合拆装的差速器的结构类型，写下差速器拆卸和装配的标准流程及操作规范。

综合考核与评价

活动评价

1. 评价标准：

序号	考核内容	配分	得分
a	差速器的分解，每出现一次操作错误扣 2 分	20	
b	差速器的装配，拆装方法错误，一项扣 4 分	20	
c	行星齿轮间隙的检查，检修方法错误，一项扣 5 分	10	
d	差速器的调整，拆装方法错误，一项扣 5 分	20	
e	工作页的完成情况，根据完成情况扣分	25	
f	整理工具、清理场地，每项扣 1 分，扣完为止	5	
	合　　计	100	

2. 自我检查评估
①自我检查任务完成的质量，确定是否达到活动预期要求？□完成□未完成
②未完成的原因：
③自我评价：
3. 组间互评：

4. 指导教师评语：

项目情景六 行驶系的结构认识与检修

任务描述

汽车底盘行驶系由汽车的车架、车桥、车轮和悬架等组成。汽车底盘行驶系的功能有:接受由发动机经传动系传来的转矩,并通过驱动轮与路面附着作用,转化为汽车行驶的驱动力;将全车各部件连成一个整体,支承汽车的总质量;传递并承受路面作用于车轮上的各种力及其力矩;缓和不平路面对车身造成的冲击和振动,保证汽车平稳行驶。

学习目标

通过本单元学习情境的探讨,要求学生具备以下能力:

1. 通过学习车架与悬架的结构组成,掌握车架与悬架的功用、组成及工作原理,车架与悬架的类型和应用特点。具备对车架与悬架装置主要零部件进行维修的能力,具备对车架与悬架装置常见故障进行分析、诊断与排除的能力。

2. 根据正确的作业要求规范完成车轮与轮胎的拆装作业。并能够进行轮胎动平衡,及四轮定位与调整。

3. 行驶系的典型故障与诊断,具备汽车维修的基本职业能力素质。

案例导入

一辆现代索纳塔轿车,起步加速至 20 km/h 时转向盘开始发抖;车速高于 25 km/h,恢复正常;减速行驶至 80 km/h 以上时,转向盘、车身振摆严重,乘员明显感到不适;减速行驶至 80 km/h 以下,故障消失;车速继续降至 25 km/h,仍出现转向盘抖动;再低于 20 km/h,抖动现象消失,恢复正常。据驾驶员介绍,该故障已有半年之久,曾多次做轮胎动平衡和车辆四轮定位,都没有解决问题,而且故障越来越严重。

学习指导

通过对车轮的认识,掌握车轮动平衡的危害,会进行车轮动平衡操作,掌握典型车轮与轮胎的结构与原理,车轮的拆装等知识和内容。

活动任务一　车架与悬架的结构认识

1. 项目活动要点

（1）在汽车底盘拆装实训室，利用汽车底盘车架和悬架平台，能正确描述悬架的基本组成、作用及类型；

（2）在汽车底盘车架和悬架实物上，认识及观察发动机各传动机构的整体结构，分析工作传动路线及观察如何传动。

2. 项目活动任务安排

项目化教学（学生）活动任务卡		
课程名称：汽车底盘构造与检修 学习情景：车架与悬架的结构认识 活动项目：车架与悬架认识	班级：_____ 姓名：_____ 学号：_____第（　）组	场所：汽车底盘拆装实训室 日期：_____
活动任务	1. 能正确描述悬架的基本组成、作用及类型。 2. 能正确识别各种悬架的类型、特点及维修方式。	
活动预期效果	能力要点：能够正确区分各类悬架；明确各自的优点及运用场合。 知识要点：1. 要求讲述悬架的主要总成零部件名称； 　　　　　2. 要求讲述悬架的安装位置； 　　　　　3. 识别汽车不同类型悬架，完成悬架的维护方法。 职业素养：团队协作，学会查找资料、观察实物的组成与运动关系，分析总结。	
活动安排	1. 学生以小组为单位，在拆装台上（或总成）认识悬架的各部分零件。完成任务卡上"一、行驶系基本结构认识"的相关内容。（20分钟） 2. 学生以小组为单位，利用活动任务卡，认识各类自动变速器总成。完成任务卡上"二""三"的相关内容。（40分钟）	
活动内容	一、行驶系基本结构认识 1. 本次任务：_____ 2. 用到的设备：_____ 3. 工具的操作要领：_____ 4. 计划工作流程（实训实施步骤）是： 5. 看图把正确的答案填写横线上： 横臂式悬架　双叉臂悬架　拖拽臂式后悬挂架　多连杆式独立悬架　可调式悬架 电磁式可调悬架　双摇臂悬架　空气悬架	

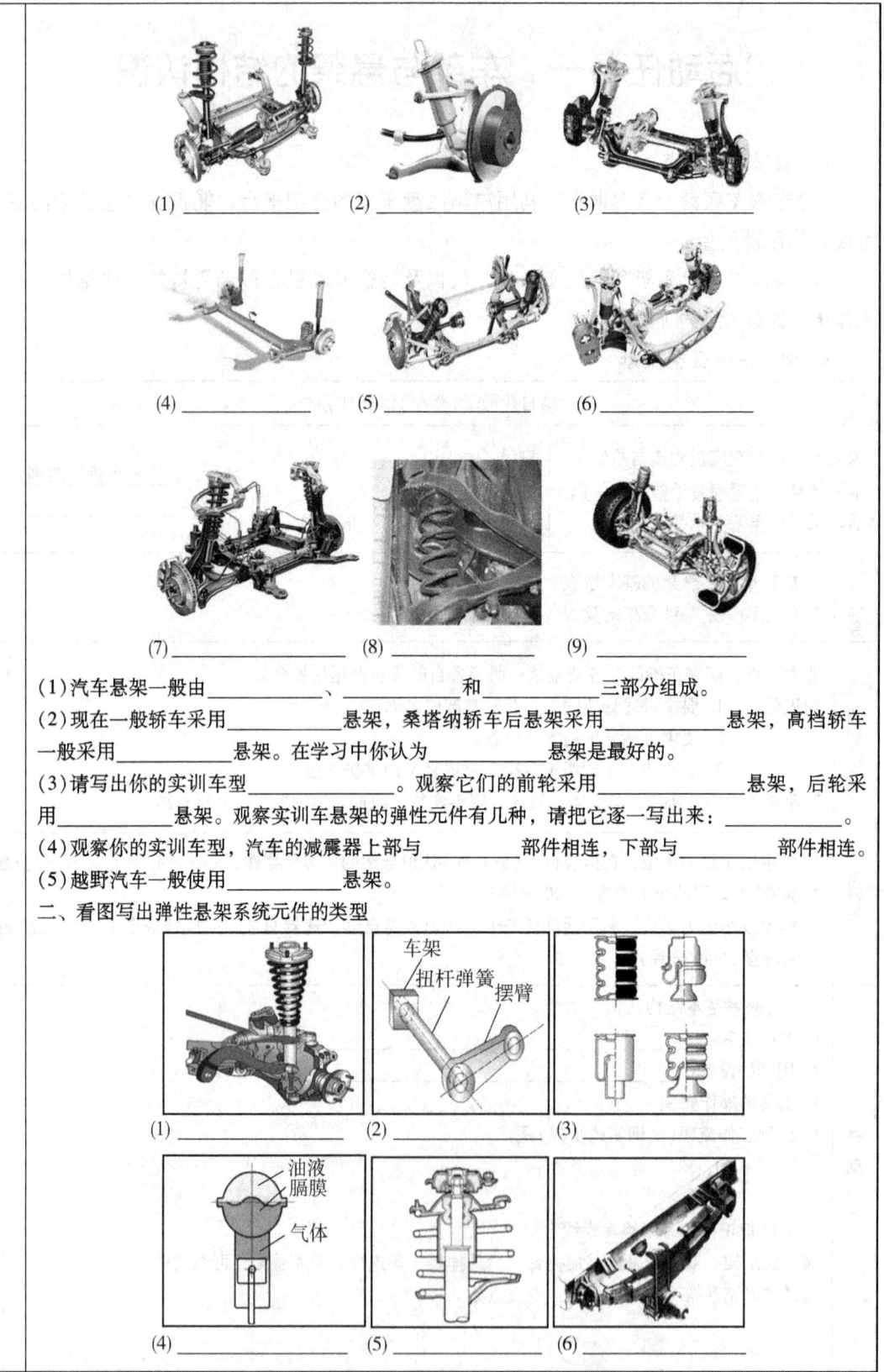

(1) _____ (2) _____ (3) _____

(4) _____ (5) _____ (6) _____

(7) _____ (8) _____ (9) _____

(1)汽车悬架一般由_____、_____和_____三部分组成。
(2)现在一般轿车采用_____悬架,桑塔纳轿车后悬架采用_____悬架,高档轿车一般采用_____悬架。在学习中你认为_____悬架是最好的。
(3)请写出你的实训车型_____。观察它们的前轮采用_____悬架,后轮采用_____悬架。观察实训车悬架的弹性元件有几种,请把它逐一写出来:_____。
(4)观察你的实训车型,汽车的减震器上部与_____部件相连,下部与_____部件相连。
(5)越野汽车一般使用_____悬架。

二、看图写出弹性悬架系统元件的类型

(1) _____ (2) _____ (3) _____

(4) _____ (5) _____ (6) _____

(1)图中悬架广泛应用于汽车非独立悬架中的弹性元件又叫_____。
(2)钢板弹簧的第一、二、三片最长称为_____，两端弯成卷耳内装有_____，用_____固定在车架上。
(3)_____大多应用在独立悬架上，它们只承受弹性元件悬架加设有_____和_____。它有什么优点：

(4)在进行汽车悬架系统外观检查时，要检查弹簧衬套减震器稳定杆或衬套是否有故障_____，以及控制臂或支柱。
(5)上下振动汽车的同时，仔细听是否有异常的声音，如果听到不正常的噪声，则可能是悬挂系统的_____和_____磨损或破坏。

三、看图完成以下问题
1. 目前现代轿车使用的是_____悬架，它有什么优点：

2. 现在一般货车使用的是_____悬架，它有什么优点：

知识链接

6.1.1 车架的组成和应用

车架俗称"大梁"，它是汽车的装配基体，汽车绝大多数的零部件、总成都要安装在车架上。车架不仅承受各零部件、总成的载荷，还要承受汽车行驶时来自路面各种复杂载荷的作用，如汽车加速、制动时的纵向力，汽车转弯、侧坡行驶时的侧向力，不良路面传来的冲击等等。

车架的功用可以概括为两点，一是支承、连接汽车各零部件、总成；二是承受车内、外各种载荷的作用。

6.1.2 车架的类型和构造

汽车上采用的车架有四种类型：边梁式车架、中梁式车架、综合式车架和无梁式车架。目前汽车上多采用边梁式车架和无梁式车架。

1. 边梁式车架

边梁式车架如图6-1所示，它由两根纵梁和若干根横梁构成。纵梁和横梁之间通过铆接或焊接的方法连接起来。这种车架结构简单、便于整车的布置，所以在各种类型的汽车上都广泛应用。

图 6-1 边梁式车架

纵梁的结构具有以下特点：一是从宽度上看有前窄后宽、前宽后窄和前后等宽三种形式，前窄使前轮具有足够的偏转角度，提高了车辆的机动性能；后窄用于重型车辆，便于布置双胎。二是从平面度上看有水平的和弯曲的两种形式，水平的纵梁便于零部件、总成的安装和布置；弯曲的纵梁可以降低车辆重心。三是从断面形状上看有槽形、Z 字形、工字形和箱形几种，这些形状主要为了满足质量小的前提下，车架具有足够的强度和刚度，以承受各种载荷。横梁多为槽形。

2. 无梁式车架

无梁式车架是用车身兼做车架，汽车的所有零部件、总成都安装在车身上，车身要承受各种载荷的作用，因而这种车身又成为承载式车身，广泛用于轿车和客车，如图 6-2 所示。

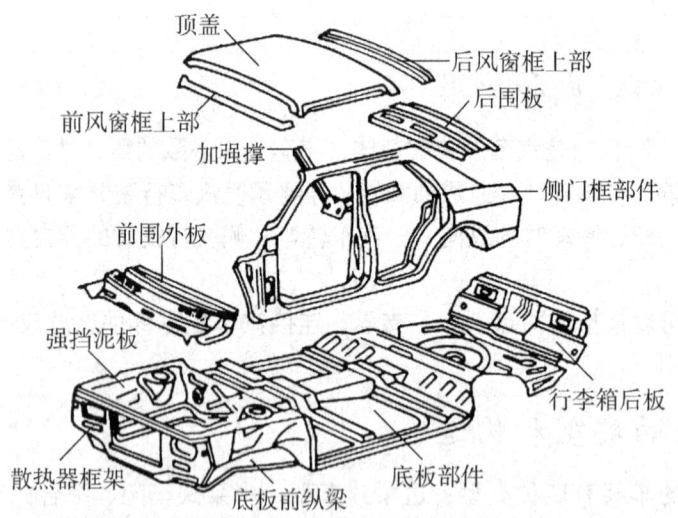

图 6-2 无梁式车架

3. 中梁式车架和综合式车架

由于这两种车架结构复杂，加工制造及维修困难，因此目前很少应用。

6.1.3 悬架的功用、组成和应用

1. 悬架的组成

悬架是车架（或车身）与车桥（或车轮）之间一切传力连接装置的总称。现代汽车的悬架虽有不同的结构形式，但一般都由弹性元件、减震器、导向机构等组成，轿车一般还有横向稳定器。悬架的组成如图6-3所示。

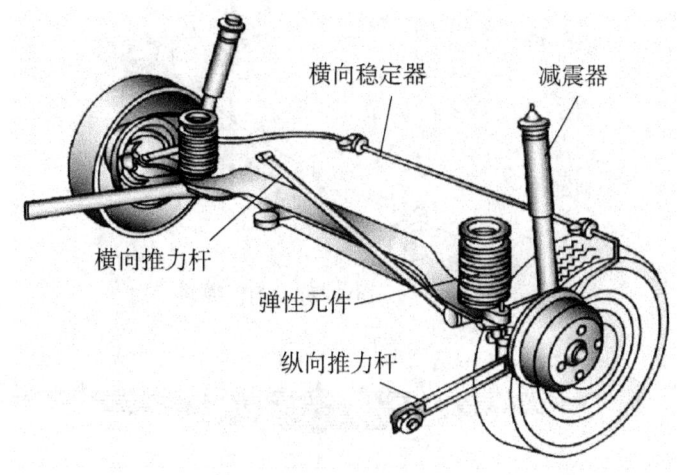

图6-3 悬架的组成

弹性元件使车架（或车身）与车桥（或车轮）之间做弹性连接，可以缓和由于路面不平带来的冲击，并承受和传递垂直载荷。减震器可以减少由于路面冲击产生的振动，使振动的振幅迅速减小。导向机构包括纵向推力杆和横向推力杆，用于传递纵向载荷和横向载荷，并保证车轮相对于车架（或车身）的运动关系。横向稳定器可以防止车身在转向等情况下发生过大的横向倾斜。

2. 悬架的功用

从悬架的组成，我们可以总结出悬架具有如下功用：①连接车架（或车身）和车轮，把路面作用到车轮的各种力传给车架（或车身）；②缓和冲击、减少震动，使乘坐舒适，具有良好的平顺性；③保证汽车具有良好的操纵稳定性。第②③项功用与弹性元件和减震器的性能有关，具体而言是与弹性元件的刚度和减震器的阻尼力有关。只有悬架系统的软、硬合适才能使车辆乘坐舒适、操纵稳定。

3. 悬架的分类

如图6-4所示，汽车悬架有非独立悬架和独立悬架两种类型。

非独立悬架的结构特点是两侧车轮安装在一根整体式车桥上，车轮和车桥一起通过弹性悬架悬挂在车架（或车身）下面，所以一侧车轮发生位置变化后会导致另一侧车轮的位置也发生变化。

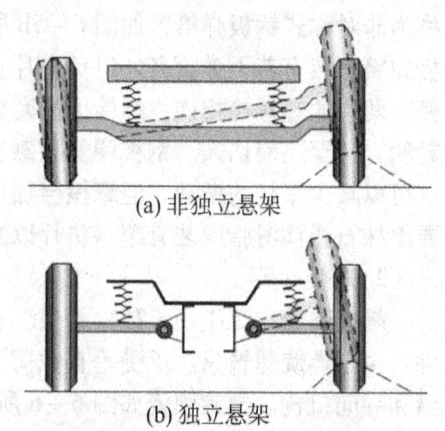

图6-4 非独立悬架与独立悬架的示意图

独立悬架的两侧车轮分别独立地与车架(或车身)弹性相连,与其配用的车桥为断开式车桥,所以两侧车轮的运动是相对独立、互不影响的。

4. 弹性元件

汽车上常用的弹性元件包括钢板弹簧、螺旋弹簧、扭杆弹簧和气体弹簧等。

1) 钢板弹簧

钢板弹簧广泛应用于汽车的非独立悬架中,其构造如图 6-5 所示。

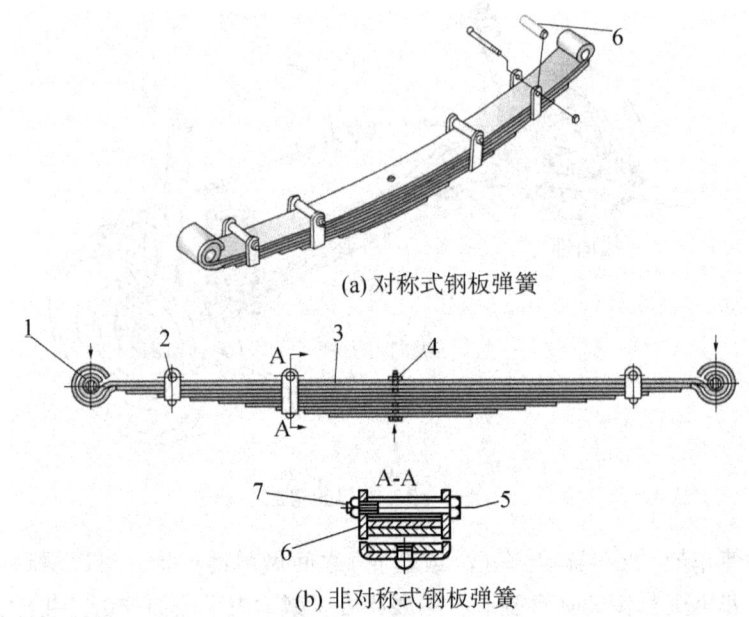

(a) 对称式钢板弹簧

(b) 非对称式钢板弹簧

图 6-5 钢板弹簧

1—卷耳;2—弹簧夹;3—钢板弹簧;4—中心螺栓;5—螺栓;6—套管;7—螺母

钢板弹簧由若干片长度不等的合金弹簧钢片叠加而成,构成一根近似等强度的弹性梁。最长的一片称为主片,其两端卷成卷耳,内装衬套,以便用弹簧销与固定在车架上的支架或吊耳作铰链连接。各弹簧片用中心螺栓连接,并保证各片的相对位置。中心螺栓距两端卷耳中心的距离可以相等,称为对称式钢板弹簧,如图 6-5a 所示;也可以不相等,称为非对称式钢板弹簧,如图 6-5b 所示。为防止汽车在行驶过程中各弹簧片分开,在钢板弹簧上装有若干弹簧夹,以免主片独自承载。弹簧夹通过铆钉与最下片弹簧片相连,弹簧夹两边通过螺栓相连,螺栓上有套管,装配时要求螺母朝向轮胎,以免螺栓脱落时刮伤轮胎,甚至飞崩伤人。钢板弹簧在载荷作用下变形时,各片之间会相对滑动而产生摩擦,这可以减少车架的振动。但摩擦会加速弹簧片的磨损,所以在装配钢板弹簧时,各片之间要涂抹石墨润滑脂或装有塑料垫片以减磨。

2) 螺旋弹簧

螺旋弹簧广泛应用于独立悬架,有些轿车的后轮非独立悬架也采用螺旋弹簧做弹性元件。由于螺旋弹簧只能承受垂直载荷,且变形时不产生摩擦力,因此悬架中必须装有减震器和导向机构。螺旋弹簧如图 6-6 所示,由特殊的弹簧钢棒卷制而成,可以制成圆柱形或圆锥形,也可以制成等螺距或不等螺距。圆柱形等螺距螺旋弹簧的刚度是不变的,圆锥形或不等螺距螺旋弹簧的刚度是可变的。

3）气体弹簧

气体弹簧分为空气弹簧和油气弹簧两种。空气弹簧又有囊式和膜式两种形式。空气弹簧的结构、原理都很简单，下面仅介绍油气弹簧的结构、原理。油气弹簧的球形室固定在工作缸上，室的内腔用橡胶油气隔膜隔开，充入高压氮气的一侧为气室，与工作缸相通并充满油液的一侧为油室。工作缸内装有活塞、阻尼阀及其阀座。

当载荷增加且车架与车桥相互靠近时，活塞上移，使工作缸内容积减少，油压升高，油液顶开阻尼阀进入球形室，推动隔膜向气室方向移动，使气室容积减少，氮气压力升高，油气弹簧的刚度增大。当载荷减小时，在高压氮气的作用下隔膜向油室方向移动，室内油液经阻尼阀流回工作缸，推动活塞下移，这时气室容积增大，氮气压力下降，弹簧刚度减小。当氮气压力通过油液传递作用在活塞上的力与载荷平衡时，活塞便停止移动。随着载荷的变化，气室内氮气也随之变化，相应地活塞处于工作缸中不同位置。可见，油气弹簧具有变刚度的特性。

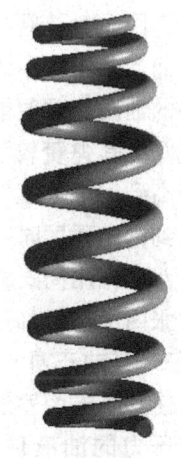

图6-6 螺旋弹簧

5. 减震器

目前，汽车中广泛使用液压减震器，如图6-7所示，其基本原理是，当车架与车桥做往复相对运动时，减震器中的油液反复经过活塞上的阀孔，由于阀孔的节流作用及油液分子间的内摩擦力便形成了衰减振动的阻尼力，使振动的能量转变为热能，并由油液和减震器壳体吸收，然后散到大气中。

图6-7 液压减震器

阀门越大，阻尼力越小，反之亦然。相对运动速度越大，阻尼力越大，反之亦然。阻尼力越大，振动的衰减越快，但悬架弹性元件的缓冲效果不能发挥，乘坐也不舒适，因此弹性元件的刚度与减震器的阻尼力要合理搭配，才能保证乘坐舒适性和操纵稳定性的要求。目前汽车上应用最广泛的是双向作用筒式减震器，近年来，在高级轿车上有的采用充气式减震器。

双向作用筒式减震器的基本组成如图6-8所示，它有三个同心钢筒，外面的钢筒是防尘罩，其上部的吊耳与车架相连。中间是储油缸筒，内装有一定量的油液，其下端的吊耳与车桥相连。里面是工作缸筒，其内装满油液。它还有四个阀，即压缩阀、伸张阀、流通阀和补偿阀。流通阀和补偿阀是一般的单向阀，其弹簧很弱，当阀上的油压作用力与弹簧弹力同向时，阀处于关闭状态，完全不通油液；而当油压作用力与弹簧弹力反向时，只要很小的油压，阀便能开启。压缩阀和伸张阀是卸载阀，其弹簧较强，预紧力较大，只有当油压增高到一定程度时，阀才能开启；而当油压降低到一定程度时，阀即自行关闭。

双向作用筒式减震器的工作原理可用压缩和伸张两个行程加以说明。压缩行程，当车桥移近车架(或车身)时，减震器受压缩，活塞下移，使其下方腔室容积减少，油压升高。具有一定压力的油液顶开流通阀进入活塞上方腔室。由于活塞杆占去上腔室的部分容积，使上腔室增加的容积小于下腔室减少的容积，因此还有一部分油液不能进入上腔室而只能压开压缩阀，流回储油缸筒。油液流经上述阀孔时，受到一定的节流阻力，为克服这种阻力而消耗了振动能量，使振动衰减。伸张行程，当车桥相对远离车架(或车身)时，减震器受拉伸，活塞上移，使其上腔室油压升高。上腔室的油液便推开伸张阀流入下腔室。同样由于活塞杆的存在，上腔室减少的容积小于下腔室增加的容积，因而从上腔室流出来油液不足以充满下腔室所增加的容积，使下腔室产生一定的真空

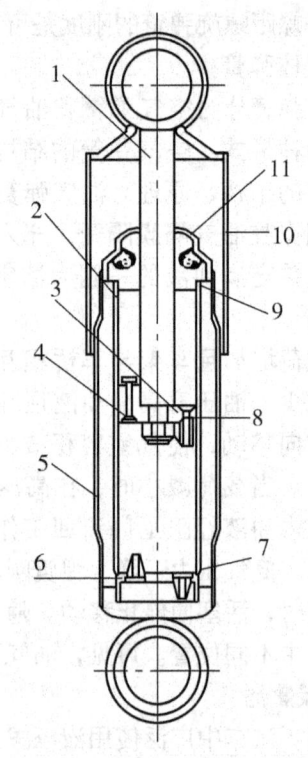

图6-8 双向作用筒式减震器的基本组成
1—活塞杆；2—工作缸筒；3—活塞；4—伸张阀；
5—储油缸筒；6—压缩阀；7—补偿阀；8—流通阀；
9—导向座；10—防尘罩；11—油封

度，这时储油缸筒中的油液在真空度作用下推开补偿阀流进下腔室进行补充。从上面的原理可以得知，这种减震器在压缩、伸张两个行程都能起减震作用，因此称为双向作用减震器。

6.1.4 典型的悬架系统

6.1.4.1 非独立悬架

非独立悬架广泛应用于货车的前、后悬架和轿车的后悬架。按照采用弹性元件的不同，非独立悬架可以分为钢板弹簧式非独立悬架和螺旋弹簧式非独立悬架。

1. 钢板弹簧式

这种悬架的钢板弹簧一般纵向布置，所以也称为纵置板簧式非独立悬架。

钢板弹簧的前端卷耳用弹簧销与前支架相连，形成固定式铰链支点，起传力和导向作用；而后端卷耳则用吊耳销与可在车架上摆动的吊耳相连，形成摆动式铰链支点，从而保证了弹簧变形时两卷耳中心线间的距离有改变的可能。当汽车空载或实际装载质量不大时，副钢板弹簧不承受载荷而由主钢板弹簧单独工作。在重载或满载情况下，车架相对车桥下移，使车架上副簧滑板式支座与副簧接触，主、副簧共同参加工作，一起承受载荷而使悬架刚度增大，以保证车身振动频率不致因载荷增大而变化过大。南京依维柯轻型货车

的后悬架采用渐变刚度的钢板弹簧。主簧由五片较薄钢板弹簧片组成，副簧由五片较厚的弹簧片组成，它们用中心螺栓固定在一起，主簧在上，副簧在下。

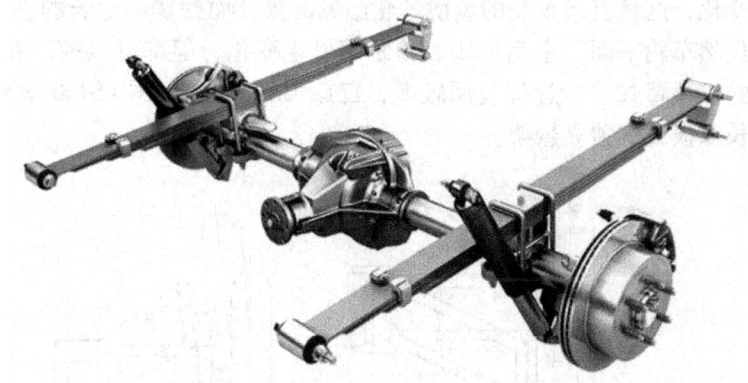

图 6-9　钢板弹簧式非独立悬架

6.1.4.2　独立悬架

现代汽车，特别是轿车上广泛采用独立悬架。独立悬架能使两侧车轮各自独立地与车架或车身弹性连接，具有以下优点：①左右车轮的运动相对独立、互不影响，可以减少行驶时车架或车身的振动，同时可以减弱转向轮的偏摆。②独立悬架的非簧载质量小，可以减小来自路面的冲击和振动，提高行驶的平顺性。③独立悬架与断开式车桥配用，可以降低汽车的重心，提高汽车行驶的平顺性。簧载质量是指汽车上由弹性元件支承的质量；而非簧载质量是指弹性元件下吊挂的质量。对于非独立悬架，整个车桥和车轮都属于非簧载质量，而对于独立悬架，只有部分车桥是非簧载质量，而主减速器、差速器、壳体等都装在车架或车身上，成了簧载质量，所以独立悬架的非簧载质量要比非独立悬架的小。

独立悬架的结构类型很多，如图 6-10 所示。

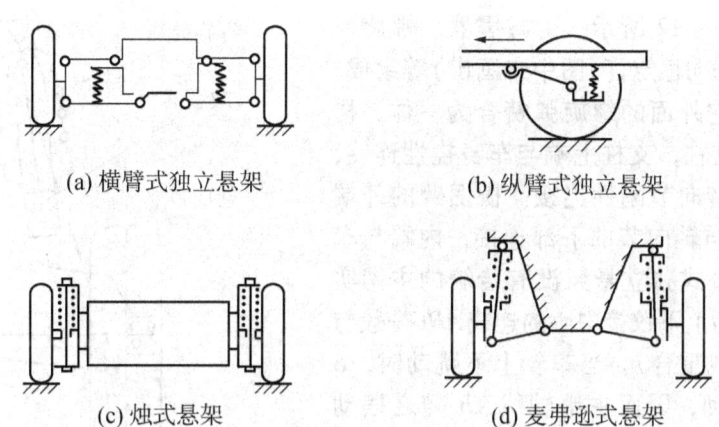

(a) 横臂式独立悬架　　(b) 纵臂式独立悬架

(c) 烛式悬架　　(d) 麦弗逊式悬架

图 6-10　独立悬架的类型示意图

1. 横臂式独立悬架

横臂式独立悬架分为单横臂式和双横臂式两种。目前单横臂式独立悬架应用较少，下面仅介绍双横臂式独立悬架。

双横臂式独立悬架如图6-11所示，其两个横摆臂有等长的和不等长的。摆臂等长的独立悬架当车轮上下跳动时，虽然车轮平面不倾斜、主销轴线的方向也不发生变化，但轮距发生较大的变化，这将引起车轮的侧滑和轮胎的磨损。而摆臂不等长的独立悬架当车轮上下跳动时，虽然车轮平面、主销轴线、轮距都发生变化，但都可以控制在允许范围内，所以这种形式的双横臂式独立悬架应用较多，红旗CA7560、凌志LS400等轿车的前桥都采用这种不等长双横臂式独立悬架。

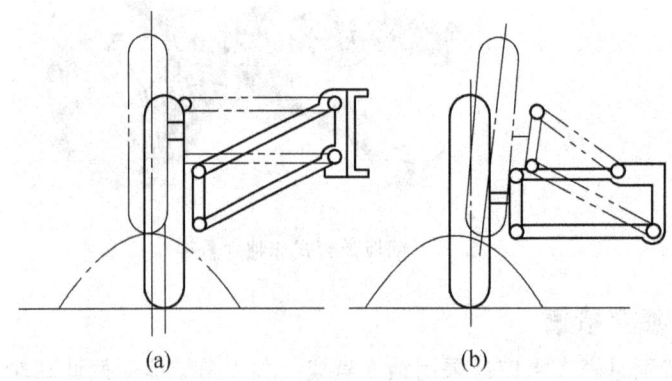

图6-11 双横臂式独立悬架示意图

2. 纵臂式独立悬架

纵臂式独立悬架也分为单纵臂式和双纵臂式两种。单纵臂式独立悬架如果用于前轮，车轮上下跳动时会使主销后倾角变化很大，所以单纵臂式独立悬架都用于后轮。纵摆臂是一片宽而薄的钢板，一端与半轴套管铰接，另一端带有套筒，套筒通过花键与扭杆弹簧的外端相连，扭杆的内端固定在车架上。

3. 麦弗逊式独立悬架

麦弗逊式独立悬架目前在轿车中应用很广泛，结构如图6-12所示。由减震器、螺旋弹簧、横摆臂、横向稳定杆（图中未画出）等组成。减震器与套在它外面的螺旋弹簧合为一体，构成悬架的弹性支柱，支柱上端与车身挠性连接，支柱的下端与转向节刚性连接。横摆臂的外端通过球头销B与转向节的下部连接，内端与车身铰接。麦弗逊式独立悬架没有传统的主销实体，转向轴线为上下铰接中心的连线AB（一般与弹性支柱的轴线重合）。当车轮上下跳动时，B点随横摆臂摆动，因而主销轴线AB随之摆动（弹性支柱也摆动）。这说明车轮沿着摆动的主销轴线而运动。麦弗逊式独立悬架结构较简单，布置紧凑，用于前悬架时能增大两前轮内侧的空间，故多用于发动机前置前轮驱动的轿车上。

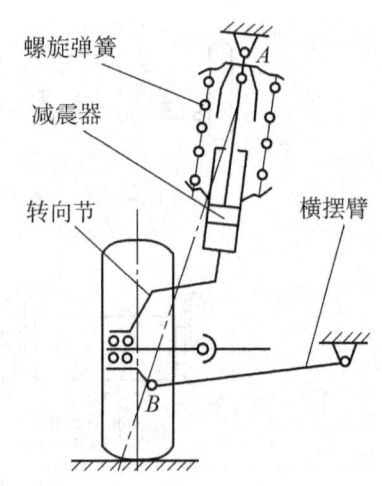

图6-12 麦弗逊式独立悬架的结构示意图

拓展训练

本单元认识了车架和悬架机构的作用及分类,请观察日常生活接触到的车类型,比如公交车、货车、小轿车、客运车等,选择2~3种你最熟悉的车型分析认识其车架和悬架的组成、结构与功能,并画出其机构简图。

综合考核与评价

活动评价

1. 评价标准:

序号	考核内容	配分	得分
a	要求讲述悬架的主要总成零部件名称;每错误一处扣2分	20	
b	要求讲述悬架的安装位置;每错误一处扣2分	20	
c	识别汽车不同类型悬架;每错误一处扣2分	20	
d	任务工单的完成情况,根据完成情况扣分	40	
	合　　计	100	

2. 自我检查评估

①自我检查任务完成的质量,确定是否达到活动预期要求? □完成 □未完成

②未完成的原因:

③自我评价:

3. 组间互评:

4. 指导教师评语:

活动任务二　车轮与轮胎的结构认识

1. 项目活动要点

(1)在汽车底盘拆装实训室能判断车轮及轮胎组成及作用;

(2)正确识别各种轮胎的类型、特点及维护。

2. 项目活动任务安排

汽车底盘构造与检修

项目化教学任务工单		
课程名称：汽车底盘构造与检修 学习情景：车轮与轮胎的结构认识 活动项目：车轮与轮胎认识	班级：_____ 姓名：_____ 学号：_____第( )组	场所：汽车底盘拆装实训室 日期：_____
活动任务	1. 能正确描述车轮与轮胎的基本组成、作用及工作原理。 2. 能正确识别各种轮胎的类型、特点及维护。	
活动预期效果	能力要点：能够正确区分各类车轮与轮胎；明确各自的优点及运用场合。 知识要点：1. 要求讲述车轮与轮胎的主要总成零部件名称和安装位置，以及各总成的作用； 2. 识别汽车不同类型轮胎，完成轮胎的维护方法。 职业素养：团队协作，学会查找资料、观察实物的组成与运动关系，分析总结。	
活动安排	1. 学生以小组为单位，在拆装台上（或总成）认识悬架的各部分零件。完成任务卡上5、6、7小题的内容。（20分钟） 2. 学生以小组为单位，利用活动任务卡，认识各类自动变速器总成。完成任务卡上8～11小题的内容。（40分钟）	
活动内容	一、行驶系基本结构认识 1. 本次任务：_____ 2. 用到的设备：_____ _____ 3. 工具的操作要领：_____ 4. 计划工作流程（实训实施步骤）是： 5. 看图完成以下问题。标出数字的零部件名称： （1）_____　（2）_____　（3）_____ 6. 看图指出车轮的类型： （1）_____　（2）_____　（3）_____	

156

项目情景六 行驶系的结构认识与检修

7. 看图指出轮辋的类型，各有什么特点。

(1)_____ (2)_____ (3)_____

特点1：

特点2：

特点3：

8. 轮胎的分类。
(1) 按轮胎结构分_____、_____两种。
(2) 按充气气压分_____、_____、_____三种。
(3) 按胎体帘布层结构分_____、_____两种。
(4) 轮胎的结构分_____、_____、_____三种。
(5) 轮胎的胎面花纹分_____、_____、_____三种。

9. 充气轮胎的结构类型。
(1) 普通充气轮胎由_____、_____、_____组成。
(2) 看图完成以下问题，标出数字零部件名称。

(1)_____ (2)_____ (3)_____ (4)_____ (5)_____
(6)_____ (7)_____

(3) 看图把正确的答案填写横线上。单导向花纹　块状花纹　羊角花纹　复合花纹　块状花纹　不对称花纹

(1)_____ (2)_____ (3)_____

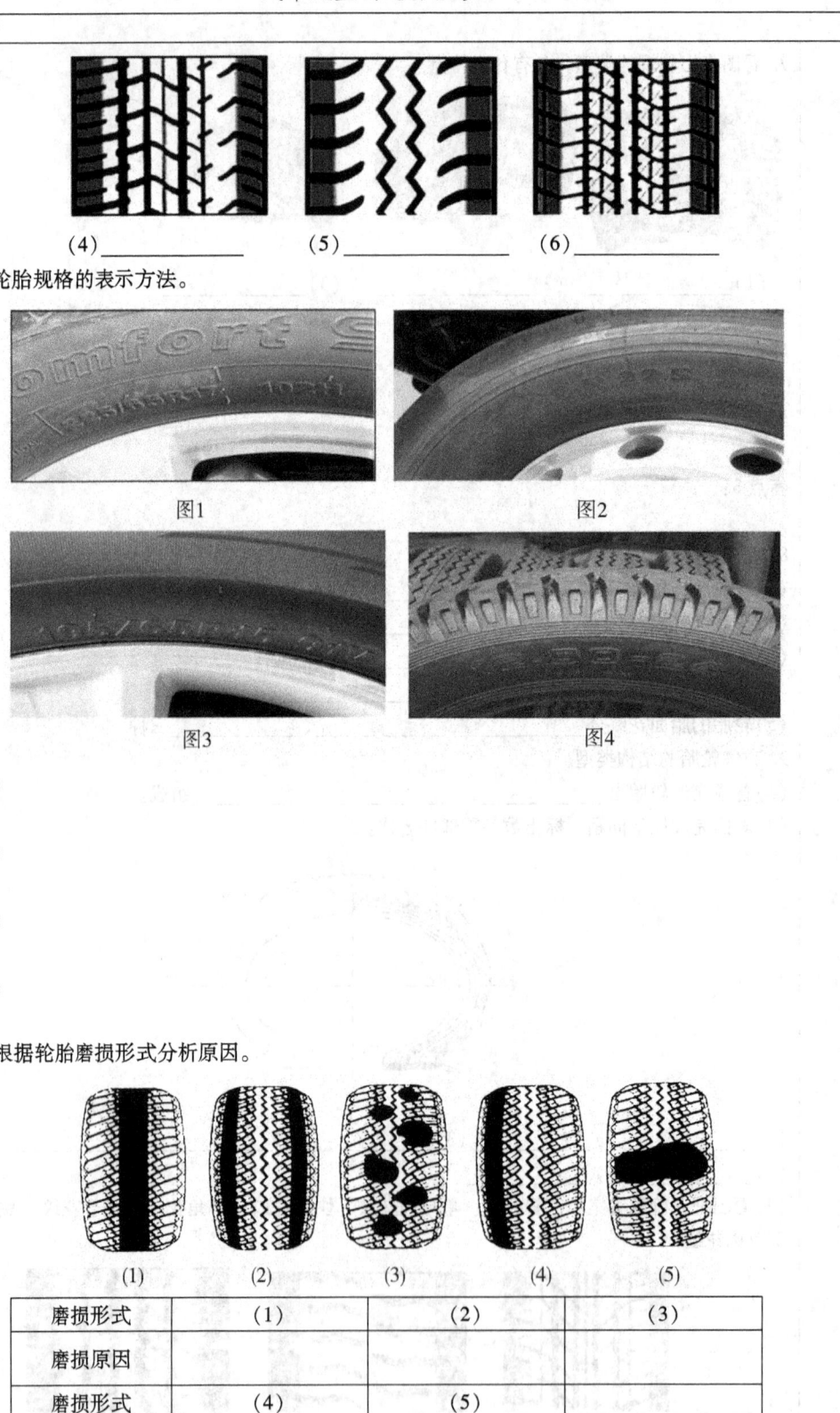

(4) _____ (5) _____ (6) _____

10. 轮胎规格的表示方法。

图1

图2

图3

图4

图1：

图2：

图3：

图4：

11. 根据轮胎磨损形式分析原因。

(1)　(2)　(3)　(4)　(5)

磨损形式	(1)		(2)		(3)
磨损原因					
磨损形式	(4)		(5)		
磨损原因					

> **知识链接**

车轮与轮胎作用：
① 支承整车的质量；
② 缓和由路面传来的冲击力；
③ 通过轮胎与路面间存在的附着力来产生驱动力和制动力；
④ 轮胎能产生自动回正力矩，使车轮保证直线行驶。

6.2.1 车轮

车轮由轮毂、轮辋以及它们之间的连接部分组成。

1. 车轮类型

按照连接部分（轮辐）的构造可分为辐板式和辐条式两种主要形式。辐板式车轮，主要由挡圈、轮辋、轮毂、气门嘴伸出口、轮盘等组成，如图6-13所示。辐板式车轮结构简单，维修方便，刚度好，成本低，被广泛采用。

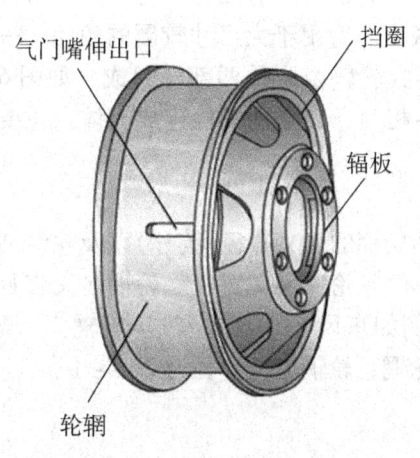

图6-13 辐板式车轮结构

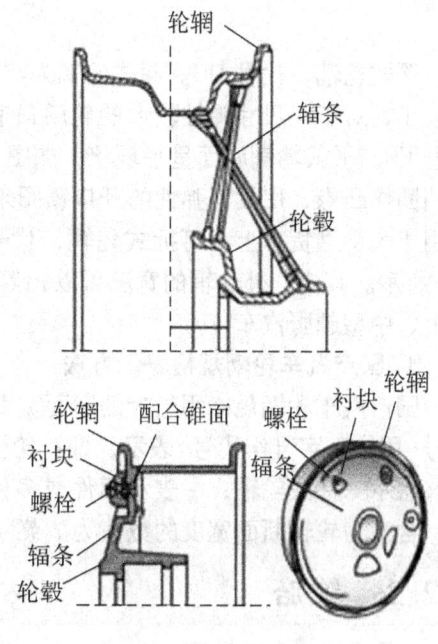

图6-14 辐条式车轮结构

辐条式车轮是用辐条将轮辋和轮毂组装在一起，如图6-14所示。辐条式车轮质量轻，造型好，但由于需要装配，生产效率低，成本高。一般在赛车及高档轿车上采用。

2. 车轮的主要零部件

1）轮毂

轮毂与制动鼓、轮盘和半轴凸缘连接，由圆锥滚子轴承支承在转向节轴颈或半轴套管上。

2）轮辐

辐板式车轮上的轮盘与轮辋通过焊接或铆接固定成一个整体，并通过轮盘上的中心孔和周围的螺栓孔安装在轮毂上。辐条式车轮上的轮辐是钢丝辐条或者是和轮毂铸成一体的铸造辐条。

3）轮辋及其代号

也称钢圈，按其结构特点，可分为深式轮辋、平式轮辋和可拆式轮辋三种，如图6-15所示。

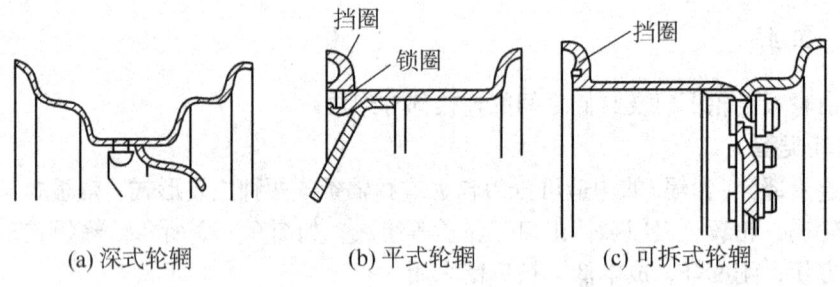

(a) 深式轮辋　　(b) 平式轮辋　　(c) 可拆式轮辋

图6-15　轮辋种类

深式轮辋，代号DC。深式轮辋为整体式，如图6-15a所示。结构简单，刚度大，质量较小，对于小尺寸弹性较大的轮胎最适宜，主要用在轿车及轻型越野车上。平式轮辋，代号FB。平式轮辋底面呈平环状，如图6-15b所示。它的一边有凸缘，另一边用可拆卸的挡圈作凸缘，用具有弹性的开口锁圈来防止挡圈脱出。适用于大尺寸较硬的轮胎，一般多用于大中型货车上。可拆式轮辋，代号DT。可拆式轮辋由内外两部分组成，如图6-15c所示。其内、外轮辋的宽度可以相等，也可以不相等，二者用螺栓连成一体。主要用于大、中型越野汽车。

3. 国产汽车轮辋规格表示方法

国产汽车轮辋规格用轮辋的断面宽度（英寸①）和轮辋的名义直径（英寸）以及轮缘高度代号（用拉丁字母作代号）表示，即：轮辋名义直径×/-轮辋名义宽度。轮辋名义直径后面×表示一件式轮辋；-表示两件或多件式轮辋。例如东风EQ1092型汽车轮辋为7.0-20，含义为轮辋断面宽度的数值为7英寸，多件式轮辋，轮辋名义直径为20英寸。

6.2.2　轮胎

6.2.2.1　轮胎的作用与分类

（1）作用

支撑汽车的总质量。与汽车悬架共同吸收、缓和汽车行驶时所受到的冲击和震动，以保证良好的乘坐舒适性和行驶平顺性。保证轮胎与路面的良好附着性，提高汽车的动力性、制动性和通过性。

（2）分类

按胎体结构分：充气轮胎和实心轮胎，充气轮胎被广泛采用；而实心轮胎很少使用。

---

① 英寸，非法定计量单位，1英寸合2.54cm。

根据工作气压分：高压胎；低压胎；超低压胎。按胎面花纹分：通花纹轮胎，细而浅，此种轮胎适用于比较好的硬路面；越野花纹轮胎，凹部深粗，附着性好，越野能力强；混合花纹轮胎，介于普通花纹和越野花纹之间。

6.2.2.2 充气轮胎的结构

充气轮胎分为有内胎轮胎和无内胎轮胎。

1. 有内胎的充气轮胎

有内胎的充气轮胎由内胎、外胎和垫带组成（图6-16）。

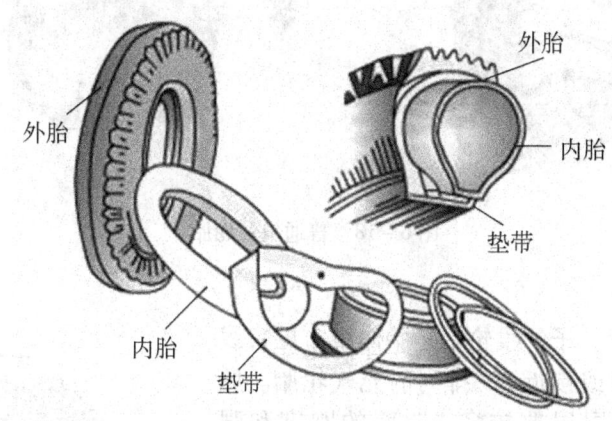

图6-16 有内胎轮胎

内胎中充满着压缩空气。垫带放在内胎与轮辋之间，防止内胎被轮辋及外胎的胎圈擦伤和磨损。外胎是用耐磨橡胶制成的强度高而又有弹性的外壳，直接与地面接触，以保护内胎不受损伤。外胎由胎圈、带束层、胎面和帘布层组成（图6-17）。

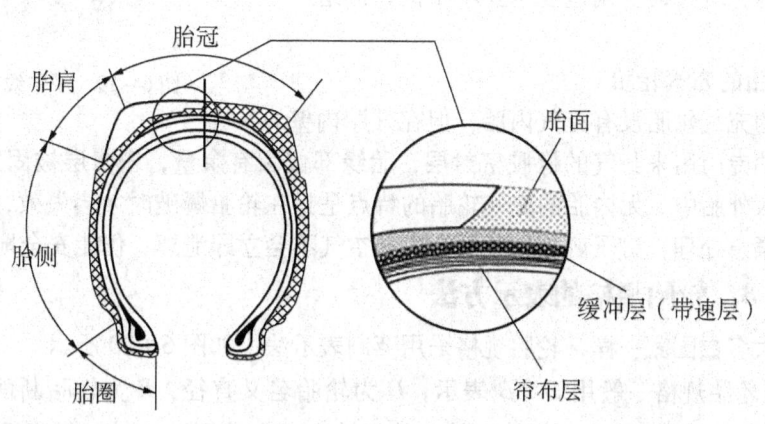

图6-17 有内胎轮胎外胎结构

帘布层是外胎的骨架，其主要作用是承担载荷，保护轮胎外缘尺寸和形状，通常由多层橡胶化的棉线或其他纤维组织组成。帘布层的帘线按一定角度交叉排列，帘布的层次越多强度越大，但弹性越低。由于外胎帘布层结构不同，分为普通斜胶轮胎和子午线轮胎。

(1) 普通斜胶轮胎

图 6-18 帘布层与带束层各相邻层帘线交叉，且与胎面中心线成小于 90°角排列的充气轮胎。普通斜胶轮胎噪声小，外胎面柔软，价格便宜。

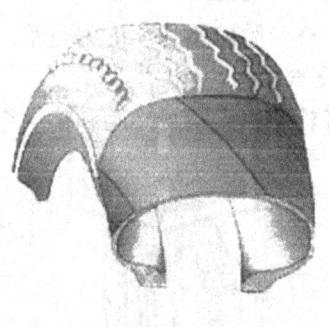

图 6-18 普通斜胶轮胎

(2) 子午线轮胎

如图 6-19 所示，子午线轮胎是胎体帘布层帘线与胎面中心线呈 90°或接近 90°排列的充气轮胎。胎体较柔软，而带束层层数较多，胎面的刚度和强度高。

子午线轮胎优点：与斜交轮胎相比使用寿命长；滚动阻力小、节省燃料；承载能力大；附着性能好；减震性能好；胎温低，散热快；胎面不易穿刺，不易爆胎。子午线胎的弱点是胎面与胎侧过渡区及胎圈附近易产生裂口，对材料及制造技术要求很高，制造成本较高。

2. 无内胎的充气轮胎

无内胎的充气轮胎没有充气内胎，但在外胎内壁

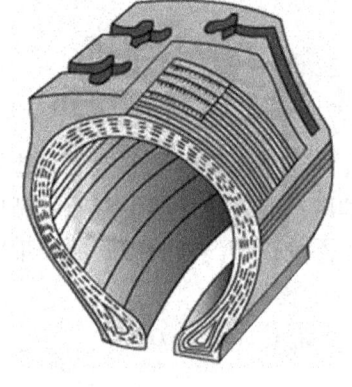

图 6-19 子午线轮胎

有一层很薄的专门用来封气的橡胶密封层，胎缘部位留有余量，密封层被固定在轮辋上，空气直接压入外胎中。无内胎的充气轮胎的特点是只在轮胎爆破时才会失效，且轮胎爆破后可从外部紧急处理；钉子刺破轮胎后，内部空气不会立即泄掉，仍能安全地继续行驶。

6.2.2.3 轮胎规格的表示方法

我国与大多数国家一样，轮胎规格采用英制表示法，如图 6-20 所示。

(1) 高压轮胎规格一般用 $D \times B$ 表示，D 为轮胎名义直径，B 为轮胎断面宽度，单位均为英寸，"×"表示高压胎。例如：轮胎的尺寸 34×7 表示为：该轮胎断面宽度为 7 英寸，该轮胎为高压胎，该轮胎外径为 34 英寸。

(2) 低压轮胎规格一般用 $B-d$ 表示，B 是轮胎断面宽度，d 为轮辋直径，单位均为英寸，"-"表示低压胎。例如：轮胎的尺寸 9.00-20 表示为：该轮辋直径为 20 英寸，该轮胎为低压胎，该轮胎断面宽度为 9 英寸。

（3）胎体帘线材料以汉语拼音表示。如 M－棉帘布，R－人造丝帘布，N－尼龙帘布，G－钢丝帘布，ZG－钢丝子午线帘布轮胎。轮胎侧面注有"△""—""□"等符号或注有"W""D"等文字，表示轮胎最轻的部分，例如：上海桑塔纳汽车装用子午线无内胎轮胎，规格为 185／70SR1484S，其中 185 表示轮胎宽度为 185mm，70 表示高宽比为 70%，SR 表示用于车速小于 180km/h 的子午线轮胎，14 表示轮辋直径为 14 英寸。

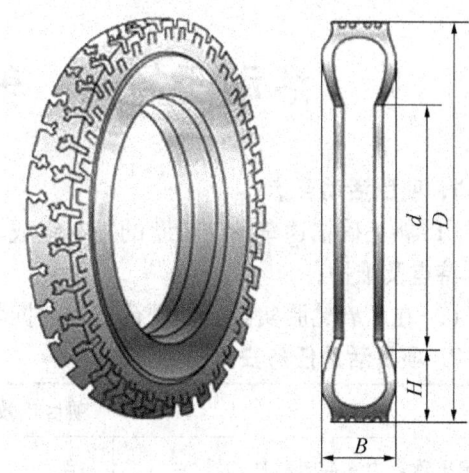

图 6－20 轮胎规格

拓展训练

本单元认识了车轮与轮胎的结构及其拆装，请观察日常生活接触到的和工业中的机械如自行车轮胎、电动车轮胎、汽车轮胎等，选择一两种你最熟悉的轮胎，分析认识其组成、结构与功能，并画出其机构简图。

综合考核与评价

1. 评价标准：

	序号	考核内容	配分	得分
活动评价	a	要求讲述车轮与轮胎的主要总成零部件名称和安装位置，以及各总成的作用；每错误一处扣 2 分	30	
	b	识别汽车不同类型轮胎；每错误一处扣 2 分	15	
	c	完成轮胎的维护方法；每错误一处扣 2 分	15	
	d	任务工单的完成情况，根据完成情况扣分	40	
		合　　计	100	

2. 自我检查评估
①自我检查任务完成的质量，确定是否达到活动预期要求？□完成□未完成
②未完成的原因：
③自我评价：
3. 组间互评：

4. 指导教师评语：

活动任务三 车轮的拆装与调整

1. 项目活动要点
（1）能正确描述车轮与轮胎的基本组成、作用及工作原理。能正确识别各种轮胎的类型、特点及维护；
（2）在示教轮胎实物上，进行车轮的拆装与调整。

2. 项目活动任务安排

项目化教学任务工单		
课程名称：汽车底盘构造与检修 学习情景：轮胎动平衡操作 活动项目：汽车轮胎动平衡	班级：_____ 姓名：_____ 学号：_____ 第(　)组	场所：汽车底盘拆装实训室 日期：_____
活动任务	1. 能正确描述车轮与轮胎的基本组成、作用及工作原理； 2. 能正确识别各种轮胎的类型、特点及维护； 3. 能分析轮胎静平衡和轮胎动平衡； 4. 能进行轮胎动平衡操作。	
活动预期效果	能力要点：能够正确区分各类车轮与轮胎；明确各自的优点及运用场合。 知识要点：1. 要求讲述车轮与轮胎的主要总成零部件名称和安装位置，以及各总成的作用； 　　　　　2. 识别汽车不同类型轮胎，完成轮胎的维护方法； 　　　　　3. 认识轮胎动不平衡危害； 　　　　　4. 能进行轮胎动平衡操作。 职业素养：团队协作，学会查找资料、观察实物的组成与运动关系，分析总结。	
活动安排	学生以小组为单位，利用活动任务卡，认识各类轮胎不平衡的危害等相关内容。	
活动内容	1. 本次任务：_____ 2. 用到的设备：_____ 3. 工具的操作要领：_____ 4. 计划工作流程（实训实施步骤）是： 5. 轮胎动不平衡危害： 6. 离车式车轮平衡机的结构与使用方法： 7. 离车式车轮平衡机进行车轮动平衡注意事项： 8. 离车式车轮平衡机进行车轮动平衡操作步骤：	

6.3.1 车轮平衡分类定义

汽车的车轮是由轮胎、轮辋等组成的一个整体。但由于制造、使用不当等原因，使这个整体各部分的质量分布不可能非常均匀。当汽车车轮高速旋转起来后，就会形成动不平衡状态，引起车轮的跳动和偏摆，造成车辆在行驶中车轮抖动、方向盘振动的现象。为了避免这种现象或是消除已经发生的这种现象，就要使车轮在动态情况下通过增加配重的方法，使车轮校正各边缘部分的平衡，从而使车辆行驶更加平稳。这个校正的过程就是动平衡。

6.3.2 车轮平衡分类

1. 车轮的平衡可分为车轮静平衡和车轮动平衡

1）车轮静平衡与静不平衡

支起车轴，调整好轮毂轴承松紧度，用手轻转动车轮，使其自然停转。车轮停转后在离地最近处作一标记，然后重复上述试验多次。若车轮经几次转动自然停转后，所做标记的位置各不一样，或强迫停转后，消除外力车轮也不再转动，则车轮为静平衡。静平衡的车轮，其旋转中心与车轮中心重合。

如果每次试验的标记都停在离地最近处，则车轮为静不平衡。静不平衡的车轮，其旋转中心与车轮中心不重合。

用在轮胎中心线的质量块来举例说明静不平衡。通过离心力所产生的连续波形，可以确定出测量系统的数学模型，其受力是平衡的。我们可以测得上部和下部外力的反作用力，这样离心力也就被确定了。测量系统的离心力由数学方程式来表示，是基于力矩求和来建立方程的。静不平衡就是车辆在高速行驶过程中，乘客能够感觉到车辆在跳跃的那种感觉。

2）车轮动平衡与动不平衡

在图 6-21 中，车轮静平衡，在该车轮旋转轴线的径向反位置上，各有一作用半径相同质量也相同的不平衡点 m_1 与 m_2，且不处于同一平面内。对于这样的车轮，其不平衡点的离心力合力为零，但离心力的合力矩不为零，转动中产生方向反复变动的力偶 M，使车轮处于动不平衡中。动不平衡的前轮绕主销摆动。如果在 m_1 与 m_2 同一作用半径的相反方向上配置相同质量 m_1' 与 m_2'，则车轮处于动平衡，如图 6-21b 所示。动平衡的车轮肯定是静平衡的，因此对车轮主要应进行动不平衡检测。

动不平衡就是静不平衡与偶不平衡的组合，它可以用模拟静不平衡及偶不平衡的试重组合来

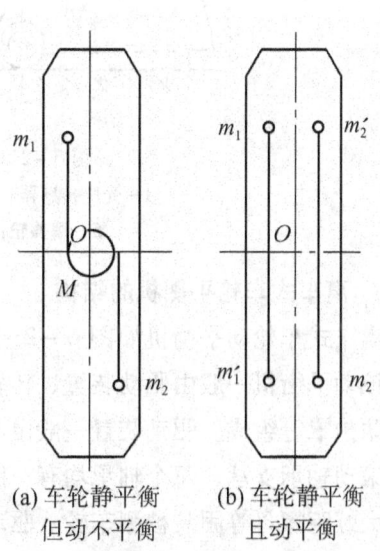

(a) 车轮静平衡但动不平衡　　(b) 车轮静平衡且动平衡

图 6-21 车轮静平衡

表示。动不平衡就是车辆在高速行驶过程中,乘客既能够感觉到车辆在跳动又在摆动的那种感觉。

2. 何时在做动平衡

在行车过程中发现车辆高速行驶时方向盘抖动或是车轮出现某种有节奏的异响时,就有可能是车轮在做动平衡了。当更换轮胎、轮毂或是补过轮胎后,车轮受过大的撞击产生变形或由于颠簸导致平衡块丢失等都应该对车轮做动平衡。如果车轮动平衡不好会造成轮胎磨损异常,也会影响车辆的稳定。

6.3.3 车轮动平衡机类型

1. 车轮平衡机的类型

车轮平衡机也称为车轮平衡仪,用来检测车轮的平衡度。按功能可分为车轮静平衡机和车轮动平衡机两类;按测量方式可分为离车式车轮平衡机和就车式车轮平衡机(图6-22)两类;按车轮平衡机转轴的形式可分为软式车轮平衡机和硬式车轮平衡机两类。使用离车式车轮平衡机时,将车轮从车上拆下安装到车轮平衡机的转轴上检测其平衡状况。软式车轮平衡机,安装车轮的转轴由弹性元件支承。当被测车轮不平衡时,该轴与其上的车轮一起振动,测得该振动即可获得车轮的不平衡量。硬式车轮平衡机的转轴由刚性元件支承,工作中转轴不产生振动,通过直接测量车轮旋转时不平衡点产生的离心力来确定不平衡量。凡是可以测定车轮左、右两侧的不平衡量及其相位的,可以称为二面测定式车轮平衡机。就车式车轮平衡机既可进行静平衡试验,又可进行动平衡试验。

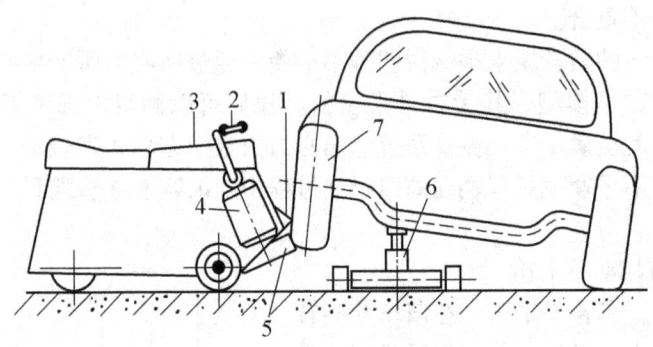

图6-22 就车式车轮平衡机工作图
1—光电传感器;2—手柄;3—仪表板;4—驱动电机;
5—摩擦轮;6—传感器支架;7—被测车轮

2. 离车式车轮平衡机的结构

离车式车轮动平衡机如图6-23所示。目前应用最多的是硬式二面测定车轮动平衡机。该动平衡机一般由驱动装置、转轴与支承装置、显示与控制装置、制动装置、机箱和车轮防护罩等组成。驱动装置一般由电动机、传动机构等组成,可驱动转轴旋转。转轴由两个滚动轴承支承,每个轴承均有一能将动反力变为电信号的传感器。转轴的外端通过锥体和大螺距螺母等固装被测车轮。驱动装置、转轴与支承装置等均装在机箱内。车轮防护罩可防止车轮旋转时其上的平衡块或花纹内夹杂物飞出伤人。制动装置可使车轮停转。

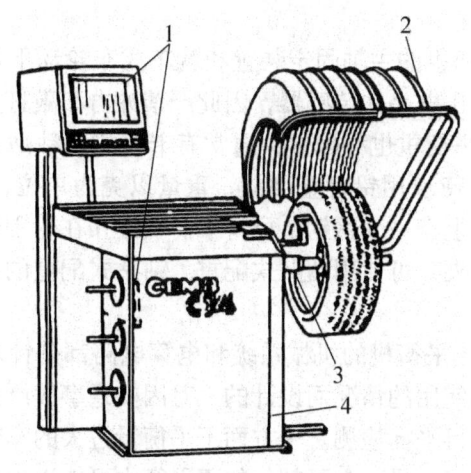

图 6-23 离车式车轮动平衡机
1—显示与控制装置；2—车轮防护罩；3—转轴；4—机箱

3. 离车式车轮平衡机的使用方法

1）检测车轮准备

（1）清除被测车轮上的泥土、石子和旧平衡块。

（2）检查轮胎气压，视必要充至规定值。

（3）根据轮辋中心孔的大小选择锥体，仔细地装上车轮，用大螺距锁紧螺母上紧。（轮胎安装定心要准，装夹要牢固，否则影响平衡精度）

测试前，一定检查台面上是否有工量具、平衡块等物，防止其滑落到转轴上，造成安全事故。

2）检测及修正车轮不平衡量

（1）打开电源开关，检查指示与控制装置的面板是否指示正确。

（2）用卡尺测量轮辋宽度 b、轮辋直径 d（也可由胎侧读出），用平衡机上的标尺测量轮辋边缘至机箱距离 a，用键入或选择器旋钮对准测量值的方法，将 a、b、d 直接输入指示与控制装置中。为了适应不同计量制式，平衡机上的所有标尺一般都同时标有英制和公制刻度。

（3）放下车轮防护罩，按下起动键，车轮旋转，平衡测试开始，微机自动采集数据。

（4）车轮自动停转或听到"笛"声，按下停止键并操纵制动装置使车轮停转后，从指示装置读取车轮内、外不平衡量和不平衡位置。

（5）抬起车轮防护罩，用手慢慢转动车轮。当指示装置发出指示（音响、指示灯亮、制动、显示点阵或显示检测数据等）时停止转动。在轮辋的内侧或外侧的上部（时钟 12 点位置）加装指示装置显示的该侧平衡块质量。内、外侧要分别进行，平衡块装卡要牢固。

（6）安装平衡块后有可能产生新的不平衡，应重新进行平衡试验，直至不平衡量 <5g（0.3oz[①]），指示装置显示"00"或"OK"时才能满意。当不平衡量相差 10g 左右时，如能沿轮辋边缘左右移动平衡块一定角度，将可获得满意的效果。

[①] oz，盎司，英制计量单位，1oz = 28.35g。

4. 注意事项

（1）离车式车轮动平衡机的主轴固定装置和就车式车轮动平衡机的支架上都装有精密的位移传感器和易碎裂的压电晶体传感器，因此严禁冲击和敲打主轴或传感器支架。

（2）车轮动平衡机的平衡重也称配重，通常有卡夹式和粘贴式两种类型。卡夹式适用于轮辋有卷边的车轮。平衡块用铅合金做成，重量以克为单位，计有 5g、10g、15g 等多达十五六种规格。平衡块上有一个钢钩，可将平衡块嵌扣在轮圈边缘上，很牢固；对于铝镁合金轮辋，因无卷边可夹，可使用粘贴式配重。粘贴式配重的外弯面有不干胶，粘贴于轮辋内各面。

（3）必须明确，车轮动平衡机的机械系统和电算电路都是针对车轮正常使用条件下平衡失准或轻微受损但仍能使用的情况而设计的，对因交通事故严重变形的轮辋或胎面大面积剥离的车轮不能上机进行平衡检测。一方面不平衡量过大的车轮旋转时的离心力可能损伤车轮动平衡机的传感系统，另一方面超值的不平衡力可能溢出电算范围而使仪器自动拒绝工作。

（4）当不平衡量超过最大配重时，可用两个以上配重并列使用。但这时要注意因多个配重占用较大的扇面会使其有效质量低于实际质量。

（5）一般情况下，离车式车轮动平衡机或就车式车轮动平衡机都是分别各自使用的。但对高速行驶的汽车车轮而言，如果用离车式车轮动平衡机平衡后再装在车上行驶时，仍会出现不平衡现象。因此，使用离车式车轮动平衡机平衡车轮后，最好能再用就车式车轮动平衡机进行校对。

6.3.4 车轮与轮胎拆装调整

1. 轮胎的分解

应先举升车体，并在车轮上标明记号，如"左前""右内"等，拆下车轮。具体如下：

（1）先清洁各处泥土，然后放出胎内空气。

（2）用轮胎撬棒尖端插入缺口，并在缺口对面挡圈上轻轻敲击，将挡圈撬出。

（3）把气阀推进外胎内部，取下轮盘，如图 6-24 所示。

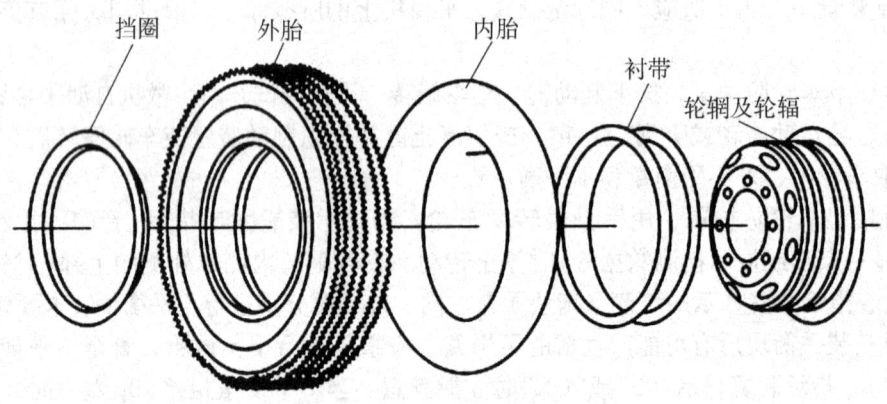

图 6-24 轮胎分解图

拆卸轮胎必须使用专用工具，如轮胎撬棒、手锤、拆胎机等，不允许用大锤重击或用其他尖锐的工具。

2. 轮胎的装配

轮胎的装配按上述相反顺序操作，并应注意下列注意事项：

(1) 装合内、外轮胎时应擦拭干净，在接触面上撒滑石粉。

(2) 外胎上如有"△""□""○""×""↑"等标志，表示轮胎较轻的部位，内胎嘴安装在该处。

(3) 人字形花纹的轮胎和在轮胎外侧标有旋转方向的轮胎，应按规定方向装用（在驱动轴上要顺方向，在从动轴上要反方向）。

(4) 气门嘴应与制动鼓上的蹄片间隙检测孔错开，以便于检查制动鼓与摩擦片的间隙。

(5) 双胎并装时，两轮胎的气门嘴应对称排列（互成180°角），这样有利于平衡。

(6) 内侧轮胎的气门嘴与外侧轮胎的轮辋孔应对正，以便于检查气压和充气。

(7) 轮胎装配后和汽车使用中，均应保持轮胎气压符合标准。

3. 轮胎的检查

1) 气压的检查

观察轮胎气压与轮胎外形变化（图6-25），用轮胎压力表检查。

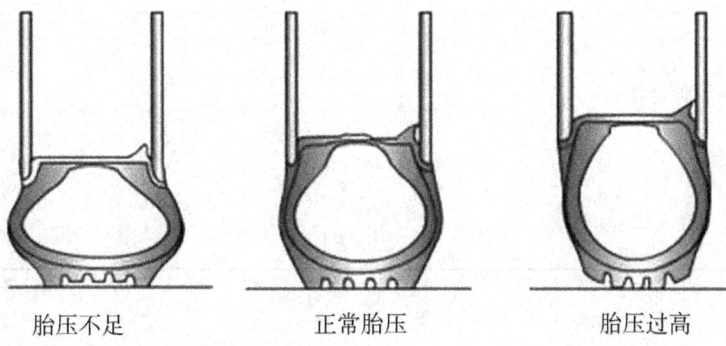

胎压不足　　　　　正常胎压　　　　　胎压过高

图6-25　轮胎的检查

2) 轮胎的磨损检查、换位

(1) 轮胎检查：检查轮胎是否被割破、擦伤，是否有硬伤、隆起或物体嵌入胎面中。

(2) 轮胎换位：为使轮胎的磨损均衡。子午线轮胎换位的方式与普通斜交轮胎换位方式不同。子午线轮胎采用同侧换位，普通斜交轮胎采用交叉换位。

(3) 车轮的平衡轮胎更换后，必须进行平衡检查。未装轮胎时，轮辋的不平衡度应不大于0.04～0.05 N·m。装上轮胎后，车轮的不平衡度，应不大于0.10～0.12 N·m，轮辋边缘允许的平衡块重量不大于70 g。

拓展训练

除了轮胎动不平衡，找出其他交通工具上轮胎不平衡的应用。拆装轮胎，分析其他交通工具的轮胎结构与拆装方式。

综合考核与评价

活动评价

1. 评价标准：

序号	考核内容	配分	得分
a	认识轮胎动不平衡危害；每错误一处扣2分	15	
b	能进行轮胎动平衡操作；每错误一处扣2分	20	
c	车轮与轮胎拆装调整；每错误一处扣2分	25	
d	任务工单的完成情况，根据完成情况扣分	40	
	合　　计	100	

2. 自我检查评估
①自我检查任务完成的质量，确定是否达到活动预期要求？□完成 □未完成
②未完成的原因：
③自我评价：

3. 组间互评：

4. 指导教师评语：

活动任务四　四轮定位与调整

1. 项目活动要点
（1）在汽车底盘拆装实训室，能够使用四轮定位仪，正确安装各类传感器及参数输入；
（2）在汽车底盘拆装实训室，能够使用四轮定位仪，进行汽车四轮定位与调整。

2. 项目活动任务安排

项目化教学(学生)活动任务卡			
课程名称：汽车底盘构造与检修 学习情景：四轮定位仪使用 活动项目：四轮定位与调整		班级：_____ 姓名：_____ 学号：_____ 第( )组	场所：汽车底盘拆装实训室 日期：_____
活动任务	1. 能正确安装四轮定位仪，安装传感器及参数输入与输出； 2. 能使用四轮定位仪进行调整前束、前轮前倾等参数。		

活动预期效果	能力要点：能够正确使用四轮定位仪；明确各传感器及各参数角意义。 知识要点：1. 要求讲述汽车四轮需要定位参数角，及各参数角含义； 　　　　　2. 要求讲述四轮定位意义； 　　　　　3. 正确使用四轮定位仪并进行四轮定位参数调整。 职业素养：团队协作，学会查找资料、观察实物的组成与运动关系，分析总结。
活动安排	学生以小组为单位，利用活动任务卡，认识车轮定位参数。完成任务卡上"活动内容"。（40分钟）
活动内容	1. 转向轮定位参数的功用？ 主销内倾 _____ 主销后倾 _____ 前轮外倾 _____ 前束 _____ 2. 写出车轮定位参数的标准：_____ 检测车型：_____ | 序号	参　数	标　　准
---	---	---
1	主销内倾	
2	主销后倾	
3	前轮外倾	
4	前轮前束	
5	后轮外倾	
6	后轮前束		 3. 检测步骤： (1)_____ (2)_____ (3)_____ (4)_____

活动内容	填写检测结果：		
	序号	参数	结　　果
	1	主销内倾	
	2	主销后倾	
	3	前轮外倾	
	4	前轮前束	
	5	后轮外倾	
	6	后轮前束	
	4. 检测结果分析，得出结论，提出调整方法：		

6.4.1　车轮、轮胎的使用与车轮定位的调整

汽车为什么要做四轮定位，这是一个普遍受关注的问题。以当前路上行驶的多数四轮轿车为例，轿车的转向车轮、转向节和前轴三者之间具有一定的相对位置，这种具有一定相对位置的安装方式称为转向车轮定位，也称前轮定位。

前轮定位包括主销后倾（角）、主销内倾（角）、前轮外倾（角）和前轮前束四个部分。对两个后轮而言也同样存在与后轴之间安装的相对位置，称后轮定位。后轮定位包括车轮外倾（角）和逐个后轮前束。前轮定位和后轮定位总称四轮定位。四轮定位的作用是使汽车保持稳定的直线行驶和转向轻便，并减少汽车在行驶中轮胎和转向机件的磨损。由于各汽车生产厂家对四轮定位设计的不同、制造的不同，使得车轮的各种倾角和束值各有不同，并且有可调部分和不可调部分之分；做四轮定位就是通过四轮定位仪，检测出被测车辆的各轮倾角和束值是否符合原厂标准，如不符合可做随机调整。

换言之，当驾驶员发现方向转向沉重、发抖、跑偏、不正、不自动回位或者发现轮胎单边磨损、波状磨损、块状磨损、偏磨等不正常磨损以及驾驶时车感飘浮、颠簸、摇摆等不正常的情况，行驶中方向盘不正或行车方向跑偏现象时，就应考虑做四轮定位。

注意：在调整四轮定位时要先调整后轮再调整前轮，在调整后轮时调整顺序为：外倾角、前束角等；调整前轮时调整顺序为：后倾角、外倾角、前束角等。

1. 外倾角的定义

从汽车的前方看轮胎的几何中心线与铅垂线的夹角，称为外倾角。轮胎的上缘偏向内侧（靠近发动机）或偏向外侧（偏离发动机），如图6-26所示。

①当轮胎中心线与铅垂线重合时，称为零外倾角（图6-26a）。

②当轮胎中心线在铅垂线外侧时的夹角称为正外倾角(图6-26a)。
③当轮胎中心线在铅垂线内侧时的夹角称为负外倾角(图6-26b)。

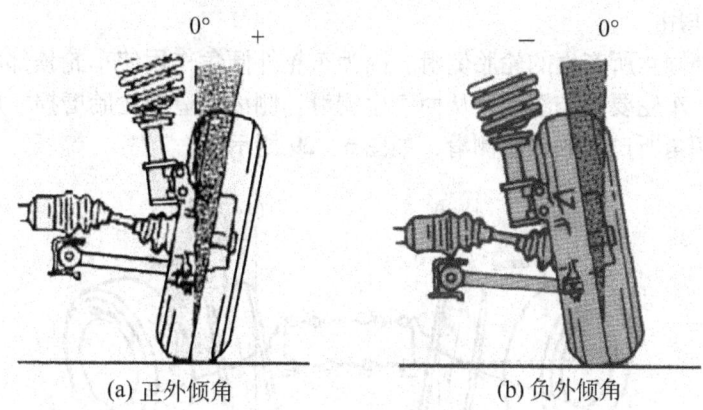

图6-26 外倾角

2. 外倾角的调整

正常情况下独立悬架和车轮转向节装配后不必调整外倾角，如果发现车轮外倾角因其他原因偏离公差范围，可通过独立悬架与转向节的连接螺栓来校正：

(1)校正前先检查(目测)行驶系部件有无损坏，并对损坏的零件进行更换。

(2)若发现前轮外倾角超差，松开前减震器与转向节的连接螺栓，搬动车轮加以矫正；如果需进一步矫正，可采用更换螺栓来进行车轮外倾角的调整，如图6-27所示。

外倾角的调整根据车型各有不同，调整方法也不同。主要调整方法有：调整垫片、大梁槽孔、不同心凸轮、偏心球头、上控制臂的调整、下控制臂的调整等调整方法。

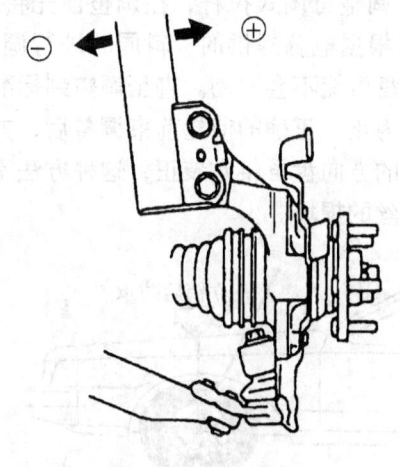

图6-27 外倾角调整

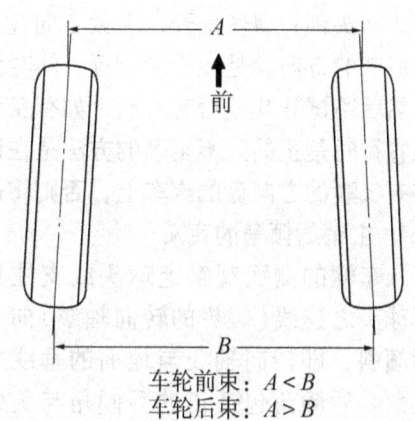

车轮前束：$A<B$
车轮后束：$A>B$

图6-28 前束角

3. 前束角的定义

前轮前束是从车辆的前方看，在两轮轴高度相同的情况下测量，左右轮胎中心线其前端与后端距离之差值称为总前束，如图6-28所示。

零前束：左右轮胎的中心线，其前端与后端距离相等($A=B$)。

正前束：左右轮胎的中心线，其前端小于后端距离($A<B$）
负前束：左右轮胎中心线，其前端大于后端的距离($A>B$）。

1）前束的作用

消除由于外倾角所产生的轮胎侧滑。因为车轮外倾角作用使车轮顶部朝外倾斜，当车辆向前行驶时，车轮要朝外滚动，从而产生侧滑。侧滑会造成轮胎磨损，所以前束的作用是消除由于外倾角所产生的轮胎侧滑，如图6-29所示。

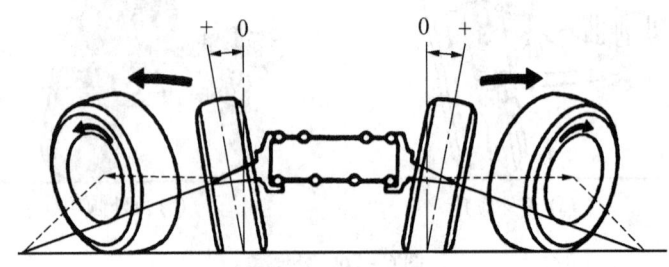

图6-29 轮胎侧滑

①正前束太大的影响：轮胎外侧磨损会有正外倾角太大所形成的磨损形态，胎纹磨损形如羽毛状，当用手从内侧向外侧抚摸，胎纹外缘有锐利的刺手感觉。②负前束太大的影响：轮胎内侧磨损会有负外倾角太大所形成的磨损形态，胎纹磨损形如羽毛状，当用手从外侧向内侧抚摸，胎纹外缘有锐利的刺手感觉。

2）前束的调整

调整前束一般在四轮定位仪上进行，但也有利用侧滑板进行调整的。调整前轮前束时，应先将后轮前束调整好。后轮前束的调整方法：如发现后轮前束不符合要求，可调整偏心螺栓来改变前束的大小。前轮前束的调整方法：调整可调式拉杆，在调整前先将左、右两边球头锁止螺丝松开，夹紧方向盘正中位置。再根据电脑提供的资料同时进行调整。如果原来的方向盘是在正中位置，同时调整前束方向盘可能不会变动。直至调整到标准数值，然后路试看其是否有变动，如有变动应将其调正为止。正确的前轮前束调整后，方向盘在直行时是正的。不正确的方法是在试车时摘下斜的方向盘再将它装正，这种方法不能用在有气囊的方向盘的汽车上，否则将造成方向盘游丝的损坏。

4. 主销后倾角的定义

从车辆的侧面观察上球头或支柱顶端与下球头之连线（假想的转向轴线）向前或向后倾斜，即转向轴线与地面的垂线之间的夹角。后倾角包括正的后倾角与负的后倾角以及零的后倾角三种，如图6-30所示。

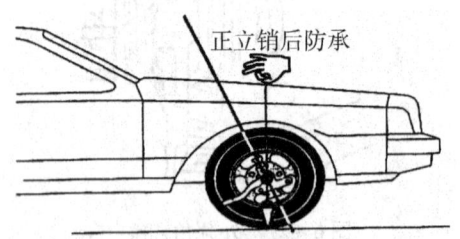

图6-30 主销后倾角

1）后倾角调整

对于后倾角的调整（一般不能调整），应根据车款不同首先进行分析判断，然后进行调整，其调整方法有：调整垫片、不同心凸轮轴、偏心球头、大梁槽孔、平衡杆等，同时调整后倾角和外倾角。第一种所介绍的是改变其中一个角度，而另一个角度不会受影响，如果外倾角和后倾角同时需要调整,要先调整后倾角再调整外倾角。

经验法则表(垫片调整)如表6-1所示,可根据垫片规格表调整后倾角和外倾角。

表6-1 经验法则表(垫片调整)

垫片尺寸/英寸	调整外倾角/°	调整后倾角/°
1/8	1/2	1
1/16	1/4	1/2
1/32	1/8	1/4
1/64	1/16	

①如果只需改变外倾角而后倾角不变,则在控制臂的前后端同时加垫片或减垫片即可。

②要调整后倾角,将改变垫片尺寸平均分成二份,一份加在一端,另一端取下相同的数量。

③外倾角和内倾角一起调整,如果外倾角和内倾角一起调整,那么增加或减少垫片数量是调整前和后之垫片。

5. 四轮定位

1)后轮定位

推荐使用推进线定位方法的四轮定位仪。前轮前束以后轮推进线为基准线进行调整称之为推进线定位。推进线定位调整后轮前束会影响前轮单轮前束,所以做四轮定位时应先调整后轮,再调整前轮。

(1)测量车辆高度。

后部测量点:从地面至后桥与车身器的连接螺栓中心点(图6-31)。

注意:检测车轮定位之前,应先检查左右高度一致。如车辆高度左右不相同,说明车辆的前后悬挂有损坏或变形的零件。

(2)将车轮定位仪装在车轮上,按设备厂家具体说明安装。

(3)检测外倾角。

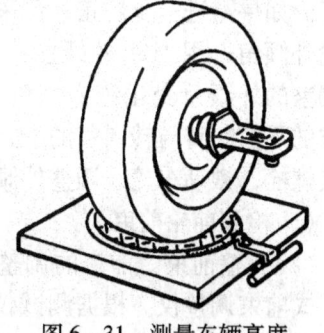

图6-31 测量车辆高度

检查角度	数值大小
后轮外倾角	-1°30′±10′

注:后轮的外倾角是不可以调整的,如果发现后轮有不正常的轮胎磨损,则检查后悬挂有无磨损和变形的地方。

(4)检测后轮前束。后轮前束不在标准范围内会导致轮胎的内外侧偏磨,如果后轮的左右前束相差太大会影响到汽车行驶方向,所以后轮前束在底盘的定位角度中是很重要的参数。

2)前轮定位

将车轮定位仪装在车轮上,按设备厂家的具体说明安装。检测调整前轮主销后倾角、车轮外倾角规范。注意,先调后倾角,再调外倾角。

角 度	数 值
前轮外倾角	$-30' \pm 20'$
主销后倾角	$1°30' \pm 30'$

(1)主销后倾角。主销后倾角是设计结构上保证的,使用中无需调整。后倾角的主要功能是使车辆保持向正前方行驶,如果后倾角是正的,当前轮转向时,车辆内侧会向下降,结果底盘将会升高,因此会增加负荷至转向节,如果两轮的后倾角相同,车辆转向后会回到正前方。增加正的后倾角角度则可增加方向盘的稳定性,但是转向时力量会变大;减少正的后倾角则方向盘的稳定性降低但是转向时力量会变轻。

后倾角的角度不会影响轮胎磨损,它是用来稳定行驶方向和保证转向时能自动回正。如果车辆配备传统的手动方向盘,则后倾角角度很小甚至趋向负的后倾角,可使转向容易。假如车辆配备动力方向盘,则后倾角通常设定较大的正后倾角,使驾驶者转向较有感觉,增加正后倾角的角度会增加转向力量,但可增加车辆直行的稳定性。

(2)调整外倾角。正常情况下独立悬架和车轮转向节装配后不必调整外倾角,如果发现车轮外倾角因其他原因偏离公差范围,可用独立悬架与转向节的连接螺栓来校正。

校正前先检查(目测)行驶系部件有无损坏,并对损坏的零件进行更换。若发现前轮外倾角超差,松开前减震器与转向节的连接螺栓,搬动车轮加以矫正。如果需进一步矫正,可采用更换螺栓来调整车轮外倾角,用 M11 的螺栓代替 M12 的螺栓,允许调整的外倾角变化约为 $\pm 1°$,如图 6-32 所示。悬挂的下控制臂与转向节的连接为间隙配合,松开连接螺栓,搬动车轮,调整外倾角的大小。

(3)检测前轮前束。

(4)调整前束。前束的调整可用光学测试仪或机械式前束调整仪。根据测试仪需要,调整前,将车轮定位做好;松开右转向横拉杆的锁紧螺母及弹性护套卡环,拧动前束调整杆调整长度,直到规定

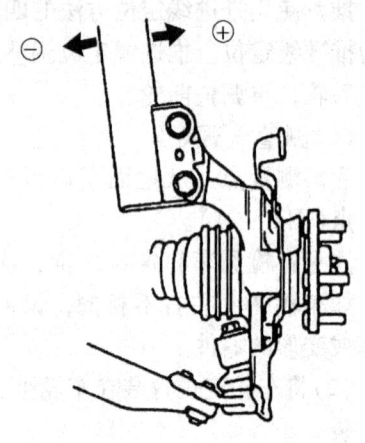

图 6-32 外倾角调整

数值;紧固锁紧螺母,重新安装好护套弹性卡环,并检查锁紧螺母是否拧紧,护套位置是否正确;前轮前束调整好后,检查方向盘是否水平。否则松开方向盘锁紧螺母,调整方向盘至水平位置,拧紧方向盘锁紧螺母至力矩要求 $55 \pm 5\ N·m$。

拓展训练

查找三类不同车型的四轮定位的参数,对比不同车型其参数大小不同原因,并查找不同四轮定位仪。

综合考核与评价

<table>
<tr><td rowspan="13">活动评价</td><td colspan="5">1. 评价标准：</td></tr>
<tr><td colspan="2">序号</td><td>考核内容</td><td>配分</td><td>得分</td></tr>
<tr><td colspan="2">a</td><td>讲述汽车四轮需要定位参数角，及各参数角含义；每错误一处扣 2 分</td><td>20</td><td></td></tr>
<tr><td colspan="2">b</td><td>讲述四轮定位意义；每错误一处扣 2 分</td><td>10</td><td></td></tr>
<tr><td colspan="2">c</td><td>使用四轮定位仪并进行四轮定位参数调整；每错误一处扣 2 分</td><td>40</td><td></td></tr>
<tr><td colspan="2">d</td><td>任务工单的完成情况，根据完成情况扣分</td><td>30</td><td></td></tr>
<tr><td colspan="3">合　　计</td><td>100</td><td></td></tr>
<tr><td colspan="5">2. 自我检查评估
①自我检查任务完成的质量，确定是否达到活动预期要求？□完成□未完成
②未完成的原因：
③自我评价：</td></tr>
<tr><td colspan="5">3. 组间互评：</td></tr>
<tr><td colspan="5">4. 指导教师评语：</td></tr>
</table>

项目情景七　转向系的结构认识与检修

任务描述

　　汽车转向系统是汽车底盘的一个重要组成部分，它的主要功能是按照驾驶员的意愿改变汽车的行驶方向和保持汽车稳定的直线行驶。现在汽车主要使用动力转向系统。掌握转向系统的结构及零部件的特点，是进行转向系统维修的基础。熟悉各种类型转向系统的组成、特点及工作原理，是判断该种转向系统故障的前提。

　　该项目通过对汽车转向系结构、类型及工作过程的介绍，进而基本了解转向系统常见故障的检修办法；通过课堂讲解和实际操作等方式掌握汽车转向系的结构与工作原理等方面的理论知识的同时，具备对上述故障进行分析与排除的能力。

学习目标

　　通过本单元学习情境的探讨，应达到以下目标：

　　1. 熟练掌握机械转向系统的组成、功能与工作原理；着重掌握三种转向器的结构、工作原理等；能够对这三种转向器进行基本的检修与调整。

　　2. 熟练掌握液压式动力转向系的组成、工作原理；着重掌握液压常流式动力转向控制阀的工作原理。

　　3. 能够独立完成机械转向系统（液压转向系统）的拆装工作，流程合理。

　　4. 能够对三种转向器进行基本的检修与调整。

　　5. 能够判断转向系统的常见故障，能够对故障原因进行初步分析，完成基本的故障处理。

案例导入

　　一辆丰田威驰轿车，车主描述为转向不灵敏，需要很大的力才能转动方向盘。前台服务人员经过试车后认为：该车主要故障为转向沉重，遂开具派工单，请维修师傅主要检查动力转向液压系统、自由行程、机械转向部分等，并经客户签字。请查找实际故障原因，确定故障部位，并进行检修。

学习指导

　　通过对汽车转向系统的结构认识与运动分析，掌握汽车机械转向系统的基本组成，分析汽车转向的动力传递路径，着重掌握三种转向器的结构与工作原理；掌握液压助力转向系统的结构和工作原理，着重掌握液压常流式动力转向控制阀的工作原理。

　　具备对转向系机械系统基本的装调能力；具备识别液力助力转向系统常见故障和排除故障的能力。

活动任务一　机械转向系的认识

1. 项目活动要点

(1)在汽车底盘一体化教室认识不同类型转向系统(机械转向系、液压助力转向系、电子助力转向系);

(2)重点认识机械转向系的组成,分析转向时的动力传递路径;

(3)在汽车底盘一体化教室内利用现有设备认识三种类型的转向器,观察转向器的组成,掌握转向器的工作原理和工作特性。

2. 项目活动任务安排

项目化教学(学生)活动任务卡		
课程名称:汽车底盘构造与检修 学习情景:转向系的认识与检修 活动项目:机械转向系的认识	班级:_____ 姓名:_____ 学号:_____第( )组	场所:汽车底盘一体化教室 日期:_____
活动任务	1. 认识汽车机械转向系统的结构总成(机械转向系、液压助力转向系、电子助力转向系); 2. 重点认识三种转向器的机构与工作原理(齿轮齿条式、蜗杆曲柄指销式、循环球式); 3. 认识转向系统的操纵结构。	
活动目标	1. 能够从外观上分辨三种类型的转向系统; 2. 能够指出三种类型转向系的主要部件; 3. 知道三种转向器的结构组成和工作原理。	
活动内容	一、转向系基本结构认识 1. 在图1中,填写转向系各部分的名称,并在整车上找到各零件的位置。 图1 (1)_____;(2)_____;(3)_____;(4)_____;(5)_____; (6)_____;(7)_____;(8)_____;(9)_____;(10)_____; (11)_____;(12)_____;(13)_____;	

2. 从结构组成上看，液压助力转向系统比图1结构中多出的部件是_____
_____；电子助力转向系统比图1结构中多出的部件是_____
_____。
3. 完成下面填空题。
(1)机械转向系一般由_____、_____和_____三个部分组成。在图1中，
_____属于转向操纵机构，_____属于转向传动机构，_____是转向器。
(2)图1中_____组成了转向梯形。
4、描述图1机械转向系转向的动力传递路线。

二、转向系的相关概念。
1. 转向系的角传动比是指_____与_____
_____的比值。转向系角传动比越大，转向越_____(沉重/轻便)，转向的灵敏
性越_____(好/差)。
2. 转向盘的自由行程是指_____。汽车
的自由行程一般控制在_____度；经测量，实验室台架上的自由行程是_____度。
自由行程有利于_____；自由行程过大会引起_____
_____。

三、转向器的结构与认识
1. 齿轮齿条式转向器主要包括_____、_____、_____。其中，_____
的旋转是由方向盘的旋转带动的；同时，它的旋转会引起_____的轴向(左右)移动，从而
使左右转向横拉杆带动_____的转动，使_____偏转，实现汽车转向。

2. 转向齿条上齿的齿距是_____(相等/不相
等)，这是因为_____
_____。
3. 齿轮齿条式转向器的优点是_____
_____，主要用在_____
_____车型上。

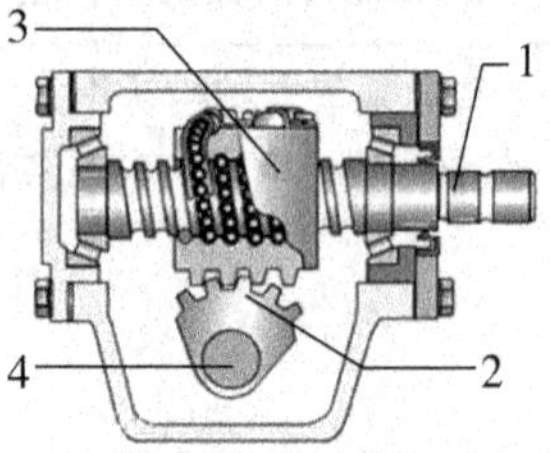

图2

4. 循环球式转向器有_____级传动副。图2
中_____是转向螺母，它即是第1级传动副的
从动件，又是第2级传动副的_____。图中，_____是_____，_____是
_____，_____是_____。
循环球式转向器的特点是：_____
_____。
5. 图3为蜗杆曲柄指销式转向器，其中1是_____
_____，2是_____，3是_____。简述
该转向器的工作过程：_____
_____
_____。

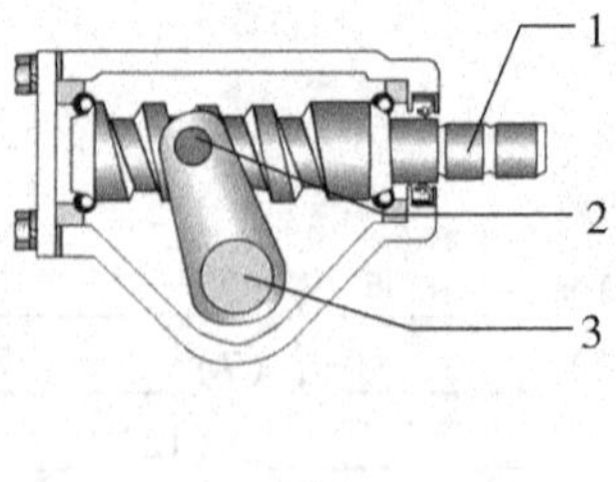

图3

7.1.1 转向系统的功能、类型与组成

1. 转向系的功能

用来改变或保持汽车前进或倒退方向的一系列装置称为汽车转向系统(steering system)。汽车转向系统的功能就是按照驾驶员的意愿控制汽车的行驶方向和保持汽车稳定的直线行驶。它是能够实现转向轮偏转和回位的一套机构。当汽车需要改变行驶方向时,必须使转向轮绕主销轴线偏转一定角度,直到新的行驶方向符合驾驶员的要求时,再将转向轮恢复到直线行驶的位置。

2. 转向系的类型

汽车转向系统按照转向动力源的不同分为两大类:机械转向系统和动力转向系统。

机械转向系统以驾驶员的体力作为转向动力源,是完全靠驾驶员手动操纵的转向系统;动力转向系统除了驾驶员的体力外,还借助了其他形式的动力作为辅助动力源,可以减少驾驶员转动转向盘的操纵力,减轻驾驶员的疲劳。动力转向系统又可分为液压动力转向系统和电动助力动力转向系统,以及气压动力转向系统。这里先介绍机械转向系统。

3. 转向系的组成

1)机械转向系统的组成

机械转向系由转向操纵机构、转向器和转向传动机构三大部分组成。具体组成如图7-1所示。

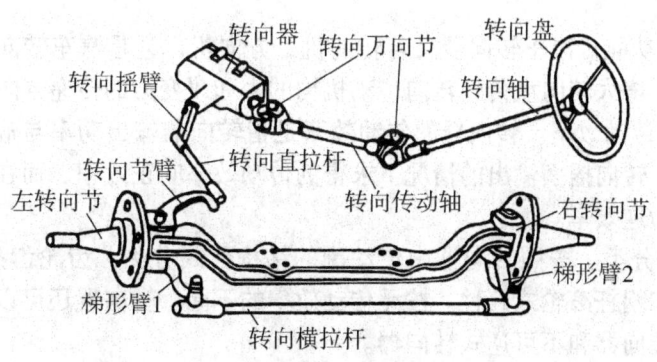

图7-1 机械转向系组成示意

转向操纵机构由方向盘、转向轴、万向节、转向传动轴等组成,它的作用是将驾驶员转动转向盘的操纵力传给转向器;转向器(也常称为转向机)是完成由旋转运动到直线运动(或近似直线运动)的一组齿轮机构,同时也是转向系中的减速传动装置。较常用的有齿轮齿条式、循环球曲柄指销式、蜗杆曲柄指销式、循环球-齿条齿扇式、蜗杆滚轮式等。这里主要介绍前几种。转向传动机构的功用是将转向器输出的力和运动传到转向桥两侧的转向节,包括:转向摇(垂)臂、转向直(纵)拉杆、转向节臂、转向梯形臂、转向横拉杆等。

7.1.2 转向器

1. 转向系的角传动比和自由行程

1)转向系的角传动比

(1)转向系角传动比为转向盘的转角和同侧转向轮转向角度之比。

(2)转向系角传动比对转向的影响：转向系的角传动比越大，说明相同的转向角度，方向盘转过的圈数越多，这就意味着增矩的作用越大，转向操纵力越轻便，同时也会使转向操纵的灵敏性变差，所以转向系的角传动比不能过大。相反，转向系的角传动比越小，操纵灵敏性越好，但转向会变得很沉重。单纯的机械转向系很难保证既轻便又灵敏，所以越来越多的车辆采用了动力转向系。一般而言，汽车转向系的角传动比，货车在(13.6~35.2)之间，轿车在(10.2~24.2)之间。

2)转向盘的自由行程

在驾驶汽车过程中，向左或向右打方向，不使转向轮发生偏转而转向盘所能转过的角度，称之为转向盘的自由行程。

转向盘的自由行程主要是由转向系各传动件之间的装配间隙和弹性形变所引起的。当汽车处于直线行驶时，转向盘自由行程表现为转向盘为消除间隙而克服弹性形变所转过的角度。而这些间隙将随零件的磨损而增大，所以在汽车维护中应定期检查转向盘的自由行程。

转向盘自由行程对于缓和路面冲击，使驾驶员操纵柔和，防止驾驶员过度紧张等是有利的。但不宜过大，以免过分影响转向灵敏性和产生转向摇摆现象。

自由行程一般不应超过10°~15°，当超过25°~30°时，必须进行调整。

2. 转向器的类型及结构

1)转向器

(1)转向器的功能。汽车转向器又名转向机、方向机，它是汽车转向系中最重要的部件。它的作用是：增大转向盘传到转向传动机构的力和改变力的传递方向。

(2)转向器的传动效率。转向器的传动效率是指转向器输出功率与输入功率之比。功率由转向柱输入、转向摇摆输出的情况下求得的传动效率叫正效率，而在传动方向与此相反时求得的效率为逆效率。

(3)转向器的分类。按照转向器中传动副的结构形式分为：齿轮齿条式、循环球式、蜗杆曲柄指销式和蜗杆滚轮式几种。按照传动效率的不同，转向器还可以分为可逆式转向器、极限可逆式转向器和不可逆式转向器。

可逆式转向器的正、逆传动效率都很高，这种转型器有利于汽车转向后转向轮的自动回正，转向盘的"路感"很强，也就是说在坏路面行驶时会出现"打手"现象，所以主要应用于经常在良好路面行驶的车辆。

不可逆式转向器的逆传动效率很低，驾驶员无法得到路面的反馈信息，没有"路感"，转向轮也不能自动回正，所以很少采用。

极限可逆式转向器保持了一定的逆传动效率，但正传动效率远大于逆传动效率。采用这种传向器转向轮能够自动回正，也保持一定的路感，只有在路面冲击力很大时才能部分地传到转向盘，主要应用于中型越野汽车、工矿用自卸汽车等。

3. 转向器的结构及工作原理

1) 齿轮齿条式转向器

齿轮齿条式转向器是最常见的转向器。其基本结构是一对相互啮合的齿轮和齿条。转向轴带动小齿轮旋转时，齿条便做直线运动。

如图 7-2 所示，在齿轮齿条式转向器中，转向齿轮是转向器的主动件，它与相啮合的从动件转向齿条水平布置，齿条背面装有压块。在弹簧的作用下，压块将齿条压靠在齿轮上，保证二者无啮合间隙。调整螺钉可用来调整弹簧的预紧力。弹簧不仅可消除啮合间隙，而且还是一个弹性支撑，可以吸收部分振动能量，缓和冲击。

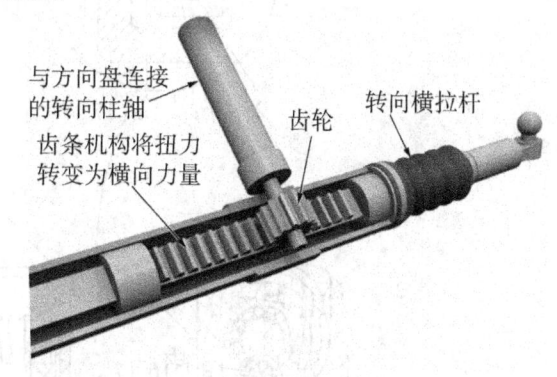

图 7-2 齿轮齿条式传向器工作原理示意图

齿轮齿条式转向器结构简单，可靠性好，也便于独立悬架的步骤；同时，由于齿轮齿条直接啮合，转向灵敏，体积小，可以直接带动横拉杆；成本低廉，在各类汽车上得到广泛应用。

2) 循环球式转向器

循环球式转向器如图 7-3 所示。这种转向器由两级传动副组成，第一级传动副是转向螺杆 12 和转向螺母 3；螺母 3 的下平面加工成齿条，与齿扇轴 21 内的齿扇相啮合，构成齿条-齿扇第二级传动副。转向螺母 3 既是第一级传动副的从动件，也是第二级传动副的主动件。通过转向盘转动转向螺杆 12 时，转向螺母 3 不能随之转动，而只能沿杆 12 轴向移动，并驱使齿扇轴（即摇臂轴）21 转动。

转向螺杆 12 支承在两个推力球轴承 10 上，轴承的预紧度可用调整垫片 14 调整。在转向螺杆 12 上松套着转向螺母 3。为了减少它们之间的摩擦，二者的螺纹并不直接接触，其间装有许多钢球 13，以实现滚动摩擦。

循环球指的就是这些小钢球，它们被放置于螺母与螺杆之间的密闭管路内，起到将螺母螺杆之间的滑动摩擦转变为阻力较小的滚动摩擦的作用，当与方向盘转向管柱固定到一起的螺杆转动起来后，螺杆推动螺母上下运动，螺母再通过齿轮来驱动转向摇臂往复摇动实现转向。在这个过程当中，小钢球就在密闭的管路内循环往复的滚动。

转向螺母 3 下平面上加工出的齿条是倾斜的，与之相啮合的是变齿厚齿扇。只要使齿扇轴 21 相对于齿条做轴向移动，便可调整二者的啮合间隙。调整螺钉 18 装在侧盖 17 上，齿扇轴 21 靠近齿扇的端部切有 T 型槽，螺钉 18 的圆柱形端头嵌入此切槽中，端头与 T 形槽的间隙用调整垫圈 16 来调整。旋入螺钉 18，则齿条与齿扇的啮合间隙减小；旋出螺钉则啮合间隙增大。调整好后用锁紧螺母 19 锁紧。

相比齿轮齿条式转向器，循环球式转向器由于更多依靠滚动摩擦，因此具有较高的传动效率，操纵起来比较轻便舒适，机械部件的磨损较小，使用寿命相对较长。在没有转向助力的年代，循环球式转向器占据了统治地位。

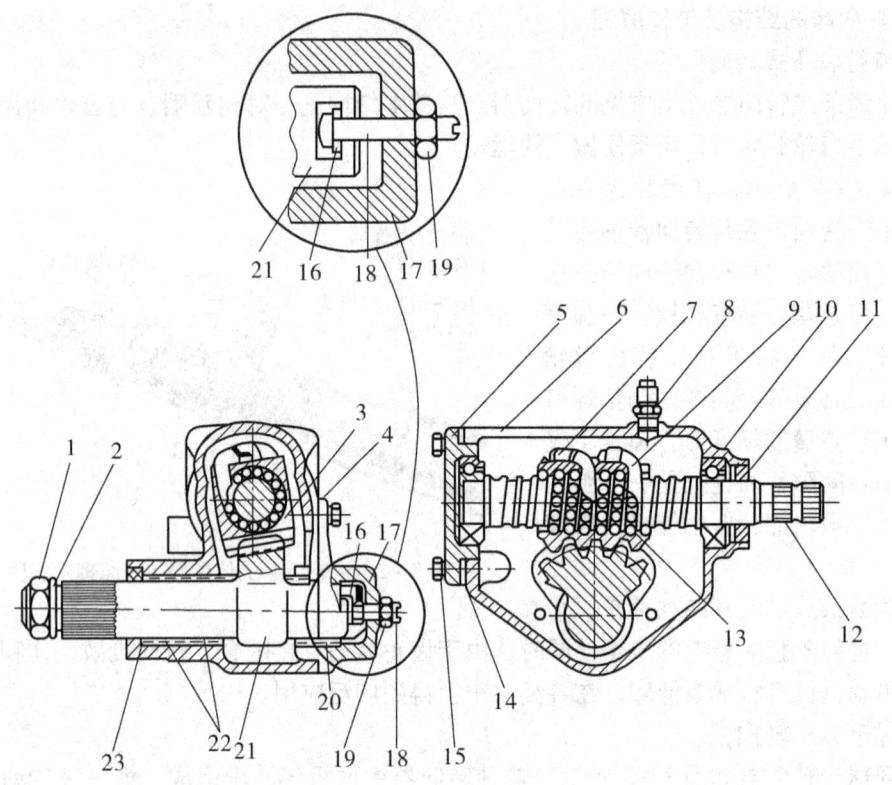

图 7-3 循环球式转向器

1—螺母；2—弹簧垫圈；3—转向螺母；4—转向器密封垫圈；5—转向器底盖；6—转向器壳体；7—导管夹；8—加油（通气）螺塞；9—钢球导管；10—球轴承；11、23—油封；12—转向螺杆；13—钢球；14—调整垫片；15—螺栓；16—调整垫圈；17—侧盖；18—调整螺钉；19—锁紧螺母；20、22—滚针轴承；21—齿扇轴（摇臂轴）

3）蜗杆曲柄指销式转向器

如图 7-4 所示，蜗杆曲柄指销式转向器的传动副以转向蜗杆为主动件，其从动件是装在摇臂轴曲柄端部的指销。转向蜗杆转动时，与之啮合的指销即绕摇臂轴轴线沿圆弧运动，并带动摇臂轴转动。蜗杆曲柄双销式转向器的工作原理与循环球式转向器相类似。

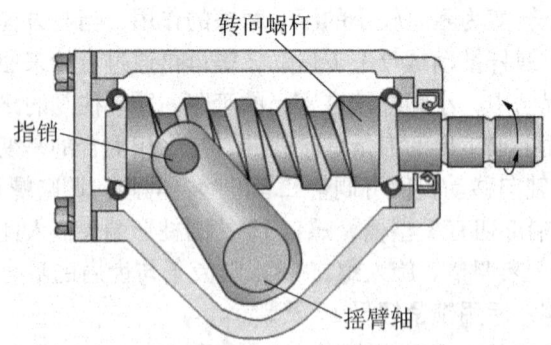

图 7-4 蜗杆曲柄指销式转向器工作原理示意图

在蜗杆曲柄双销式转向器中，蜗杆与两个锥形的指销相啮合，构成传动副。两个指销均用双列圆锥滚子轴承装在曲柄上，并可绕自身轴线转动，以减轻蜗杆与指销啮合传动时的磨损，提高传动效率。销颈上的螺母用来调整轴承的预紧度，以使指销能自由转动而无明显轴向间隙为宜，调整后用锁片将螺母锁住。

安装指销和双列圆锥滚子轴承的曲柄制成叉形，与摇臂轴制成一体，通过衬套支撑在壳体中。转向器侧盖上装有调整螺钉，旋入（或旋出）调整螺钉可以改变摇臂轴的轴向位置，以调整指销与蜗杆的啮合间隙，从而调整了转向盘自由行程，调整后用螺母锁紧。摇臂轴伸出壳体的一端通过花键与转向摇臂连接。

汽车转向时，驾驶员通过转向盘转动转向蜗杆（主动件），与其啮合的指销（从动件）一边自转，一边以曲柄为半径绕摇臂轴轴线在蜗杆的螺纹槽内做圆弧运动，从而带动曲柄、转向摇臂摆动，实现汽车转向。

7.1.3 转向操纵机构

1. 转向操纵机构的功能

转向操纵系统的功能是产生转动转向器所需的操纵力，并具有一定的调节和安全性能。

转向操纵机构要将驾驶员转动转向盘的操纵力传给转向器，同时为了驾驶员的舒适性，还要求具有可调节性，以满足不同驾驶员的要求；同时为了防止车辆撞击后对驾驶员的损伤，还要求转向操纵机构具有一定的安全保护功能。

2. 转向操纵机构的组成（图7-5）

1）方向盘

如图7-6所示，方向盘由轮圈、轮辐和轮毂组成。轮辐一半为三根辐条或四根辐条，也有两根辐条的。轮毂的细牙内花键与转向轴连接。方向盘内部由成形的金属骨架构成，骨架外面一般包有柔软的合成橡胶或树脂，也有皮革，这样具有良好的手感。方向盘上都有喇叭按钮，有些汽车的方向盘上还装有车速控制开关和安全气囊。

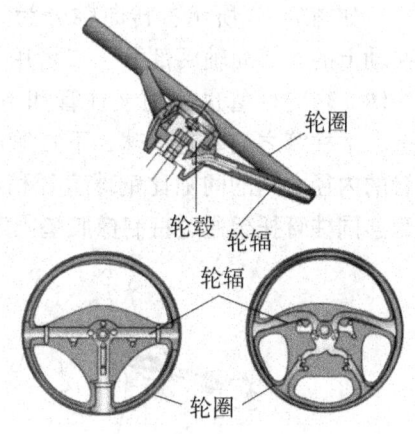

图7-5 汽车转向操纵结构

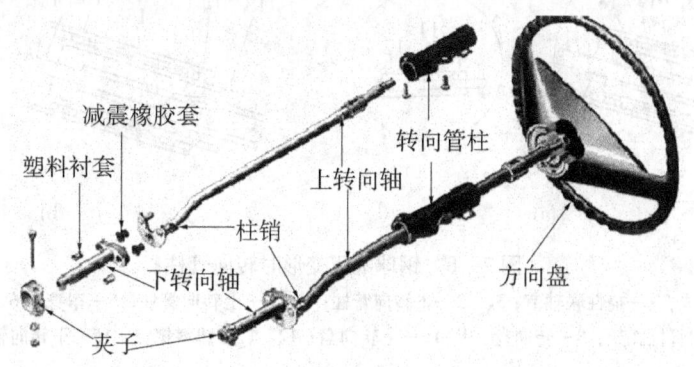

图7-6 方向盘结构示意图

2）转向轴

转向轴分为上下两段，中间用柔性联轴器连接。联轴器的上、下凸缘盘靠两个销子与销孔扣合一起，销子通过衬套与销孔配合。当发生猛烈撞车时，车身、车架产生严重变形，导致转向轴、转向盘等部件后移。与此同时，在惯性作用下驾驶员人体向前冲，致使转向轴的上、下凸缘盘的销子和销孔脱开，从而缓和了冲击，吸收了冲击能量，有效地减轻了驾驶员受伤的程度。

3）转向管柱

缓冲吸能式转向操纵结构从结构上能使转向轴和转向管柱在受到冲击后，轴向收缩并吸收冲击能量，从而有效地缓和转向盘对驾驶员的冲击，减轻其所受到伤害的程度。

转向管柱的类型主要有网状管柱和钢球滚压转向柱两种。

(1) 网状管柱

如图7-7所示，网状转向管柱的部分管壁制成网格状，使其在受到压缩时很容易产生轴向变形，并消耗一定的变形能量，避免了转向盘对驾驶员的挤压伤害。

(2) 钢球滚压转向柱

如图7-8所示，转向轴分为上转向轴和套在轴上的下转向轴两部分，二者用塑料销钉连成一体。转向柱管也分为上柱管和下柱管两部分，上、下柱管之间装有钢球，下柱管的外径与上柱管的内径之间的间隙比钢球直径稍小。上、下柱管连同柱管托架通过特制橡胶垫固定在车身上，橡胶垫则利用塑料销钉与托架连接。

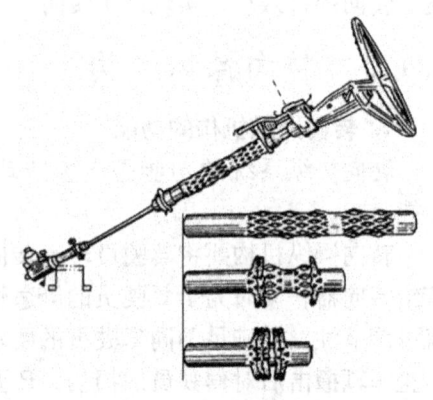

图7-7 网状管柱

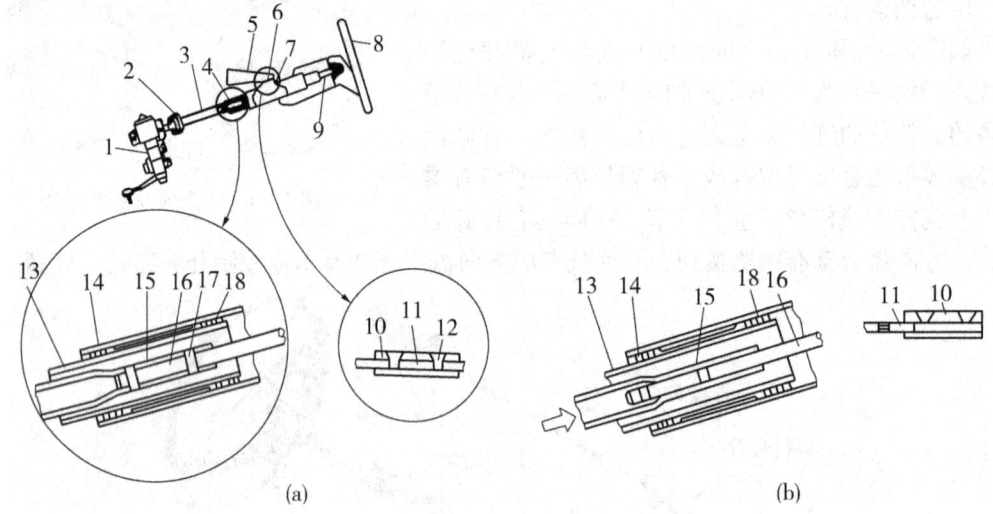

图7-8 钢球滚压变形时转向管柱

1—转向器总成；2—挠性联轴节；3、13—下转向柱管；4、14—上转向柱管；5—车身；6、10—橡胶垫；7、11—转向管柱托架；8—转向盘；9、16—上转向盘；12、17—塑料销钉；15—下转向轴；18—钢球

当发生第一次碰撞时，将连接上、下转向轴的塑料销钉切断，下转向轴便套在上转向轴上向上滑动。在这一过程中，上转向轴和上柱管的空间位置没有因冲击而上移，故可使驾驶员免受伤害。第二次碰撞时，连接橡胶垫与柱管托架的塑料销钉被切断，托架脱离橡

胶垫，即上转向轴和上转向柱管连同转向盘、托架一起，相对于下转向轴和下转向柱管向下滑动，从而减轻了对驾驶员胸部的冲击。在上述两次冲击过程中，上、下转向柱管之间产生相对滑动。因为钢球的直径稍大于上、下柱管的间隙，所以滑动中带有对钢球的挤压，冲击能量就在这种边滑动边挤压的过程中被吸收。日本丰田汽车的一些车型采用这种装置。

3. 转向传动机构

转向传动机构的功能是将转向器输出的力和运动传给转向轮，使两侧转向轮偏转以实现汽车转向，并保证左右转向轮的盘转角按一定关系变化。以保证汽车转向时车轮与地面的相对滑动尽可能小。

转向传动机构有两种类型：与非独立悬架配用的转向传动装置和与独立悬架配用的转向传动装置。

1) 与非独立悬架配用的转向传动装置

与非独立悬架配用的转向传动机构如图7-9所示，它一般由转向摇臂2、转向直拉杆3、转向节臂4、两个梯形臂5和转向横拉杆6等组成。各杆件之间都采用球形铰链连接，并设有防止松动、缓冲吸震、自动消除磨损后的间隙等结构。

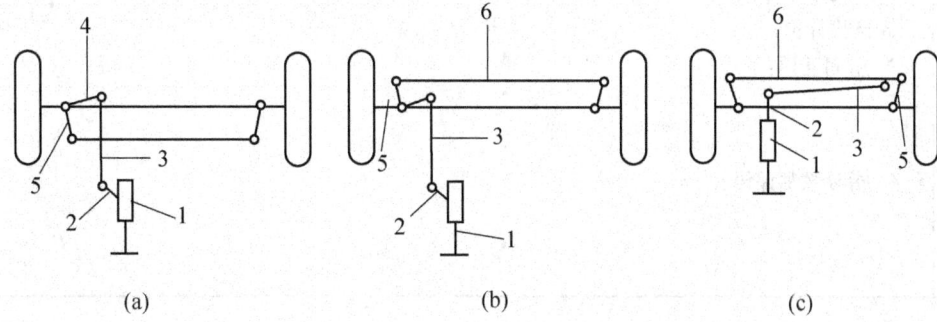

图7-9 与非独立悬架配用的转向传动机构示意图
1—转向器；2—转向摇臂；3—转向直拉杆；4—转向节臂；5—转向梯形臂；6—转向横拉杆

2) 与独立悬架配用的转向传动装置

当转向轮采用独立悬架时，由于每个转向轮都需要相对于车架(或车身)作独立运动，因此，转向桥必须是断开式的。与此相应，转向传动机构中的转向梯形也必须分成两段(图7-10a)或三段(图7-10b)，转向摇臂1在平行于路面的平面中左右摆动，传递力和运动。

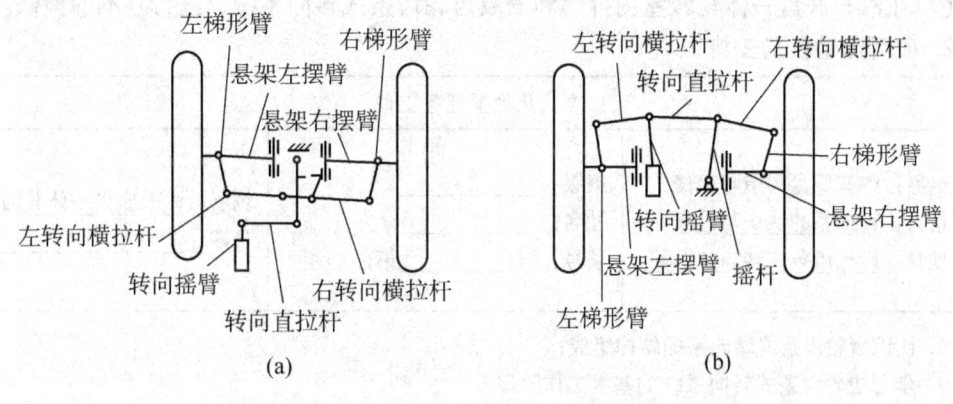

图7-10 与独立悬架配用的转向传动机构示意图

综合考核与评价

1. 评价标准：

序号	考核内容	配分	得分
a	能够在总成(车辆)上辨认各部件，明白其作用	15	
b	准确描述机械转向系在转向时的动力传递过程(转向原理)	25	
c	清楚三种不同类型转向系统在结构组成上的不同	10	
d	能够识别转向操纵结构各部件；清楚工作原理	20	
e	清楚转向操纵结构的结构特点，特别是转向管柱的结构特点	20	
f	明确不同类型操纵结构与车辆的配用关系	10	
	合　　计	100	

2. 自我检查评估
①自我检查任务完成的质量，确定是否达到活动预期要求？□完成□未完成
②未完成的原因：
③自我评价：
3. 组间互评：

4. 指导教师评语：

活动任务二　齿轮齿条式转向系的拆装

1. 项目活动要点
(1) 在汽车底盘一体化教室认识齿轮齿条式转向系统的组成；
(2) 在汽车底盘一体化教室内拆解和安装齿轮齿条式转向系统；进行基本的检修。

2. 项目活动任务安排

项目化教学任务工单		
课程名称：汽车底盘构造与检修 学习情景：转向系的认识与检修 活动项目：齿轮齿条式转向的拆装	班级：_____ 姓名：_____ 学号：_____第( )组	场所：<u>汽车底盘一体化教室</u> 日期：_____
活动任务	1. 认识齿轮齿条式转向系的结构组成； 2. 学习齿轮齿条式转向系统的基本工作原理。	

活动目标	1. 知道典型液压助力转向系统的工作原理； 2. 通过总成拆装，进一步熟悉齿轮齿条式转向系统的结构和工作原理； 3. 更清楚认识三种类型的转向器结构。
活动内容	一、齿轮齿条式转向系统的拆装 1. 齿轮齿条式转向器的拆卸步骤如下： (1) (2) (3) (4) 2. 齿轮齿条式转向器拆卸时的注意事项是： 3. 齿轮齿条式转向器的装配步骤如下： (1) (2) (3) (4) (5) (6) (7) (8) (9) 二、转向系统的检测 1. 转向系统检测项目包括： 操作要点为：

活动内容	2. 转向系主要元件的检修，检修项目包括： 操作要点为：

7.2.1 转向器的拆装

齿轮齿条式动力转向器的拆卸。
(1)齿轮齿条式转向器的主要拆卸步骤如下：
①先将一些影响转向器拆卸的附件拆下，然后将转向节与转向器输入轴分离；
②拆下转向系的压力油管和回油管；
③从转向节上拆下横拉杆端头；
④将转向盘向左转到极限位置，以便于拆卸转向器；
⑤拆下转向器安装支架及隔垫；
⑥将转向器从中间轴上分离开，从车上拆下转向器，小心不要损坏转向器防尘套。
(2)齿轮齿条式动力转向器的装配：
①组装动力转向器总成，顺序与拆卸时相反；
②安装转向器时，先将转向器输入轴转至最左侧的位置，将右侧车轮转至最左端的位置；
③将转向器右侧穿过右侧护板的开口，向右移动转向器直至左侧横拉杆避开所有的零件，以使转向器进入左侧护板开口位置；
④将转向器左侧穿入左护板开口，同时将动力转向油管移到正确位置。转动转向器使联轴节进入仪表板开口，便于连接转向轴；
⑤将转向器与转向轴的左右侧车轮连接。

7.2.2 转向器的检修与调整

1. 齿轮齿条式动力转向器的检修与调整

1)齿轮齿条式转向器的检修：

①零件出现裂纹应更换，转向横拉杆、转向齿条在总成修理时应进行隐伤检验；
②转向齿条的直线度误差不得大于0.30 mm；
③齿面上应无疲劳剥蚀及严重磨损，若出现左右大转角时转向沉重，且又无法调整时应更换。

2）齿轮齿条式转向器的调整：

齿轮齿条式转向器的调整是调整转向齿条与转向齿轮的啮合间隙，也称为转向齿条的预紧力。因结构的差异，调整方法也不同。但常见的有两类：

①改变转向齿条与盖板之间的垫片厚度来调整转向齿条与转向齿轮之间的啮合间隙，完成预紧力的调整，如图7-11所示。

具体的调整步骤如下：先不装弹簧以及盖之间的垫片，进行X值的调整，使转向齿轮轴上的转动力矩为$1\sim2$ N·m；然后用厚薄规测量X值；在X值上加$0.05\sim0.13$ mm，此值就是应加垫片的厚度，也就是转向齿条和转向齿轮合格的啮合间隙所要求的垫片厚度。

②用盖上的调整螺塞改变齿条导块与弹簧座之间的间隙值，完成预紧力的调整，如图7-11所示。

具体调整步骤如下：先旋转盖上的调整螺塞，使弹簧座与导块接触，在将调整螺塞旋出$30°\sim60°$之后，检查转向齿轮的转动力矩，如此重复操作直至转向齿轮的转动力矩符合原厂规定，最后紧固锁紧螺母。

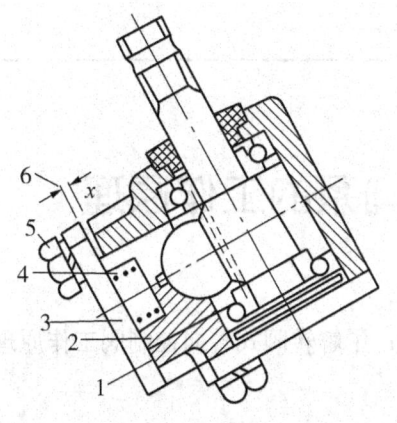
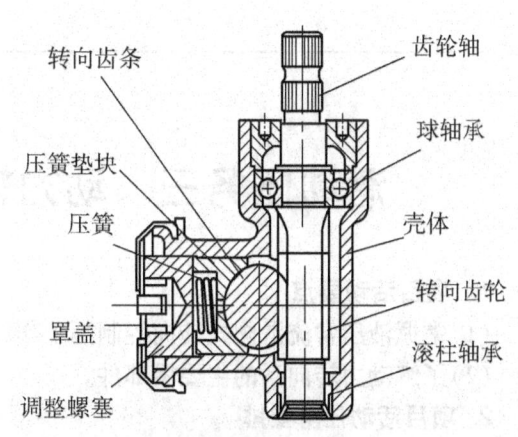

图7-11 预紧力调整机构（一）
1—转向器壳体；2—罩盖；3—压簧；
4—压簧垫块；5—转向齿条；6—齿轮轴；

图7-11 预紧力调整机构（二）

2. 循环球式转向器的检修与调整

齿轮齿条式转向器的检修：

循环球式转向器的调整主要是转向器啮合间隙的调整，方法如下：

①使转向器的传动副处于中间位置（直行位置）；
②通过调整螺钉，调整转向器传动副的啮合间隙，在直线位置上应呈无间隙啮合；
③中间位置上，转向器转动力矩应为$1.5\sim2.0$ N·m。转向器动力矩调整合格后，按规定力矩锁紧调整螺钉。

综合考核与评价

1. 评价标准：

序号	考核内容	配分	得分
a	能够在总成上正确指出各部件名称；知道各部件作用	20	
b	能够按照正确的步骤拆卸液压式动力转向系	20	
c	能够按照正确的步骤检修齿轮齿条式转向器	40	
d	能够按照标准完成其他检修项目的检修和修复	20	
	合　　计	100	

活动评价

2. 自我检查评估
① 自我检查任务完成的质量，确定是否达到活动预期要求？□完成 □未完成
② 未完成的原因：
③ 自我评价：

3. 组间互评：

4. 指导教师评语：

活动任务三　动力转向系的工作原理

1. 项目活动要点
（1）掌握液压常流滑阀式转向控制阀工作原理；了解转阀式转向控制阀工作原理；
（2）了解动力转向系的主要零部件。

2. 项目活动任务安排

项目化教学任务工单		
课程名称：汽车底盘构造与检修 学习情景：转向系的认识与检修 活动项目：转向系的故障诊断	班级：＿＿＿＿＿＿ 姓名：＿＿＿＿＿＿ 学号：＿＿＿＿＿第（　）组	场所：汽车底盘一体化室 日期：＿＿＿＿＿＿
活动任务	1. 掌握液力常流式转向控制阀工作原理； 2. 了解液压转向系的基本结构。	
活动目标	1. 了解液压转向系的基本结构； 2. 着重了解液压转向系统的工作原理。	

一、液压助力转向系的组成和工作原理
1. 填图。
(1)_____ (2)_____
(3)_____ (4)_____
(5)_____ (6)_____
(7)_____ (8)_____
(9)_____ (10)_____
(11)_____ (12)_____

2. 动力转向系统按动力介质的不同分为_____、_____、_____。
气压式的优缺点是_____，一般用于：_____；电动助力的优缺点是_____，一般用于_____；液压助力的优缺点是_____，一般用于_____。

3. 液压助力转向系统的基本助力原理是：

二、填空题

1._____ 3._____ 7._____ 13._____ 14._____ 15._____

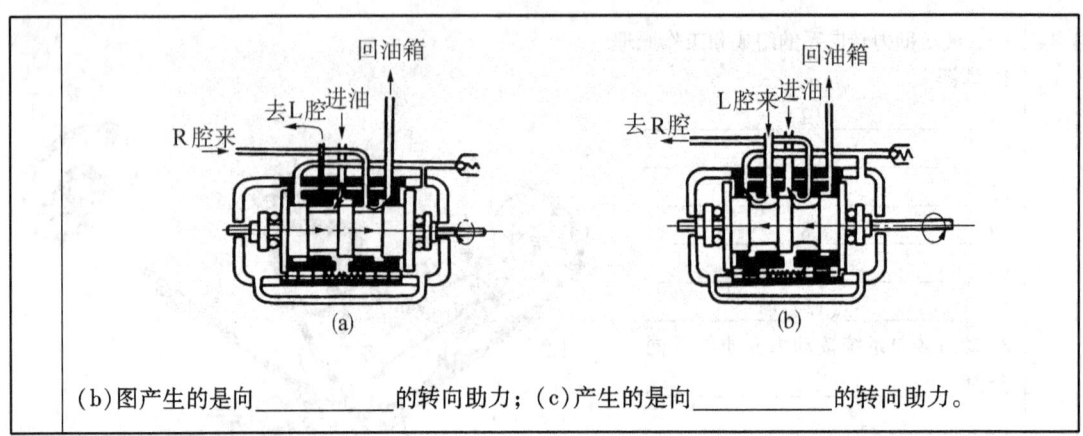

（b）图产生的是向_____的转向助力；（c）产生的是向_____的转向助力。

> 知识链接

7.3.1 液压动力转向系统

早期汽车的转向是没有任何助力装置的，全靠驾驶员体力作为转向的动力源，开过这种车的驾驶员都会对其沉重的方向盘印象深刻。为了减轻驾驶员负担，同时也考虑驾驶安全性等方面，人们发明了转向助力系统。助力转向协助驾驶员做汽车方向调整，为驾驶员减轻打方向盘的用力强度，当然，助力转向在改善汽车行驶的安全性、经济性上也有一定的作用。

就目前汽车上配置的助力转向系统，大致可以分为三类：第一类机械式液压动力转向系统；第二类是电子液压助力转向系统；第三类电动助力转向系统。这里着重介绍液压助力转向系统。

7.3.1.1 机械液压助力转向系统的组成和基本工作原理

机械液压助力转向系统的组成如图7-12所示，它是在传统的机械转向系统的基础上添加了油泵、油罐和油管等设备。在驾驶员转动方向盘时，油泵、油罐和油管中就会产生液压力施加在机械转向系统的部件上（如摇臂），相当于在人力之外额外增加了一个力帮助驾驶员使汽车转向，这就是所谓的转向助力。利用液压力产生转向助力的系统就是液压助力转向系统。

按照转向控制阀的运动方式又可以分为滑阀式和转阀式。

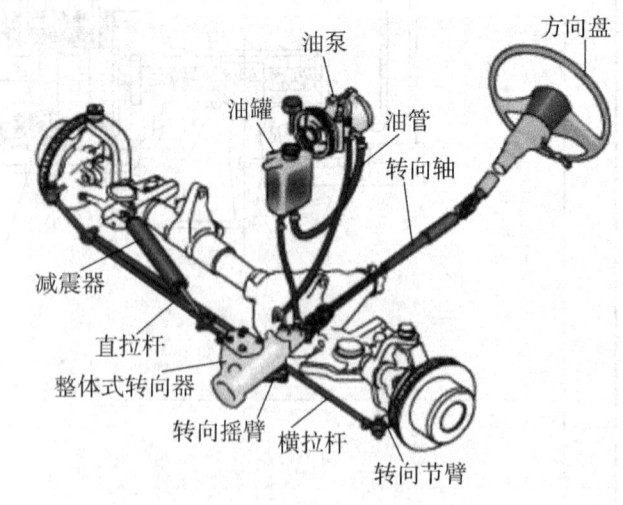

图7-12 机械液压助力转向系统

1. 液压常流滑阀式动力转向装置

液压常流滑阀式动力转向装置的基本组成如图 7-13 所示，主要包括转向储油罐、转向油泵、转向控制阀、转向动力缸等。

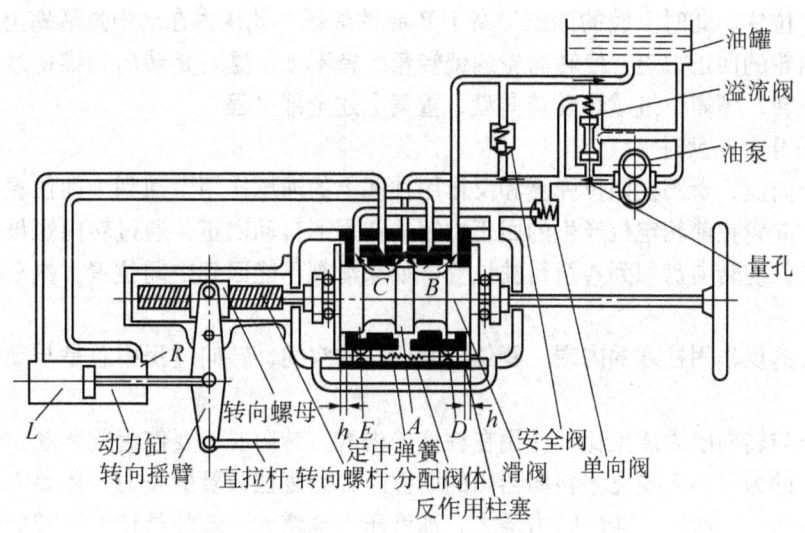

图 7-13 液压常流滑阀式动力转向装置

1) 当汽车直线行驶时

当汽车直线行驶时，如图 7-13 所示，滑阀在复位弹簧的作用下保持中间位置。转向控制阀内各环槽相通，自油泵输送出来的油液进入阀体油槽 A 之后，经环槽 B 和 C 分别流入动力缸的 R 腔和 L 腔，同时又经环槽 D 和 E 进入回油管道流回油管。这时，滑阀与阀体各环槽槽肩之间的间隙大小相等，油路畅通，动力缸因左右腔油压相等而不起加力作用。

2) 当汽车转弯行驶时

汽车右转向时，驾驶员通过转向盘使转向螺杆向右转动(顺时针)。开始时，转向螺母暂时不动，具有左旋螺纹的螺杆在螺母的推动下向右轴向移动，带动滑阀压缩弹簧向右移动，消除左端间隙 h。此时环槽 C 与 E 之间，A 与 B 之间的油路通道被滑阀和阀体相应的槽肩封闭，而环槽 A 与 C 之间的油路通道增大，油泵送来的油液自 A 经 C 流入动力缸的 L 缸，L 腔形成高压油区。R 腔油液经环槽 B、D 及回油管流回储油罐，动力缸的活塞右移，使转向摇臂逆时针转动，从而起加力作用，如图 7-14 所示。

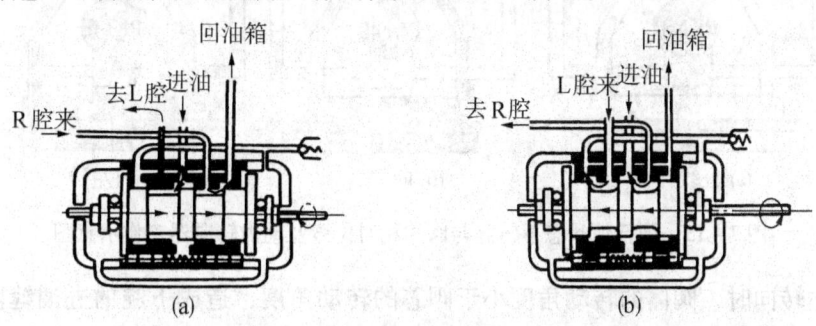

图 7-14 左右转向时转向控制阀的工作状态

只要转向盘和转向螺杆继续活动,加力作用就一直存在。当转向盘转过一定角度保持不动时,转向螺杆作用于转向螺母的力消失,但动力缸仍继续右移,转向摇臂继续逆时针方向转动,其上端拨动转向螺母,带动转向螺杆及滑阀一起向左移动,直到滑阀恢复到中间稍偏右的位置。此时 L 腔的油压仍高于 R 腔的油压。此压力在动力缸活塞上的作用力用来克服转向轮的回正力矩,使转向轮的偏转角维持不动,这就是转向的维持过程。如转向轮进一步偏转,则需要继续转动转向盘,重复上述全部过程。

3)当松开方向盘时

松开转向盘,滑阀在回位弹簧和反作用柱塞上的油压作用下回到中间位置,动力缸停止工作。转向轮在前轮定位产生的回正力矩的作用下自动回正,通过转向螺母带动转向螺杆反向转动,使转向盘回到直线行驶位置。如果滑阀不能回到中间位置,汽车将在行驶中跑偏。

在对装的反作用柱塞的内端,复位弹簧所在的空间,转向过程中总是与动力缸高压油腔相通。

此油压与转向阻力成正比,作用在柱塞的内端。转向时,要使滑阀移动,驾驶员作用在转向盘上的力,不仅要克服转向器内的摩擦阻力和复位弹簧的张力,还要克服作用在柱塞上的油液压力。所以,转向阻力增大,油液压力也增大,驾驶员作用于转向盘上的力也必须增大,使驾驶员感觉到转向阻力的变化情况。这种作用就是"路感"。

2. 液压常流转阀式动力转向装置

汽车直线行驶时,转阀 2 处于中间位置,如图 7-15a 所示。来自转向油泵的油液从动力转向器壳体进油口经阀体的进油道流进阀体和转阀之间。由于转阀处于中间位置,进入的油液分别经过阀体和转阀纵槽槽肩形成的两边相等的间隙、阀体油道 L、R,流进转向动力缸的左、右腔室,使两腔油压相等,齿条-活塞保持在中间平衡位置,不起转向及转向加力作用。同时,流进阀体和转阀之间的油液还经转阀的 4 条径向回油孔汇集于转阀内腔的回油道,最后经转向器壳体回油口流回转向油罐,形成常流式油液循环。

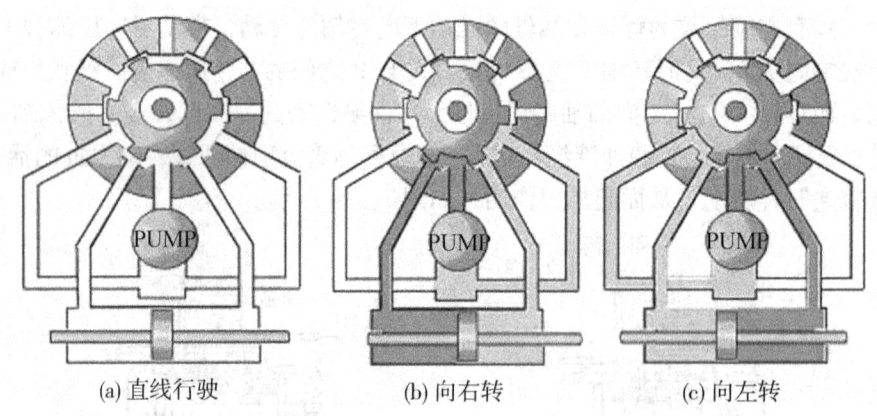

图 7-15 同行驶状态下转阀与阀体相对位置及动力转向器工作示意图

汽车左转向时,阀体的转动角度小于阀芯的转动角度,造成下腔的进油缝隙减小(或关闭),回油缝隙增大,油压降低;上腔正相反,油压升高,上下动力腔产生油压差,齿条-活塞在油压差的作用下移动,产生助力作用。

一旦转向盘停止转动并维持在某一转角位置不动,短轴及转阀便不再转动。但齿条-活塞在油压差的作用下仍继续左移,导致转向螺杆连同阀体沿原转动方向继续转动,使弹性扭杆的扭转变形减小,阀体与转阀的相对角位移量减小,动力缸左、右两腔油压差减小。减小的油压差仍作用在齿条-活塞上,以克服转向轮的回正力矩,转向轮的偏转角维持不动。

在转向过程中,转向盘转得愈快,弹性扭杆的扭转速度就愈快,转阀相对于阀体产生角位移的速度也愈快,从而使动力缸左、右两腔产生压力差的速度加快,转向轮的偏转速度也相应加快。转向盘转得慢,前轮偏转得也慢;转向盘转到某一位置上不动,前轮也偏转到某一位置上不变。此即"快转快助,大转大助,不转不助"原理。驾驶员能感觉到转向阻力的变化情况,所以这种转阀式动力转向装置具有"路感"作用。

转向需回正时,驾驶员放松转向盘,阀芯在弹性扭杆的作用下回到中间位置,失去了助力作用,转向轮在回正力矩的作用下自动回位。若驾驶员同时回转转向盘时,转向助力器助力,帮助车轮回正。与滑阀式动力转向器相比,转阀式动力转向器的主要优点是灵敏度高,因而适用于高速行驶的轿车。

综合考核与评价

活动评价	1. 评价标准:	

1. 评价标准:

序号	考核内容	配分	得分
a	清楚描述液压常流式转向控制阀工作原理	20	
b	清楚列举转向系常见故障种类	20	
c	认真体验观察"转向沉重"故障现象; 清楚列举"转向沉重"的故障现象	30	
d	清楚列举"转向异响"的故障现象; 清楚列举"反向盘抖动"的故障现象	30	
	合　　计	100	

2. 自我检查评估
①自我检查任务完成的质量,确定是否达到活动预期要求?□完成□未完成
②未完成的原因:
③自我评价:

3. 组间互评:

4. 指导教师评语:

活动任务四　动力转向系的故障检修与调整

1. 项目活动要点
（1）重点完成"转向沉重"故障的检测和修复；
（2）对其他故障（转向异响、转向盘抖动）进行故障原因分析，制定合理的检修步骤，明确修复与调整的技术标准。

2. 项目活动安排

项目化教学任务工单		
课程名称：汽车底盘构造与检修 学习情景：转向系的认识与检修 活动项目：转向系的检修与调整	班级：_____ 姓名：_____ 学号：_____第（　）组	场所：汽车一体化室 日期：_____
活动任务	1. 重点完成"转向沉重"故障的检测和修复； 2. 对其他故障现象（转向异响、转向盘抖动）进行分析，制定检修步骤。	
活动目标	1. 能够独立完成"转向沉重"故障的检测和修复； 2. 能够对其他故障现象在理论上进行分析。	
活动内容	一、"转向沉重"的故障检修。 1. 本次任务：_____。 2. 用到的设备：_____。 3. "转向沉重"的故障现象有： 4. "转向沉重"可能的故障原因有： 5. "转向沉重"故障诊断的实施步骤如下： （1）_____ （2）_____ （3）_____ （4）_____ （5）_____ （6）_____ 二、根据你的故障诊断与维修过程，完成下面的填空题。 1. 泵的皮带松动 以原厂规定的压力_____（N）在皮带中部按下皮带，皮带的挠度应符合原厂规定。一般新皮带挠度约为_____（mm），已用皮带的挠度约为_____（mm）。小组的测量值为_____（mm），_____（符合/不符合）标准，_____（需要/不需要）更换。	

2. 检查转向油罐子内液面高度
(1)将车辆(总成)放在平坦的地面上,使_____(前/后)轮处于直行位置。
(2)启动发动机,怠速转动,并使其达到正常工作温度。
(3)将转向盘从一侧极限位置转至另一侧极限位置,保持___(s),使液压油温度升至___(°)。
(4)观察油管的液面,此时液面应处于_____与_____之间,如不足,应添加。
(5)检查管接头、控制阀油封等处有无泄漏。若需补给液压油,按原厂规定牌号补给液压油。若需要更换液压油,先_____,从储油罐及回油管排除旧油,同时使发动机运转,排放旧液压油,同时将方向盘向左、向右反复转动,至液压油排尽后_____(s),再加注新液压油。
3. 轮胎充气不当
(1)此时用到的工具是_____;
(2)它的使用要领是_____
_____
_____。
(3)四个轮胎的标准气压应为:左前_____;右前_____;左后_____;
右后_____。你的测量值为:左前_____;右前_____;左后_____;
右后_____。
4. 转向器泄漏
(1)通过检查转向器壳体有无裂纹来检查其他部位有无油液泄漏,若有,检查并更换油封;
(2)检查防尘罩是否损坏与老化,若发现有损坏,更换全部O形圈及密封垫;
(3)排除润滑油和助力转向油,检查润滑油和助力转向油脏污情况。
5. 流量控制阀卡住
(1)检查控制阀是否卡住。用转向动力油涂抹流量控制阀,检查其在自身重力作用下是否可以平顺滑入阀孔。若有卡住现象,应检查_____。毛刺可用_____去掉,若阀或泵壳、泵体有损坏而不能修复_____,_____。
(2)检查控制阀是否泄漏。堵住一个孔,向相对另一个孔吹入压缩空气,气压为_____kPa,观察末端是否有空气漏出。

6. 油泵磨损、内部泄露严重
(1)动力转向油泵内金属元件的清洗只能使用_____;
(2)检查泵壳是否有磨损、裂纹、铸造砂岩和损坏,发现其中任何一种损坏,都应更换泵壳;
(3)检查泵轴花键是否磨损,泵轴、泵轴轴套、轴承是否有裂纹和其他损坏,更换所有过度磨损和损坏的零件。
7. 液压回路中渗入空气
(1)若在油罐中发现有_____,说明系统内已渗入空气;
(2)首先_____;

(3)发动机息速运转，反向左右转方向盘至_____，直至_____，表明液力转向系统内的空气已基本排净。

(4)发动机刚刚熄火后，储油罐应_____（无/有）气泡，液面不得超过上限，停机几分钟之后，液面应升高最多_____。

三、"转向异响""转向盘抖动"故障分析

1. 小组讨论：试分析"转向异响"可能的故障原因：

2. 小组讨论：试分析"方向盘抖动"可能的故障原因：

7.4.1 液力助力转向系统常见故障修复与调整

液力助力转向系统的常见故障包括：转向沉重、异响、方向盘抖动、（转向器、助力泵）漏油、回位困难等现象。不管是哪种故障，都会影响车辆的转向效果，从而影响汽车的行驶操纵性、安全性。各种故障的故障现象和故障原因都不尽相同，主要检修部位、修复方法和技术标准也不尽相同。这里着重讲解动力转向系统的3种常见故障（转向沉重、转向异响和方向盘抖动）。

1. 转向沉重的故障修复与调整

转向沉重主要是液力转向系统中的非机械转向系统的部件出现了问题。主要原因可以归纳为：转向油泵、储油罐、油路损坏，以及轮胎充气不足等。具体为：①油泵驱动皮带过松、打滑；②储油罐油液高度低于规定要求；③轮胎充气不当；④转向器泄漏大；⑤流量控制阀卡住；⑥油泵磨损、内部泄漏严重；⑦液压回路中渗入了空气；⑧动力缸或转向控制阀密封损坏。

1）泵的皮带松动

以原厂规定的压力98（N）在皮带中部按下皮带，皮带的挠度应符合原厂规定。一般新皮带挠度约为7～9（mm）。若皮带过松，应调整或更换。

2）检查转向油罐内液面高度

①将车辆或总成放在平坦的地面上，使前轮处于直行位置。

②启动发动机，息速转动，并使其达到正常工作温度。

③将转向盘从一侧极限位置转至另一侧极限位置，保持2～3 s，使液压油温度升至75°～80°。

④观察油管的液面，此时液面应处于Max与Min之间，如不足，应添加。

⑤检查管接头、控制阀油封等处有无泄漏。若需补给液压油，按原厂规定牌号补给液

压油。若需要更换液压油，先顶起转向桥，从储油罐及回油管排除旧油，同时使发动机怠速运转，排放旧液压油，同时将方向盘向左、向右反复转动至极限位置，至液压油排尽后 $1\sim 2$ s，再加注新液压油。

3）轮胎充气不当

使用专用的胎压测量工具测量四个轮子的气压，若达不到标准气压值，应该充气。

4）转向器泄漏

①检查转向器壳体有无裂纹来检查其他部位有无油液泄漏，若有，检查并更换油封；

②检查防尘罩是否损坏与老化，若发现有损坏，更换全部O形圈及密封垫；

③排除润滑油和助力转向油，检查润滑油和助力转向油脏污情况。

5）流量控制阀卡住

①检查控制阀是否卡住。如图7-16所示，用转向动力油涂抹流量控制阀，检查在其自身重力作用下是否可以平顺滑入阀孔。若有卡住现象，应检查控制阀的泵壳、泵体孔是否存在杂质、刮痕和毛刺。毛刺可用细纱布去掉，若阀或泵壳、泵体有损坏而不能修复，则应对损坏件进行更换。

②检查控制阀是否泄漏。堵住一个孔，向相对另一个空吹入压缩空气，气压392～490 kPa，观察末端是否有空气漏出。

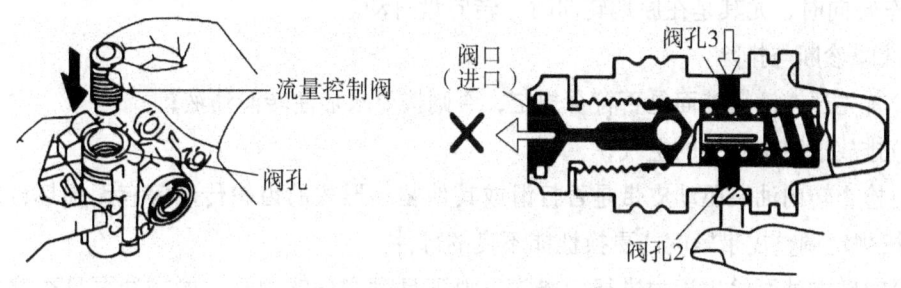

图7-16 检查流量控制阀是否有泄漏

6）油泵磨损、内部泄漏严重

①动力转向油泵内金属元件的清洗只能使用酒精；

②检查泵壳是否有磨损、裂纹、铸造砂岩和损坏，发现其中任何一种损坏，都应更换泵壳；

③检查泵轴花键是否磨损，泵轴、泵轴轴套、轴承是否有裂纹和其他损坏，更换所有过度磨损和损坏的零件。

7）液压回路中渗入空气

①若在油罐中发现有气泡，说明系统内已渗入空气；

②首先应架起转向桥；

③发动机怠速运转，反向左右转方向盘至极限位置，直至储油罐内无泡沫冒出并消除乳化现象，表明液力转向系统内的空气已基本排净。

④发动机刚刚熄火后，储油罐应无气泡，液面不得超过上限，停机几分钟之后，液面应升高最多 5 mm。

2. 转向异响的故障修复与调整

1）故障现象描述

汽车转向时，转向系统有过大的异响，并影响到汽车的转向性能。

2）故障诊断与排除

（1）当转向盘处于极限位置或原地慢慢转动转向盘时转向器发出"嘶嘶"声，如果这种异响严重则可能为转向控制阀性能不良，应更换转向控制阀。

（2）当转向油泵发出"嘶嘶"声或尖叫声，应进行以下检查：

①检查油罐液面高度，液面高度不够时应查明泄漏部位并修理，然后按规定加足油液。

②检查转向油泵驱动皮带是否打滑，若打滑应查明原因，更换皮带或调整皮带紧度。

③查看油液中有无泡沫，若有泡沫，应查找漏气部位并予以修理，然后排出空气。若无漏气，则说明油路有堵塞处或油泵严重磨损及损坏，应予以修复或更换。

3. 转向盘抖动的故障分析与检修

1）故障现象描述

汽车转向时，尤其是在原地转向时，转向盘抖动。

2）故障诊断与排除

（1）首先严查油罐液面是否符合规定，否则按要求加注转向油液；

（2）排放油路中渗入的空气；

（3）检查转向油泵驱动皮带是否打滑或其他驱动形式的齿轮传动等有无损坏，发现问题后应按规定调整皮带紧度或更换性能不良的部件。

（4）对转向油泵输出压力进行检查。压力不足时应分解油泵，检查油泵是否磨损或内部泄漏是否严重、安全阀及流量控制阀是否泄漏或卡滞、弹簧弹力是否减弱或调整不当、各轴承是否烧结或严重磨损等。对于叶片式转向油泵还应检查转子上的密封环或油封是否损坏。对于齿轮式油泵应检查齿轮间隙是否过大等。查明故障予以修理，必要时更换油泵。如果油轴油封泄漏也应更换转向油泵。

项目情景七 转向系的结构认识与检修

综合考核与评价

1. 评价标准：

<table>
<tr><th>序号</th><th>考核内容</th><th>配分</th><th>得分</th></tr>
<tr><td>a</td><td>熟悉转向沉重的故障现象；
能依据故障现象准备判断故障情况</td><td>10</td><td></td></tr>
<tr><td>b</td><td>能够准确列举转向沉重的故障原因</td><td>20</td><td></td></tr>
<tr><td>c</td><td>诊断流程制定合理；
能够依据诊断流程选用合适的工具</td><td>20</td><td></td></tr>
<tr><td>d</td><td>依据诊断流程开展故障诊断；
随着故障诊断的开展，找出故障原因</td><td>20</td><td></td></tr>
<tr><td>e</td><td>通过讨论，能够列举转向沉重可能的故障原因</td><td>10</td><td></td></tr>
<tr><td>f</td><td>通过讨论，能够列举方向盘抖动可能的故障原因</td><td>20</td><td></td></tr>
<tr><td colspan="2" align="center">合　　计</td><td>100</td><td></td></tr>
</table>

活动评价

2. 自我检查评估

①自我检查任务完成的质量，确定是否达到活动预期要求。□完成 □未完成

②未完成的原因：

③自我评价：

3. 组间互评：

4. 指导教师评语：

项目情景八　制动系的结构认识与检修

任务描述

制动系统的功能是使行驶中的汽车减速甚至停车，使下坡行驶的汽车的速度保持稳定，以及使已经停驶的汽车保持静止。

对汽车起到制动作用的是作用在汽车上，方向与汽车行驶方向相反的外力。作用在行驶汽车上的滚动阻力、上坡阻力、空气阻力都能对汽车起制动作用，但这些外力的大小都是随机的、不可控制的。因此汽车上必须装备一系列专门的装置，以便驾驶员能根据道路和交通等情况，借以使外界（主要是路面）在汽车某些部分（主要是车轮）施加一定的力，对汽车进行一定程度的强制制动。这样的一系列专门装置即称为制动系统。本项目的主要任务是通过研究制动系统的功用、组成、分类等知识，掌握制动系统拆装的基本方法和步骤及检测。

学习目标

通过本单元的学习情景的探讨，要求学生具备以下能力：
1. 掌握制动系统的功用、组成及工作原理；
2. 掌握制动系统的类型及应用特点；
3. 掌握行车制动系统的拆检；
4. 掌握驻车制动系统的拆检。

案例导入

有一辆 2012 年 12 月生产的宝马 525LI 的车辆，该车行驶里程为 45124 公里，客户反映在低温时前部出现刺耳的制动噪声，当车辆热车之后，制动的尖锐响声就随之消失且客户反映能看到制动盘的摩擦面有明显的起槽现象。

该车进入维修厂进行检修，维修技师进行了如下的维修措施：

（1）维修技师根据客户的描述，了解到该车自购买之日起，一直在本店进行常规的维护保养和修理工作。对于制动系统，除了更换过一次制动液之外，未更换过刹车系统的其他零部件。

（2）通过目测检查确认前后制动盘确实出现了不同程度的磨损，如图 8-1 所示。

（3）将车辆停放后，待到汽车达到冷车的状态，通过专门的汽车检验进行试车检查，确认了在冷车进行持续制动（拖刹）时，前部制动器出现了尖锐的哨叫声。

（4）利用宝马专用的汽车检测仪 ISID 进行故障代码的检查，经检测无相关故障代码记录。

(5)将车辆举升后进行相关的外观检查:
- 检查刹车分泵外表没有异常;
- 检查制动液液位正常;
- 检查制动管路没有异常。

(6)对刹车进行相关的拆检流程,检查发现了前部制动片出现了崩角,如图8-2所示。

(7)更换制动盘和制动摩擦片后再进行试车,故障排除。

图8-1 制动盘表面　　　　　　　　图8-2 制动摩擦片

故障案例分析认为:该车自客户购车之日起,除了对制动液进行更换之外,未对制动系统进行常规的维护保养工作,使制动系统处于非正常的工作状态,造成了制动系统相关部件的疲劳;第二,该车已经行驶了一定的里程,制动摩擦片和制动盘经常处于比较恶劣环境下工作,这就有可能导致制动摩擦片的摩擦材料出现例如脱落、崩角的现象,更有可能出现在此案例中制动盘也被磨出凹槽来,从而导致在冷车进行制动时出现哨叫声的故障现象。通过对此故障的分析,下面将学习制动系统的结构与原理,并掌握有关制动系统的一些简单的故障检修工作。

 学习指导

通过对制动系统的结构与原理的认识,掌握制动系统的组件、分类、工作原理及其在汽车上的应用,了解制动系统的相关知识和内容,并能够对汽车制动系统产生的一些故障进行检修。

活动任务一　制动系统的结构认识

1. 项目活动要点

(1)在汽车底盘拆装实训室,利用制动示教台实物对制动系统的各个组件和结构进行认识;

(2)在实车上找到制动系统的相关组成部件。

2. 项目活动任务安排

项目化教学任务工单					
课程名称：汽车底盘构造与检修 学习情景：制动系统的认识 活动项目：制动系统的认识		班级：_____ 姓名：_____ 学号：_____ 第( )组		场所：汽车底盘拆装实训室 日期：_____	
活动 任务		1. 认识汽车制动系统的结构总成； 2. 重点认识制动系统各组成部件的结构和工作原理。			
活动 预期 效果		能力要点：能够正确认识制动的结构、原理及组件。 知识要点：1. 制动系统的工作原理； 　　　　　2. 各组件的结构及原理。 职业素养：团队协作，学会查找资料、观察实物的组成与运动关系，分析总结。			
活动 安排		学生以小组为单位，在整车上(或总成)认识制动系统的各部分零件。完成任务卡上"一、部件认识"的内容。			
活动 内容		1. 本次任务：_____ 2. 用到的设备：_____ 3. 工具的操作要领：_____ _____ 4. 计划工作流程(实训实施步骤)是： 5. 部件认识 在下图中，填写制动系统各部分的名称，并在整车或台架上找到各零件的位置。 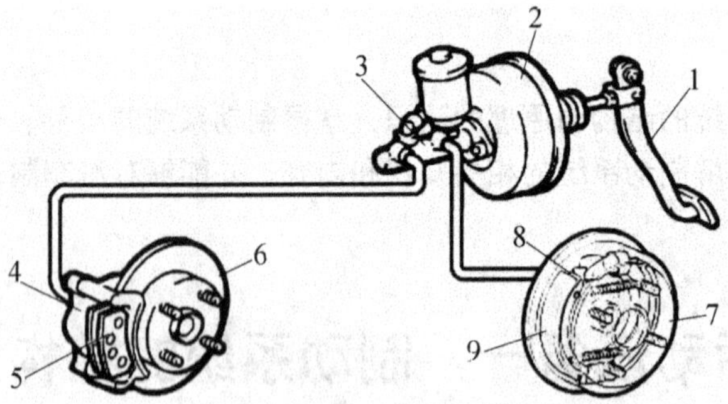 (1)_____；(2)_____；(3)_____；(4)_____；(5)_____； (6)_____；(7)_____；(8)_____；(9)_____			

8.1.1 概述

汽车制动器是指产生阻碍车辆运动或运动趋势的力(制动力)的部件,其中也包括辅助制动系统中的缓速装置。

目前,汽车所用的制动器几乎都是摩擦式的,可分为鼓式和盘式两大类。鼓式制动器摩擦副中的旋转元件为制动鼓,其工作表面为圆柱面;盘式制动器的旋转元件则为旋转的制动盘,以端面为工作表面。

制动器分为行车制动器(脚刹),如图 8-3、图 8-4 所示;驻车制动器(手刹)如图 8-5、图 8-6、图 8-7 所示。在行车过程中,一般都采用行车制动(脚刹),便于在行进的过程中减速停车,不单是使汽车保持不动。若行车制动失灵时才采用驻车制动。当车停稳后,就要使用驻车制动(手刹),防止车辆前滑和后溜。停车后一般除使用驻车制动外,上坡要将挡位挂在一挡(防止后溜),下坡要将挡位挂在倒挡(防止前滑)。

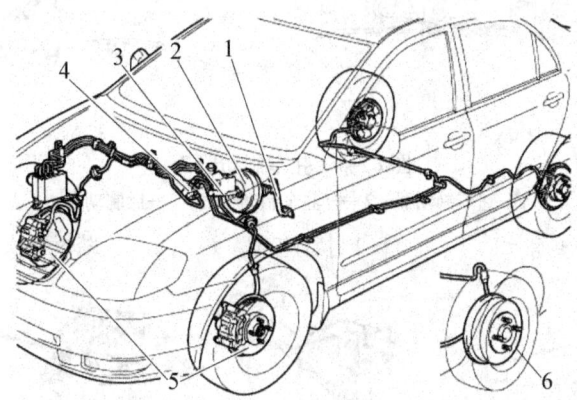

图 8-3 行车制动器
1—制动踏板;2—制动助力器;3—制动总泵;
4—配量阀(P 阀);5—盘式制动器;6—鼓式制动器

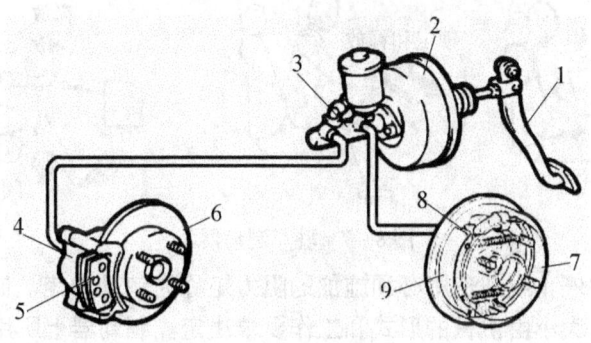

图 8-4 行车制动器
动踏板;2—制动助力器;3—制动总泵;4—盘式制动器的制动卡钳;
动衬块器摩擦片;6—制动器盘;7—制动鼓;8—制动衬片;9—制动蹄片

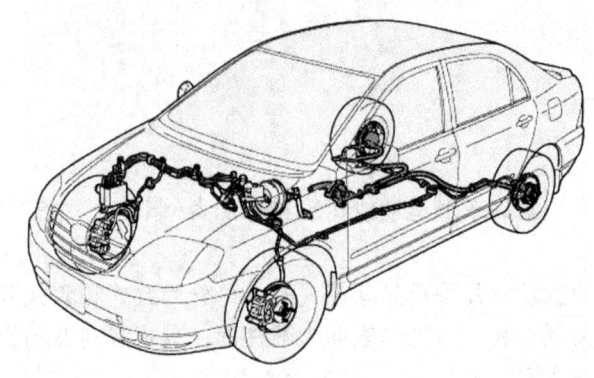

图8-5 驻车制动器1

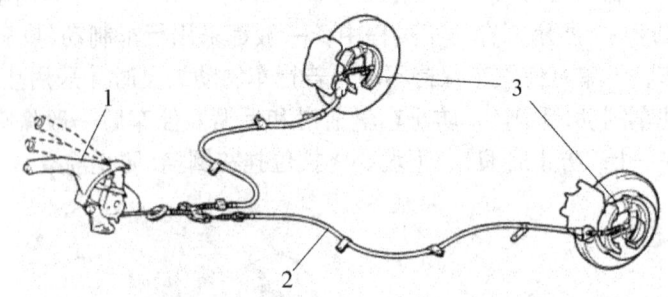

图8-6 驻车制动器2
1—驻车制动器；2—杆驻车制动缆线；3—后制动器

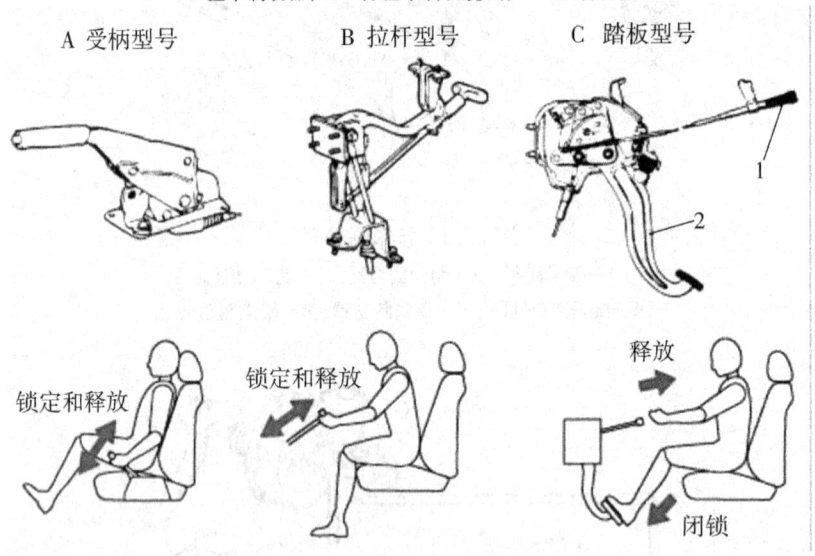

图8-7 驻车制动器3

使机械运转部件停止或减速所必须施加的阻力矩称为制动力矩。制动力矩是设计、选用制动器的依据，其大小由机械的形式和工作要求决定。制动器上所用摩擦材料（制动件）的性能直接影响制动过程，而影响其性能的主要因素为工作温度和温升速度。摩擦材料应具备高而稳定的摩擦系数和良好的耐磨性。摩擦材料分金属和非金属两类。前者常用的有铸铁、钢、青铜和粉末冶金等，后者有皮革、橡胶、木材和石棉等。

8.1.2 制动系统的分类

(1)制动器可以分为摩擦式和非摩擦式两大类。

①摩擦式制动器。靠制动件与运动件之间的摩擦力制动。

②非摩擦式制动器。制动器的结构形式主要有磁粉制动器(利用磁粉磁化所产生的剪力来制动)、磁涡流制动器(通过调节励磁电流来调节制动力矩的大小)以及水涡流制动器等。

(2)按制动件的结构形式又可分为外抱块式制动器、内张蹄式制动器、带式制动器、盘式制动器等。

(3)按制动件所处工作状态还可分为常闭式制动器(常处于紧闸状态,需施加外力方可解除制动)和常开式制动器(常处于松闸状态,需施加外力方可制动)。

(4)按操纵方式也可分为人力、液压、气压和电磁力操纵的制动器。

(5)按制动系统的作用制动系统可分为行车制动系统、驻车制动系统、应急制动系统及辅助制动系统等。上述各制动系统中,行车制动系统和驻车制动系统是每一辆汽车都必须具备的。

(6)按制动操纵能源,制动系统可分为人力制动系统、动力制动系统和伺服制动系统等。以驾驶员的肌体作为唯一制动能源的制动系统称为人力制动系统;完全靠由发动机的动力转化而成的气压或液压形式的势能进行制动的系统称为动力制动系统;兼用人力和发动机动力进行制动的制动系统称为伺服制动系统或助力制动系统。

(7)按制动能量的传输方式制动系统可分为机械式、液压式、气压式、电磁式等。同时采用两种以上传能方式的制动系统称为组合式制动系统。

8.1.3 制动系统的一般工作原理

制动系统的一般工作原理是,利用与车身(或车架)相连的非旋转元件和与车轮(或传动轴)相连的旋转元件之间的相互摩擦来阻止车轮的转动或转动的趋势。

可用一种简单的液压制动系统示意图来说明制动系统的工作原理。一个以内圆面为工作表面的金属制动鼓固定在车轮轮毂上,随车轮一同旋转。在固定不动的制动底板上,有两个支承销,支承着两个弧形制动蹄的下端。制动蹄的外圆面上装有摩擦片。制动底板上还装有液压制动轮缸,用油管与装在车架上的液压制动主缸相连通。主缸中的活塞可由驾驶员通过制动踏板机构来操纵。

当驾驶员踏下制动踏板,使活塞压缩制动液时,轮缸活塞在液压的作用下将制动蹄片压向制动鼓,使制动鼓减小转动速度,或保持不动。

刹车系统可通俗地分为"前盘后鼓"和"前鼓后盘"两种。目前市场中很多发动机排量较小的中低档车型,其制动系统大多采用"前盘后鼓式",即前轮采用盘式制动器,后轮采用鼓式制动器,比如常见的一汽大众捷达、长安铃木奥拓及羚羊、比亚迪福莱尔、东风悦达起亚千里马、上海通用赛欧等等。

实际应用差别很明显,盘刹比鼓刹好用。刹车鼓中的石棉材料会致癌。鼓刹与盘刹各有利弊。在刹车效果上,鼓刹与盘刹的相差并不大,因为刹车时,是轮胎和地面的摩擦力让车子逐渐停下来的。如果车身小巧,车身重量轻,后轮采用鼓刹就足以使轮胎和地面产生足够的摩擦力。如果后轮使用盘刹，ABS和EBD系统也会自动降低其刹车力度，以保证后轮不会失去抓地力出现打滑、抱死现象。

散热性上，盘刹要比鼓刹散热快，通风盘刹的散热效果更好；在灵敏度上，盘刹会更高些，不过在下雨天道路泥泞的情况下当刹盘沾了泥沙后刹车效果就会大打折扣，这也是盘刹的缺点。费用方面，鼓刹较盘刹更低，而且使用寿命更长，因此一些中低档车多会采用鼓刹，中高档以上的车型基本采取四轮盘刹。

汽车设计者从经济与实用的角度出发，一般轿车采用混合的形式，前轮盘式制动，后轮鼓式制动。四轮轿车在制动过程中，由于惯性的作用，前轮的负荷通常占汽车全部负荷的70%～80%，因此前轮制动力要比后轮大。轿车生产厂家为了节省成本，就采用前轮盘式制动，后轮鼓式制动的方式。四轮盘式制动的中高级轿车，采用前轮通风盘式制动是为了更好地散热，至于后轮采用非通风盘式同样也是成本的原因。毕竟通风盘式的制造工艺要复杂得多，价格也就相对昂贵。随着材料科学的发展及成本的降低，在轿车领域，盘式制动有逐渐取代鼓式制动的趋势。

一般制动器都是通过其中的固定元件对旋转元件施加制动力矩，使后者的旋转角速度降低，同时依靠车轮与地面的附着作用，产生路面对车轮的制动力以使汽车减速。凡利用固定元件与旋转元件工作表面的摩擦而产生制动力矩的制动器都成为摩擦制动器。

旋转元件固装在车轮或半轴上，即制动力矩直接分别作用于两侧车轮上的制动器称为车轮制动器。旋转元件固装在传动系的传动轴上，其制动力矩经过驱动桥再分配到两侧车轮上的制动器称为中央制动器。

8.1.4 制动系的功用及分类

使行驶中的汽车减速甚至停车，使下坡行驶的汽车的速度保持稳定，以及使已停驶的汽车保持不动，这些作用统称为制动；汽车上装设了一系列专门装置，以便驾驶员能根据道路和交通等情况，借以使外界（主要是路面）在汽车某些部分（主要是车轮）施加一定的力，对汽车进行一定程度的制动，这种可控制的对汽车进行制动的外力称为制动力；这样的一系列专门装置即称为制动系。

这种用以使行驶中的汽车减速甚至停车的制动系称为行车制动系；用以使已停驶的汽车驻留原地不动的装置，称为驻车制动系。这两个制动系是每辆汽车必须具备的。

任何制动系都具有以下4个基本组成部分：

（1）供能装置，包括供给、调节制动所需能量以及改善传能介质状态的各种部件。

（2）控制装置，包括产生制动动作和控制制动效果的各种部件。

（3）传动装置，包括将制动能量传输到制动器的各个部件。

（4）制动器，产生阻碍车辆的运动或运动趋势的力（制动力）的部件，其中包括辅助制动系中的缓速装置。

按制动能源来分类，行车制动系可分为，以驾驶员的肌体作为唯一制动能源的制动系称为人力制动系；完全靠由发动机的动力转化而成的气压或液压形式的势能进行制动的则是动力制动系，其制动源可以是发动机驱动的空气压缩机或油泵；兼用人力和发动机动力进行制动的制动系称为伺服制动系。

驻车制动系可以是人力式或动力式。专门用于挂车的还有惯性制动系和重力制动系。

按照制动能量的传输方式,制动系可分为机械式、液压式、气压式和电磁式等。同时采用两种以上传能方式的制动系统称为组合式制动系。

拓展训练

本单元认识了制动系统,请观察实训室中的制动系统的结构,分别指出盘式制动器和鼓式制动器。

综合考核与评价

1. 评价标准:

序号	考核内容	配分	得分
a	陈述制动系统的功用;每错误一处扣2分	15	
b	辨认制动系总成的机构与位置;每错误一处扣2分	25	
c	叙述行车制动与驻车制动的结构组成和工作原理;每错误一处扣2分	35	
d	完成任务工单,根据完成情况扣分	25	
	合　　计	100	

2. 自我检查评估

①自我检查任务完成的质量,确定是否达到活动预期要求? □完成 □未完成

②未完成的原因:

③自我评价:

3. 组间互评:

4. 指导教师评语:

活动任务二　盘式制动器的认识

1. 项目活动要点

在汽车底盘拆装实训室内,利用制动示教台实物或者实车对盘式制动器的各个组件和结构进行认识。

2. 项目活动任务安排

项目化教学任务工单		
课程名称:汽车底盘构造与检修 学习情景:制动系统的认识 活动项目:盘式制动器的认识	班级:_____ 姓名:_____ 学号:_____第( )组	场所:汽车底盘拆装实训室 日期:_____
活动任务	认识汽车制动系统中盘式制动器的结构。	

活动预期效果	能力要点：能够正确掌握盘式制动器的结构。 知识要点：盘式制动器的类型、结构。 职业素养：团队协作，学会查找资料、观察实物的组成与运动关系，分析总结。
活动安排	学生以小组为单位，在整车上(或总成)认识盘式制动器的各部件。完成任务卡上"部件认识"的内容。(20分钟)
活动内容	1. 本次任务： 2. 用到的设备： 3. 工具的操作要领： 4. 计划工作流程(实训实施步骤)是： 一、部件认识 1. 在下图中，填写制动系统各部分的名称，并在整车或台架上找到各零件的位置。 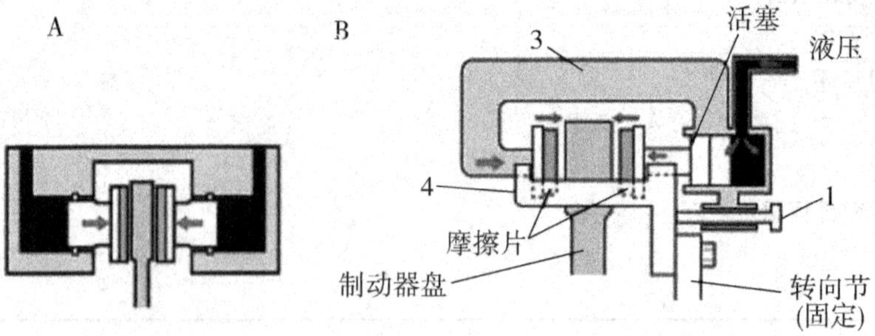 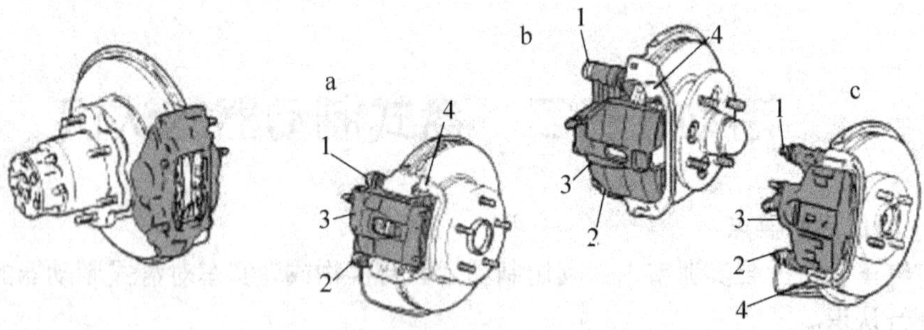 盘式制动器的类型： A. ＿＿＿＿＿＿；B. ＿＿＿＿＿＿；a. ＿＿＿＿＿＿；b. ＿＿＿＿＿＿；c. ＿＿＿＿＿＿ 各部件名称： (1)＿＿＿＿＿＿；(2)＿＿＿＿＿＿；(3)＿＿＿＿＿＿；(4)＿＿＿＿＿＿

2. 制动器盘：

A　　　　B　　　　C

在上图中，各制动器盘为 A _____；B _____；C _____。

3. 盘式制动器摩擦片

在上图中，该组件分别是 1. _____；2. _____。

8.2.1 概述

盘式制动器又称为碟式制动器，顾名思义是因其形状而得名。它由液压控制，主要零部件有制动盘、分泵、制动钳、油管等。制动盘用合金钢制造并固定在车轮上，随车轮转动。分泵固定在制动器的底板上不动，制动钳上的两个摩擦片分别装在制动盘的两侧，分泵的活塞受油管输送来的液压作用，推动摩擦片压向制动盘发生摩擦制动，动作起来就好像用钳子钳住旋转中的盘子，迫使它停下来一样。

盘式制动器摩擦副中的旋转元件是以端面工作的金属圆盘，被称为制动盘。其固定元件则有着多种结构形式，大体上可分为两类。一类是工作面积不大的摩擦块与其金属背板组成的制动块，每个制动器中有 2～4 个。这些制动块及其促动装置都装在横跨制动盘两侧的夹钳形支架中，总称为制动钳。这种由制动盘和制动钳组成的制动器称为钳盘式制动器。另一类固定元件的金属背板和摩擦片也呈圆盘形，制动盘的全部工作面可同时与摩擦片接触，这种制动器称为钳盘式制动器。钳盘式制动器过去只用作中央制动器，如今愈来愈多地被各级轿车和货车用作车轮制动器。钳盘式制动器只有少数汽车(主要是重型汽车)用作车轮制动器。这里只介绍钳盘式制动器。钳盘式制动器又可分为定钳盘式和浮钳盘式两类,如图8-8所示。

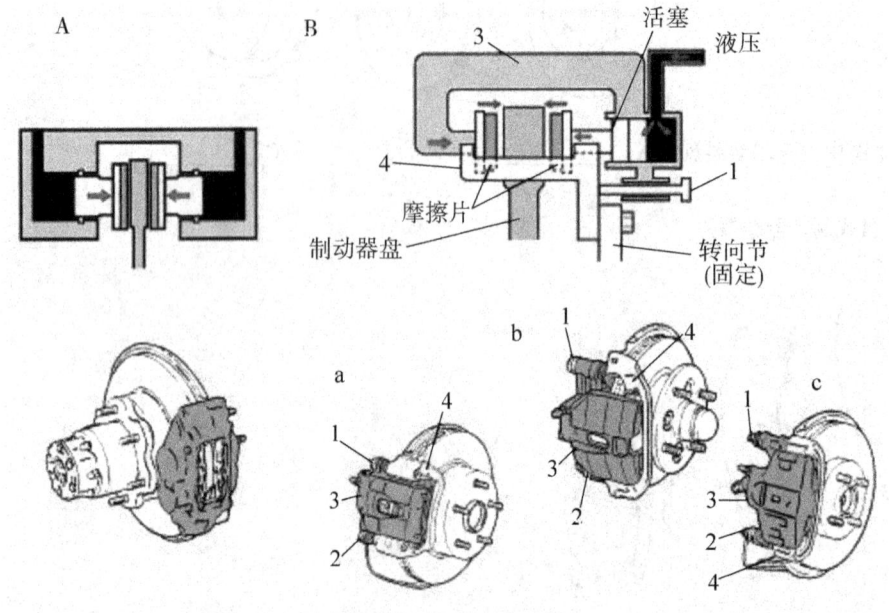

图8-8 盘式制动器
A—固定式制动卡钳 B—浮式制动卡钳型
a—FS型(双销型) b—AD型(一销,一螺栓型) c—PD型(双螺栓型)
1—销;2—螺栓;3—制动卡钳;4—扭矩板

8.2.2 定钳盘式制动器

定钳盘式制动器,跨置在制动盘上的制动钳体固定安装在车桥上,不能旋转也不能沿制动盘轴线方向移动,其内的两个活塞分别位于制动盘的两侧。制动时,制动油液由制动总泵(制动主缸)经进油口进入钳体中两个相通的液压腔中,将两侧的制动块压向与车轮固定连接的制动盘,从而产生制动。

这种制动器存在以下缺点:油缸较多,使制动钳结构复杂;油缸分置于制动盘两侧,必须用跨越制动盘的钳内油道或外部油管来连通,这使得制动钳的尺寸过大,难以安装在现代化轿车的轮辋内;热负荷大时,油缸和跨越制动盘的油管或油道中的制动液容易受热汽化;若要兼用于驻车制动,则必须加装一个机械促动的驻车制动钳。

8.2.3 浮钳盘式制动器

浮钳盘式制动器,制动钳体通过导向销与车桥相连,可以相对于制动盘轴向移动。制动钳体只在制动盘的内侧设置油缸,而外侧的制动块则附装在钳体上。制动时,液压油通过进油口进入制动油缸,推动活塞及其上的摩擦块向右移动,并压到制动盘上,使得油缸连同制动钳体整体沿销钉向左移动,直到制动盘右侧的摩擦块也压到制动盘上夹住制动盘并使其制动。与定钳盘式制动器相反,浮钳盘式制动器轴向和径向尺寸较小,而且制动液受热汽化的机会较少。此外,浮钳盘式制动器在兼充行车和驻车制动器的情况下,只需在行车制动钳油缸附近加装一些用以推动油缸活塞的驻车制动机械传动零件即可。故自20世纪70年代以来,浮钳盘式制动器逐渐取代了定钳盘式制动器。

8.2.4 盘式制动器的特点

1. 盘式刹车的优点

(1)由于刹车系统没有密封,因此刹车磨损的细削不会积聚在刹车系统上,盘式刹车的离心力可以将一切水、灰尘等污染向外抛出,以维持一定的清洁,此外由于盘式刹车零件独立在外,要比鼓式刹车更易于维修。

(2)这种制动器散热快,重量轻,构造简单,调整方便。特别是高负载时耐高温性能好,制动效果稳定,而且不怕泥水侵袭。在冬季和恶劣路况下行车,盘式制动比鼓式制动更容易在较短的时间内令车停下。有些盘式制动器的制动盘上还开了许多小孔,加速通风散热提高制动效率。

(3)盘式制动器与鼓式制动器相比,有以下优点:一般无摩擦助势作用,因而制动器效能受摩擦系数的影响较小,即效能较稳定;浸水后效能降低较少,而且只需经一两次制动即可恢复正常;在输出制动力矩相同的情况下,尺寸和质量一般较小;制动盘沿厚度方向的热膨胀量极小,不会像制动鼓的热膨胀那样使制动器间隙明显增加而导致制动踏板行程过大;较容易实现间隙自动调整,其他保养修理作业也较简便。对于钳盘式制动器而言,因为制动盘外露,还有散热良好的优点。

2. 盘式刹车的缺点

(1)盘式刹车除了成本较高,基本上皆优于鼓式刹车,但其维修成本比较高。

(2)盘式制动器不足之处是效能较低,故用于液压制动系统时所需制动促动管路压力较高,一般要用伺服装置。

反观鼓式制动器,由于散热性能差,在制动过程中会聚集大量的热量。制动蹄片和轮鼓在高温影响下较易发生极为复杂的变形,容易产生制动衰退和振抖现象,引起制动效率下降。当然,盘式制动器也有自己的缺陷。例如对制动器和制动管路的制造要求较高,摩擦片的耗损量较大,成本高,而且由于摩擦片的面积小,相对摩擦的工作面也较小,需要的制动液压高,必须要有助力装置的车辆才能使用,所以只能适用于轻型车。

目前,盘式制动器已广泛应用于轿车,但除了一些高性能轿车上用于全部车轮以外,大都只用作前轮制动器,而与后轮的鼓式制动器配合,以期汽车有较高制动同时保持方向稳定。在货车上,盘式制动器也有采用,但离普及还有较长时间。

拓展训练

本单元认识了盘式制动器的结构,请观察实训室中的盘式制动器的结构,概括其特点。

综合考核与评价

1. 评价标准：

<table>
<tr><td rowspan="7">活动评价</td><td colspan="4">

序号	考核内容	配分	得分
a	陈述盘式制动器的组成和基本工作原理；每错误一处扣2分	20	
b	辨认定钳式盘式制动器的结构及特点；每错误一处扣2分	25	
c	辨认浮钳式盘式制动器的结构及特点；每错误一处扣2分	25	
d	完成任务工单，根据完成情况扣分	30	
合　计		100	

</td></tr>
</table>

2. 自我检查评估

①自我检查任务完成的质量，确定是否达到活动预期要求？□完成□未完成

②未完成的原因：

③自我评价：

3. 组间互评：

4. 指导教师评语：

活动任务三　鼓式制动器的认识

1. 项目活动要点

在汽车底鼓拆装实训室内，利用制动示教台实物或者实车对鼓式制动器的各个组件和结构进行认识。

2. 项目活动任务安排

项目化教学工作页		
课程名称：汽车底盘构造与检修 学习情景：制动系统的认识 活动项目：鼓式制动器的认识	班级：＿＿＿＿＿＿ 姓名：＿＿＿＿＿＿ 学号：＿＿＿＿　第（　）组	场所：汽车底鼓拆装实训室 日期：＿＿＿＿＿＿
活动任务	认识汽车制动系统中鼓式制动器的结构。	
活动预期效果	能力要点：能够正确掌握鼓式制动器的拆装与检查。 知识要点：鼓式制动器的类型、结构。 职业素养：团队协作，学会查找资料、观察实物的组成与运动关系，分析总结。	
活动安排	学生以小组为单位，在整车上（或总成）认识鼓式制动器的各部件。完成任务卡上"一、鼓式制动器的基本结构认识"的内容。（20分钟）	

216

	鼓式制动器的结构
活动内容	1. 本次任务：_____ 2. 用到的设备：_____ 3. 工具的操作要领： 4. 计划工作流程（实训实施步骤）： 5. 部件认识 在下图中，拆下制动鼓，并填写鼓式制动器各部分的名称，并在整车或台架上找到各零件的位置。 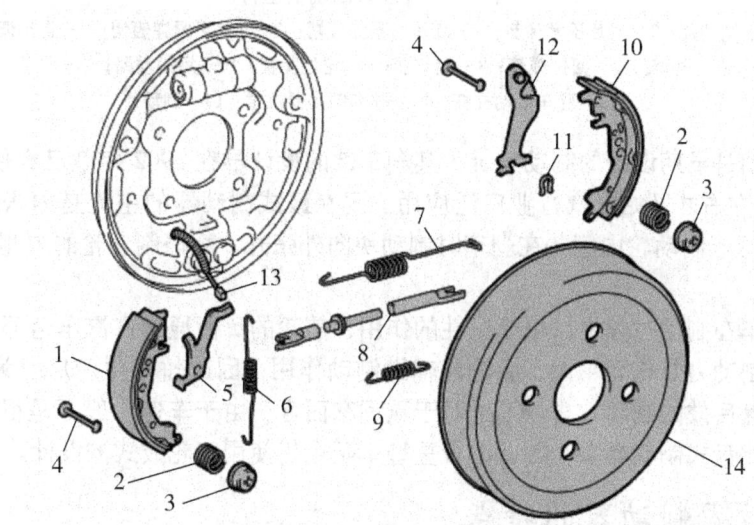 (1)_____；(2)_____；(3)_____；(4)_____；(5)_____； (6)_____；(7)_____；8)_____；(9)_____；(10)_____； (11)_____；(12)_____；(13)_____；(14)_____。

知识链接

8.3.1 概述

鼓式制动也叫块式制动，是靠制动块在制动轮上压紧来实现刹车的。其组件如图8-9所示。

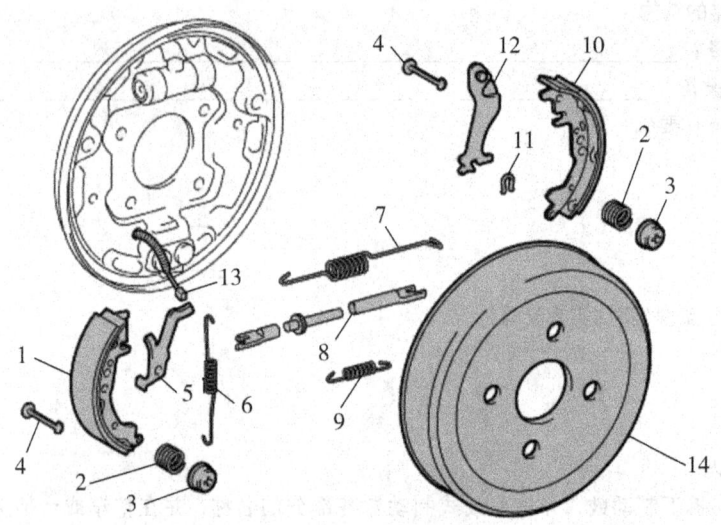

图 8-9 鼓式制动器组件

1—前制动蹄；2—蹄片压紧弹簧；3—蹄片压紧弹簧帽；4—蹄片压紧弹簧销；5—自动调节杆；
6—调节杆弹簧；7—回位弹簧；8—调节器；9—定位弹簧；10—后制动蹄；11—C型垫圈；
12—驻车制动杠杆；13—驻车制动器拉索；14—制动鼓

鼓式制动是早期设计的制动系统，其刹车鼓的设计早在1902年就已经使用在马车上，直到1920年左右才开始在汽行业广泛应用。现在鼓式制动器的主流是内张式，它的制动块（刹车蹄）位于制动轮内侧，在刹车时制动块向外张开，摩擦制动轮的内侧，达到刹车的目的。

四轮轿车在制动过程中，由于惯性的作用，前轮的负荷通常占汽车全部负荷的70%～80%，前轮制动力要比后轮大，后轮起辅助制动作用，因此轿车生产厂家为了节省成本，多数采用前盘后鼓的制动方式。不过对于重型车而言，由于车速一般不是很高，刹车蹄的耐用程度也比盘式制动器高，因此许多重型车至今仍使用四轮鼓式的设计。

8.3.2 鼓式制动器的特点

1. 鼓式刹车优点

（1）自刹作用：鼓式刹车有良好的自刹作用。由于刹车来令片外张，车轮旋转连带着外张的刹车鼓扭曲一个角度（当然不会大到让人很容易看得出来），刹车来令片外张力（刹车制动力）越大，该情形就越明显，因此，一般大型车辆还是使用鼓式刹车。除了成本较低外，大型车与小型车的鼓刹，差别可能只有大型车采用气动辅助，而小型车采用真空辅助。

（2）成本较低：鼓式刹车制造技术层次较低，也最先用于刹车系统，因此制造成本要比盘式刹车低，而且符合传统设计。

2. 鼓式刹车缺点

①由于鼓式刹车来令片密封于刹车鼓内，造成刹车来令片磨损后的碎削无法散去，影响刹车鼓与来令片的接触面而影响刹车性能。

②相对于盘式制动器，鼓式制动器的制动效能和散热性都要差许多，鼓式制动器的制

动力稳定性差，在不同路面上制动力变化很大，不易于掌控。

③由于散热性能差，在制动过程中会聚集大量的热量。

④制动块和轮鼓在高温影响下较易发生极为复杂的变形，容易产生制动衰退和振抖现象，引起制动效率下降。

⑤另外，鼓式制动器在使用一段时间后，要定期调校刹车蹄的空隙，甚至要把整个刹车鼓拆出清理累积在内的刹车粉。

⑥鼓刹最大的缺点是下雨天沾了雨水后会打滑，造成刹车失灵，这才是最危险的。

8.3.3 鼓式制动器的分类

1. 领从蹄式制动器

在制动鼓正向旋转和反向旋转时，都有一个领蹄和一个从蹄的制动器即称为领从蹄式制动器，图8-10所示为其结构示意图。

图8-10中箭头所示为汽车前进时制动鼓的旋转方向，即制动鼓的正向旋转方向。制动轮缸6所施加给制动蹄1的促动力 F_S 使得该制动蹄绕支承点3张开时的旋转方向与制动鼓的旋转方向相同。具有这种属性的制动蹄称为领蹄。与此相反，制动轮缸6所施加给制动蹄2的促动力 F_S 使得该制动蹄绕支承点4张开时的旋转方向与制动鼓的旋转方向相反。具有这种属性的制动蹄称为从蹄。当汽车倒驶，即制动鼓反向旋转时，蹄1变成从蹄，而蹄2则变成领蹄。

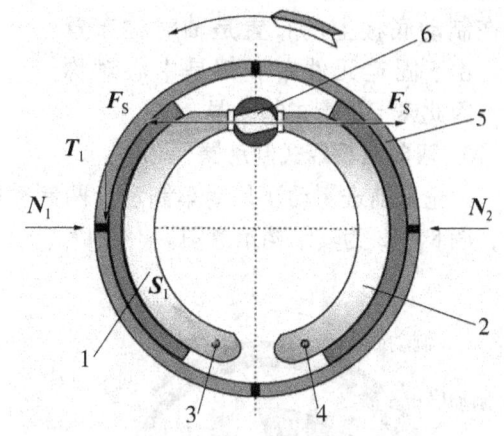

图8-10 领从蹄式制动器
1—领蹄；2—从蹄；3—领蹄支承点；4—从蹄支承点；
5—制动鼓；6—制动活塞

制动时两活塞对两个制动蹄所施加的促动力是相等的，凡两蹄所受促动力相等的领从蹄式制动器称为等促动力制动器。制动时，领蹄1和从蹄2在促动力 F_S 的作用下，分别绕各自的支承点3和4旋转到紧压在制动鼓5上。旋转着的制动鼓即对两制动蹄分别作用着法向反力 N_1 和 N_2，以及相应的切向反力 T_1 和 T_2，两蹄上的这些力分别为各自的支点3和4的支点反力 S_1 和 S_2 所平衡，领蹄上的切向力 T_1 所造成的绕支点3的力矩与促动力 F_S 所造成的绕同一支点的力矩是同向的。所以力 T_1 的作用结果是使领蹄1在制动鼓上压得更紧，即力 N_1 变得更大，从而力 N_1 也更大。这表明领蹄具"增势"作用。与此相反，切向力 T_2 则使从蹄2有放松制动鼓的趋势，即有使 N_2 和 T_2 本身减小的趋势。故从蹄具有"减势"作用。

由于领从蹄式制动器的制动鼓所受到的来自两蹄的法向力 N_1 和 N_2 不相平衡，则两蹄法向力之和只能由车轮轮毂轴承的反力来平衡，这就对轮毂轴承造成了附加径向载荷，使其寿命缩短。凡制动鼓所受来自两蹄的法向力不能互相平衡的制动器称为非平衡式制动器。

2. 单向双领蹄式制动器

在制动鼓正向旋转时，两蹄均为领蹄的制动器称为单向双领蹄式制动器，8-11 所示为其结构示意图。

双领蹄式制动器与领从蹄式制动器在结构上主要有两点不相同，一是双领蹄式制动器的两制动蹄各有一个单活塞轮缸，而领从蹄式制动器的两蹄共用一个活塞式轮缸；二是双领蹄式制动器的两套制动蹄、制动轮缸、支承销在制动底板上的布置是中心对称的，而领从蹄式制动器中的制动蹄、制动轮缸、支承销在制动底板上的布置是轴对称布置的。由于固定元件布置都是中心对称的，因此属于平衡式制动器。

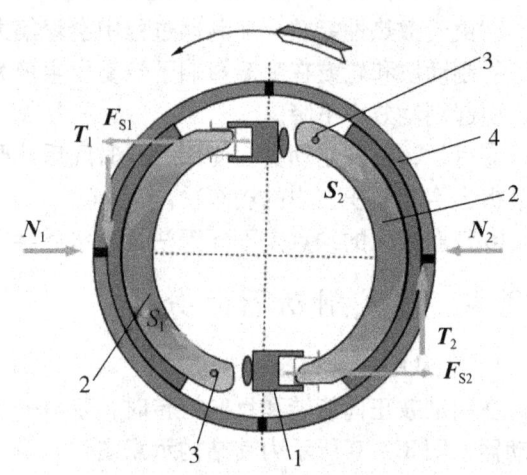

图 8-11 单向双领蹄式制动器
1—活塞；2—前制动蹄；3—支承销；4—制动鼓

3. 双向双领蹄式制动器

无论是前进制动还是倒车制动，两制动蹄都是领蹄的制动器称为双向双领蹄式制动器，图 8-12 为其结构示意图。

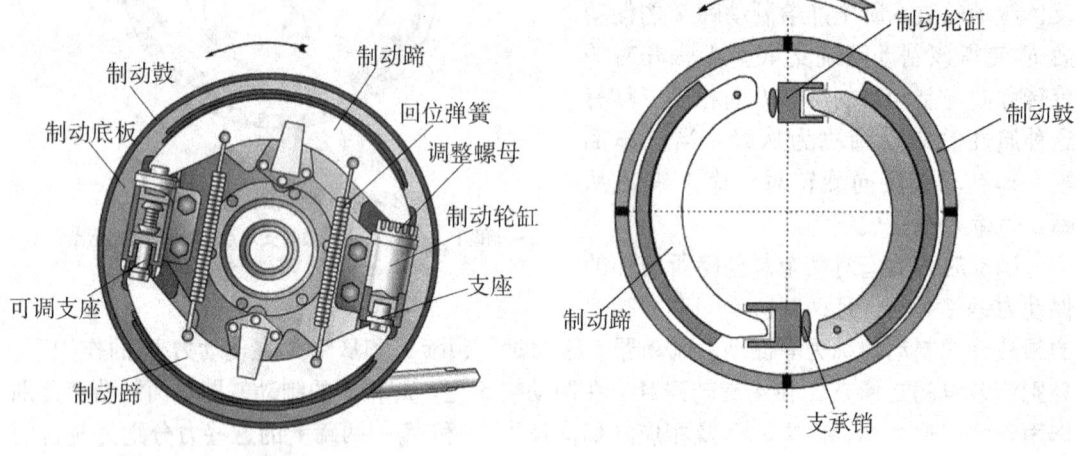

图 8-12 双向双领蹄式制动器　　　　图 8-13 双从蹄式制动器

与领从蹄式制动器相比，双向双领蹄式制动器在结构上有三个特点：一是采用两个双活塞式制动轮缸；二是两制动蹄的两端采用浮式支承，且支点的周向位置也是浮动的；三是制动底板上的所有固定元件，如制动蹄、制动轮缸、回位弹簧等都是成对的，而且既按轴对称，又按中心对称布置，属于平衡式制动器。

4. 双从蹄式制动器

前进制动时两制动蹄均为从蹄的制动器称为双从蹄制动器，图 8-13 所示为其结构示意图。

这种制动器与双领蹄式制动器结构很相似，两者的差异只在于固定元件与旋转元件的相对运动方向不同。虽然双从蹄式制动器前进制动效能低于双领蹄式和领从蹄式制动器，但其效能对摩擦系数变化的敏感程度较小，即具有良好的制动效能稳定性，属于平衡式制动器。

5. 单向自增力式制动器

图 8-14 所示为其结构示意图，第一制动蹄 1 和第二制动蹄 2 的下端分别浮支在浮动的顶杆 6 的两端。

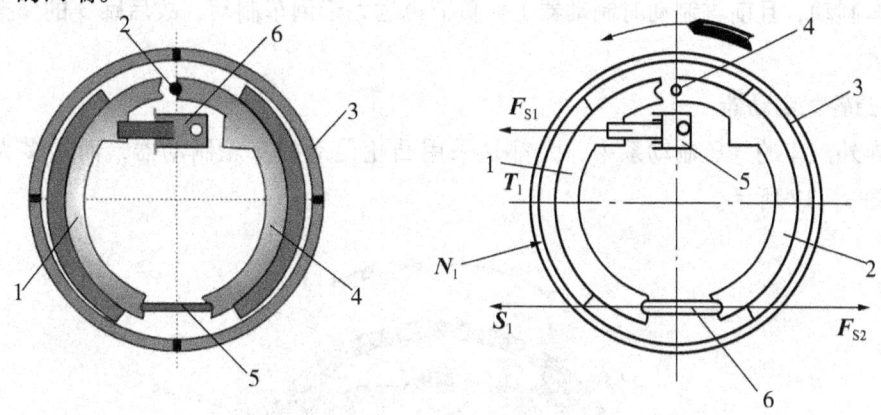

图 8-14　单向自增力式制动器　　　　图 8-15　作用力分析
1—第一制动蹄；2—支承销；3—制动鼓；4—第二制动蹄；5—浮动顶杆；6—制动活塞

汽车前进制动时，如图 8-15 所示的作用力分析，单活塞式轮缸将促动力 F_{S1} 加于第一蹄，使其上压靠到制动鼓 3 上。第一蹄是领蹄，并且在各力作用下处于平衡状态。顶杆 6 是浮动的，将与力 S_1 大小相等、方向相反的促动力 F_{S2} 施于第二蹄。故第二蹄也是领蹄。作用在第一蹄上的促动力和摩擦力通过顶杆传到第二蹄上，形成第二蹄促动力 F_{S2}。对制动蹄 1 进行受力分析可知，$F_{S2} > F_{S1}$。此外，力 F_{S2} 对第二蹄支承点的力臂也大于力 F_{S1} 对第一蹄支承的力臂。因此，第二蹄的制动力矩必然大于第一蹄的制动力矩。

倒车制动时，第一蹄的制动效能比一般领蹄的低得多，第二蹄则因未受促动力而不起制动作用。

6. 双向自增力式制动器

图 8-16 所示为其结构示意图，其特点是制动鼓正向和反向旋转时均能借蹄鼓间的摩擦起自增力作用。

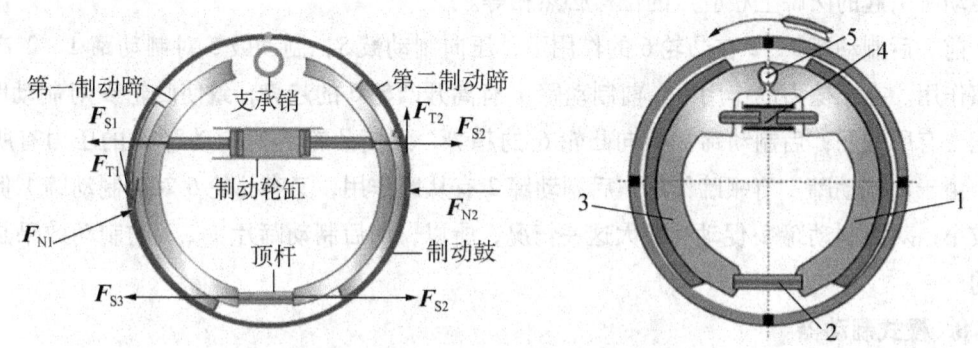

图 8-16　双向自增力式制动器
1—前制动蹄；2—顶杆；3—后制动蹄；4—轮缸；5—支承销

它的结构不同于单向自增力式之处主要是采用双活塞式制动轮缸4,可向两蹄同时施加相等的促动力F_S。制动鼓正向(如箭头所示)旋转时,前制动蹄1为第一蹄,后制动蹄3为第二蹄,制动鼓反向旋转时则情况相反。由图8-16可见,在制动时,第一蹄只受一个促动力F_S,而第二蹄则有两个促动力F_S和F,且$S>F_S$。考虑到汽车前进制动的机会远多于倒车制动,且前进制动时制动器工作负荷也远大于倒车制动,故后蹄3的摩擦片面积做得较大。

7. 凸轮式制动器

国内外汽车的气压制动系中,大都是采用凸轮促动的车轮制动器,而且多为领从蹄式,如图8-17所示。

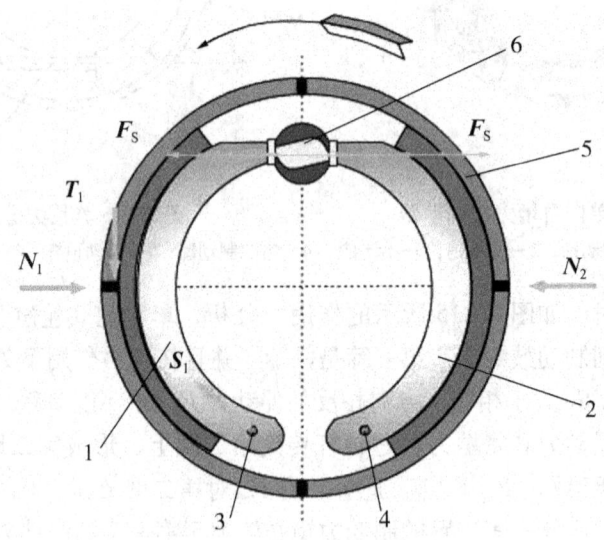

图 8-17 凸轮式制动器

1—前制动蹄;2—后制动蹄;3—前制动蹄支点;4—后制动蹄支点;5—制动鼓;6—凸轮

制动时,制动调整臂在制动气室1的推杆作用下,带动凸轮轴2转动,使得两制动蹄压靠到制动鼓3上而制动。由于凸轮轮廓的中心对称性及两蹄结构和安装的轴对称性,凸轮转动所引起的两蹄上相应点的位移必然相等。

前、后制动蹄1、2在凸轮6的作用下,压向制动鼓5,制动鼓5对制动蹄1、2产生摩擦作用。在摩擦力的作用下,前制动蹄1有离开凸轮6的趋势,致使凸轮6对制动蹄1的压力有所减弱;后制动蹄2有向凸轮6的趋势,致使凸轮6对制动蹄2的压力有所增强。由于前制动蹄1有领蹄作用,后制动蹄2有从蹄作用,又有凸轮6对前制动蹄1促动力较小,对后制动蹄2促动力较大这一情况,所以,前后制动蹄片1、2的制动效果是接近的。

8. 楔式制动器

楔式制动器中两蹄的布置可以是领从蹄式,如图8-18所示。作为制动蹄促动件的制动楔本身的促动装置可以是机械式、液压式或气压式。两制动蹄端部的圆弧面分别浮支在柱塞 3 和柱塞 6 的外端面直槽底面上。柱塞 3 和 6 的内端面都是斜面，与支于隔架 5 两边槽内的滚轮 4 接触。制动时，轮缸活塞 15 在液压作用下推使制动楔 13 向内移动。后者又使二滚轮一面沿柱塞斜面向内滚动，一面推使二柱塞 3 和 6 在制动底板 7 的孔中外移一定距离，从而使制动蹄压靠到制动鼓上。轮缸液压一旦撤除，这一系列零件即在制动蹄回位弹簧的作用下各自回位。导向销 1 和 10 用以防止两柱塞转动。

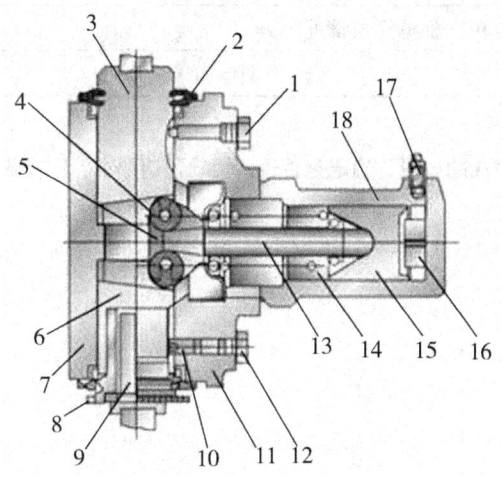

图 8-18　楔式制动器

1—导向销；2—防尘罩；3—柱塞；4—滚轮；5—滚轮隔离架；6—调整柱塞；7—制动底板；
8—调整螺母；9—调整螺钉；10—导向棘爪销；11—弹簧；12—螺塞；13—制动楔；
14—制动楔回位弹簧；15—轮缸活塞；16—活塞限位块；17—放气螺钉；18—轮缸体

以上介绍的各种鼓式制动器各有利弊。就制动效能而言，在基本结构参数和轮缸工作压力相同的条件下，自增力式制动器由于对摩擦助势作用利用得最为充分而居首位，以下依次为双领蹄式、领从蹄式、双从蹄式。但蹄鼓之间的摩擦系数本身是一个不稳定的因素，因制动鼓和摩擦片的材料、温度和表面状况（如是否沾水、沾油，是否有烧结现象等）的不同可在很大范围内变化。自增力式制动器的效能对摩擦系数的依赖性最大，因而其效能的热稳定性最差。在制动过程中，自增力式制动器制动力矩的增长在某些情况下显得过于急速。双向自增力式制动器多用于轿车后轮，原因之一是便于兼充驻车制动器。单向自增力式制动器只用于中、轻型汽车的前轮，因倒车制动时对前轮制动器效能的要求不高。双从蹄式制动器的制动效能虽然最低，但却具有最良好的效能稳定性，因而还是有少数华贵轿车为保证制动可靠性而采用（例如英国女王牌轿车）。领从蹄制动器发展较早，其效能及效能稳定性均居于中游，且有结构较简单等优点，故目前仍相当广泛地用于各种汽车。

拓展训练

本单元认识了鼓式制动器的结构和拆装过程，请观察实训室中的鼓式制动器的结构，概括其特点。

综合考核与评价

活动评价

1. 评价标准：

序号	考核内容	配分	得分
a	陈述鼓式制动器的功用、组成及在汽车上的应用；每错误一处扣 2 分	25	
b	辨识鼓式制动器的结构及特点；每错误一处扣 2 分	30	
c	叙述鼓式制动器的工作原理；每错误一处扣 2 分	15	
d	完成任务工单，根据完成情况扣分	30	
	合　　计	100	

2. 自我检查评估
① 自我检查任务完成的质量，确定是否达到活动预期要求？□完成□未完成
② 未完成的原因：
③ 自我评价：

3. 组间互评：

4. 指导教师评语：

活动任务四　制动系统的检查与调整

1. 项目活动要点

在汽车底盘拆装实训室内，利用制动示教台实物或者实车对进行相关间隙的调整作业；

2. 项目活动任务安排

项目化教学工作页			
课程名称：汽车底盘构造与检修 学习情景：制动系统的认识与检修 活动项目：制动系统的检查与调整		班级：_____ 姓名：_____ 学号：_____ 第（　）组	场所：汽车底盘拆装实训室 日期：_____
活动任务	1. 认识汽车制动系统的相关的间隙； 2. 掌握制动系统相关间隙的调整方法及流程。		
活动预期效果	能力要点：1. 掌握制动系统有哪些位置需要进行间隙调整； 　　　　　2. 能够从在台架或整车上对制动系统的相关间隙进行调整并验证调整是否正确。 知识要点：1. 制动系统相关间隙调整的位置、工具的使用； 　　　　　2. 制动系统间隙调整的步骤和方法。 职业素养：团队协作，学会查找资料、观察实物的组成与运动关系，分析总结。		

项目情景八　制动系的结构认识与检修

活动安排	学生以小组为单位，在整车上（或总成）认识制动系统的动作。完成任务卡上"活动内容"。（90分钟）
活动内容	1. 本次任务：＿＿＿＿＿＿＿＿＿＿＿＿＿＿＿＿＿＿＿＿＿＿＿＿＿＿＿ 2. 用到的设备：＿＿＿＿＿＿＿＿＿＿＿＿＿＿＿＿＿＿＿＿＿＿＿＿＿ 3. 工具的操作要领：＿＿＿＿＿＿＿＿＿＿＿＿＿＿＿＿＿＿＿＿＿＿ ＿＿＿＿＿＿＿＿＿＿＿＿＿＿＿＿ 4. 计划工作流程（实训实施步骤）： 一、检查和调整行车制动踏板高度 1. 检查和调整制动踏板高度 (1) 在什么状态对制动踏板高度进行检查？ (2) 该车型制动踏板高度的标准是多少？ (3) 你从台架或车辆上所测得的踏板高度是多少？是否超出标准值？ (4) 如果该高度超出标准值，你的处理方式是什么？ (5) 根据指导手册，请简要列出制动踏板高度调整的流程。 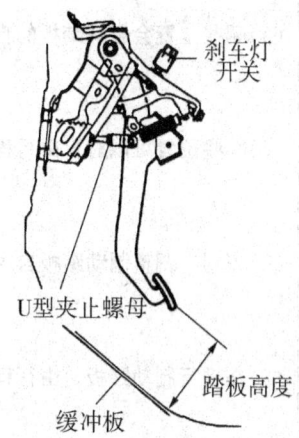 2. 调整作业完毕后应对哪些项目进行确认或者调整？为什么？请简要列出相关项目调整的流程。 二、检查制动踏板自由行程 1. 检查和调整制动踏板自由行程

225

| 活动内容 | (1)在什么状态对制动踏板自由行程进行检查？

(2)该车型制动踏板自由行程的标准是多少？

(3)你从车辆上所测得的踏板自由行程是多少？是否超出标准值？

(4)如果该自由行程超出标准值，会导致制动系统出现什么故障？

(5)哪些位置会影响踏板的自由行程？

(6)哪些位置可以对自由行程进行调整？

(7)请列出调整制动踏板自由行程的作业流程。

(8)在进行制动踏板自由行程检查与调整过程中，要注意什么问题？

三、检查制动盘跳动
1. 制动盘的跳动检查
(1)在什么情况下要对制动进行跳动检查？

(2)进行磁性表座和百分表安装时要注意什么问题？

(3)在进行制动盘跳动检查时应注意什么问题？

(4)在进行制动盘跳动检查前应做什么准备工作？

(5)该车型的"最大制动盘跳动"量是多少？

活动内容	(6)请简要列出制动盘跳动检查的步骤。 (7)该车型所测得的跳动量是多少？是否超出标准值？ (8)如果制动盘的跳动量超出标准值，是什么原因导致的？ 四、拆检与调整驻车制动器 1. 驻车制动器的检查与调整 (1)在什么情况下要对驻车制动器进行检查？

8.4.1 制动系统的调整

8.4.1.1 检查和调整制动踏板高度

制动踏板的高度直接影响刹车的安全，并且对制动踏板的自由行程和制动踏板行程也有着重要的影响。

下列描述了丰田凯美瑞汽车制动踏板高度的调节方法。

1. 拆解

1）拆卸停车灯开关总成

转动刹车灯开关总成并拆除。

2）拆卸刹车灯开关安装调节器，如图8-19所示。

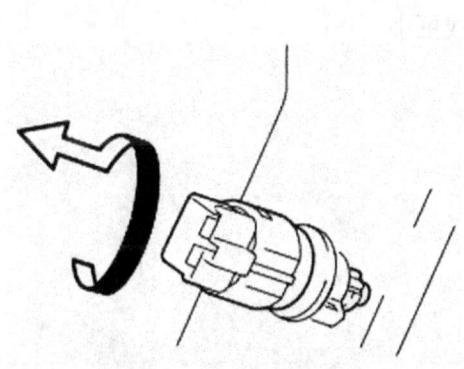

图8-19 拆卸刹车灯开关

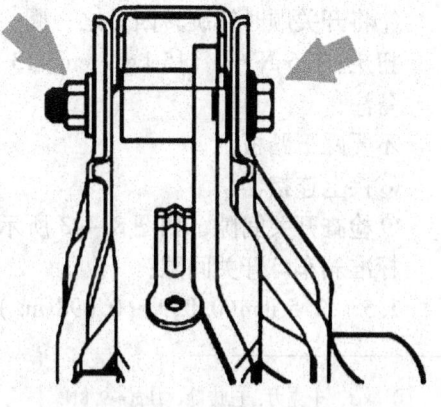

图8-20 拆卸螺栓和螺母

3)拆卸制动踏板分总成

(1)拆卸螺栓和螺母,如图8-20所示。

(2)拆卸2个制动踏板衬套、制动踏板轴套环和制动踏板分总成。

4)拆卸制动踏板衬块

2. 调整

1)检查和调整制动踏板高度

(1)检查制动踏板高度,如图8-21所示。

踏板距离缓冲板的高度:

$129.9 \sim 139.9$ mm($5.114 \sim 5.508$ in.)

2)调整制动踏板高度。

①从停车灯开关总成上断开连接器。

②拆卸刹车灯开关。

③松开推杆U型夹锁止螺母。

④通过转动推杆,调整踏板高度。

⑤拧紧U型夹锁止螺母。

扭矩:26 N·m (265 kgf①·cm, 19 ft.·lbf②)

⑥将开关插入调节器直到开关碰到踏板,如图8-22所示。

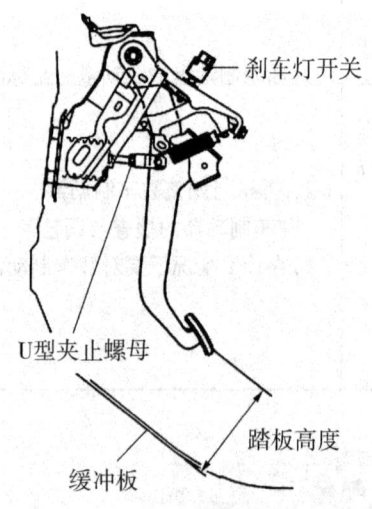

图8-21 检查踏板高度

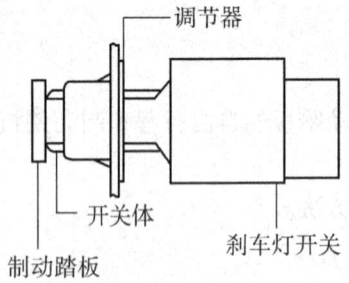

图8-22 安装开关

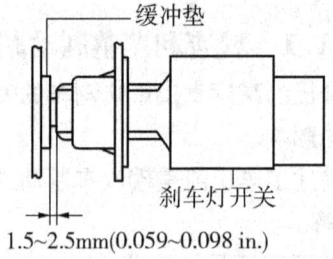

图8-23 确认间隙

备注:

不要踩下踏板。

⑦将开关顺时针旋转四分之一圈。

扭矩:1.5 N·m (15 kgf·cm, 13 in.·lbf) 或更小

备注:

不要踩下踏板。

⑧接上连接器。

⑨检查开关间隙,如图8-23所示。

标准刹车灯开关间隙:

$1.5 \sim 2.5$ mm($0.059 \sim 0.098$ in.)

---

① kgf,千克力,已废除,1kgf≈9.8N。
② lbf,磅推力,非法定计量单位,1lbf=4.45N。

8.4.1.2 检查制动踏板自由行程

1. 检查制动踏板自由行程

(1) 停止发动机。踩下踏板数次直到助力器中没有真空。松开踏板。

(2) 踩下踏板,直到能感到轻微阻力。按图所示测量距离,如图8-24所示。

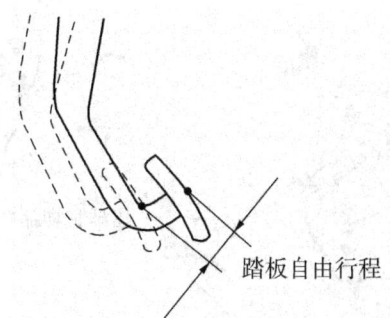

图 8-24 检查自由行程

踏板自由行程:

1.0 ~ 6.0 mm(0.039 ~ 0.236 in.)

如果踏板自由行程不符合规定,则下一个步骤检查开关间隙。如果踏板自由行程符合规定,则进入"检查踏板行程余量"步骤。

(3) 检查开关间隙。

标准刹车灯开关间隙:

1.5 ~ 2.5 mm(0.059 ~ 0.098 in.)

如果间隙不符合规定,则重新安装开关并重新检查踏板自由行程。如果间隙符合规定,则对制动系统进行故障排除并进入"检查踏板行程余量"步骤。

8.4.1.3 检查制动盘跳动

1. 检查踏板行程余量

(1) 松开驻车制动踏板或驻车制动器杆。

(2) 如图8-25所示,发动机正在运转时,踩下踏板,测量踏板行程余量。

在 500 N(51 kgf, 112 lbf)时,踏板离缓冲板的行程余量:61 mm(2.402 in.)

如果行程余量不符,应对制动系统进行故障排除。

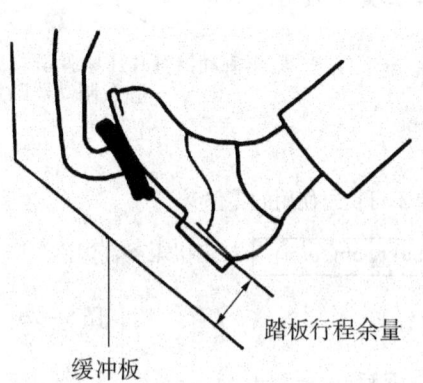

图 8-25 检查踏板行程余量

8.4.1.4 拆检与调整驻车制动器

1. 驻车制动器组件

驻车制动器组件如图 8-26 所示。

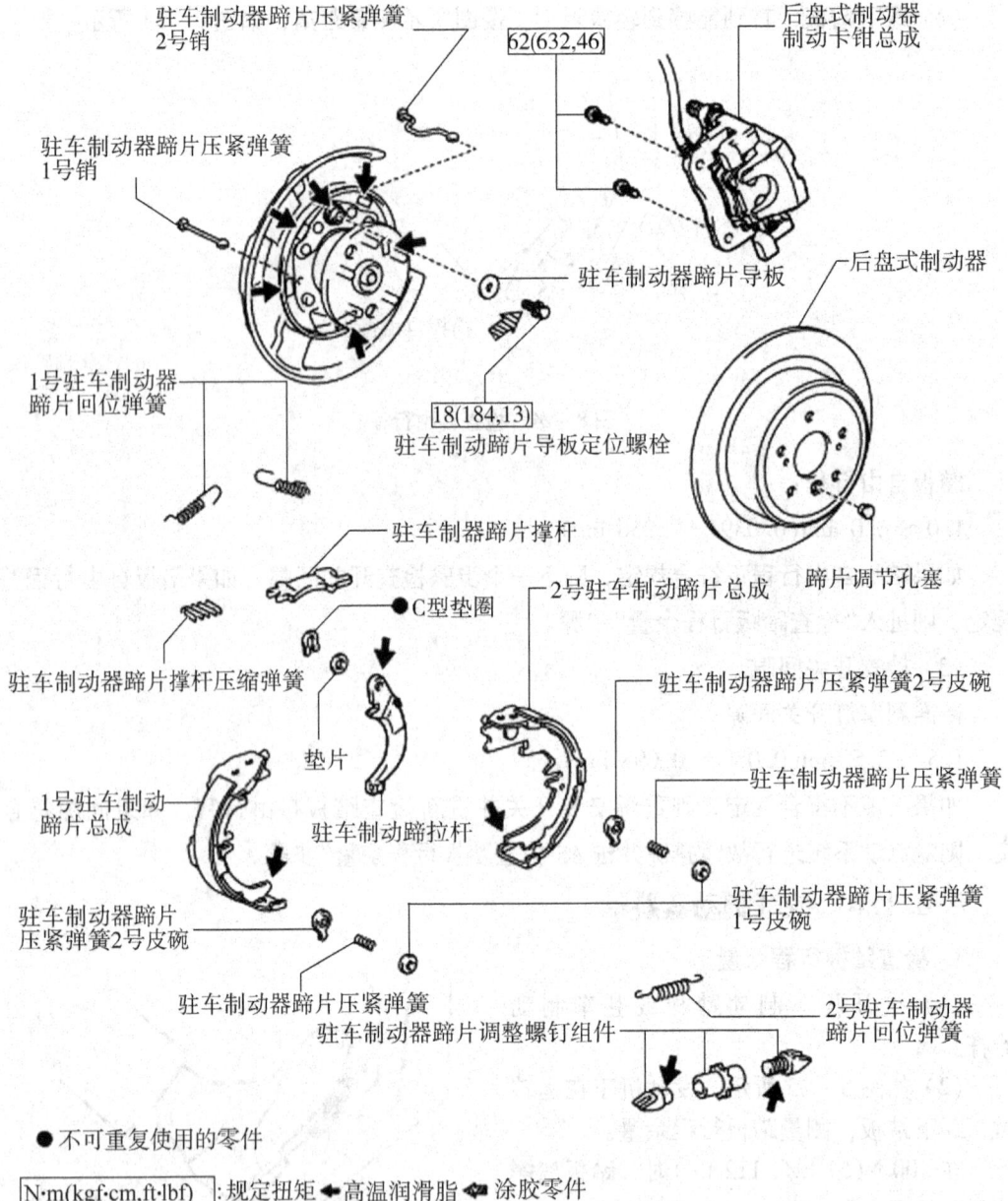

图 8-26 驻车制动器组件

2. 拆解

建议：
- 对于 RH 侧和 LH 侧，要遵循同样的步骤。
- 下面所列的步骤适用于 LH 侧。

1)拆卸后轮
2)分离后盘式制动器制动卡钳总成
(1)拆卸2个螺栓,并分离后盘式制动器制动卡钳总成,如图8-27所示。

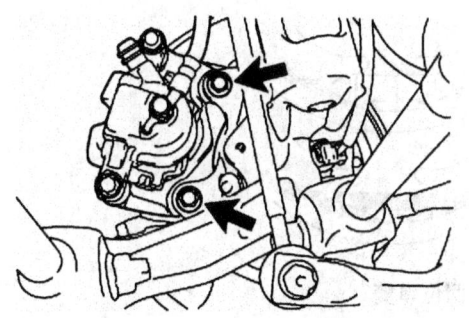

图8-27 拆卸制动卡钳螺栓

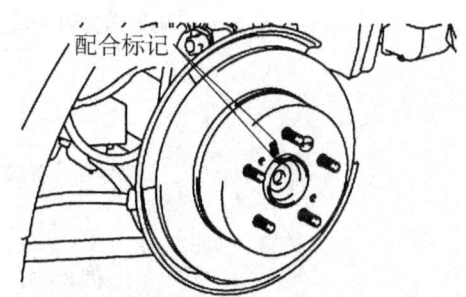

图8-28 做好拆卸标记

建议:
不要将制动软管从盘式制动器制动卡钳总成上断开。
3)拆卸后盘式制动器
(1)松开驻车制动器并在后制动盘和车桥轮毂上标上配合标记,如图8-28所示。
(2)拆卸后制动盘。
建议:
如果制动盘不易拆下,转动蹄片调节器直到车轮可以自由转动。
4)拆卸1号驻车制动器蹄片回位弹簧
(1)用尖嘴钳拆卸2个1号驻车制动器蹄片回位弹簧,如图8-29所示。

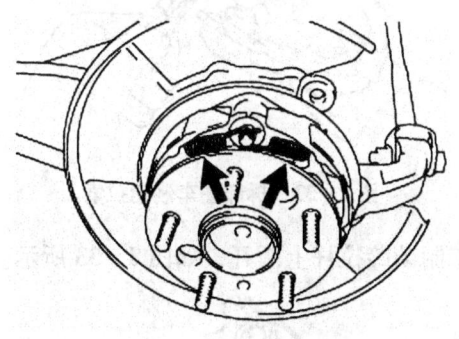

图8-29 拆卸回位弹簧

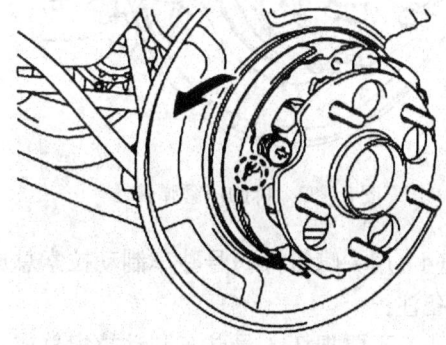

图8-30 松开定位爪

5)拆卸驻车制动器蹄片撑杆
拆卸驻车制动器蹄片撑杆和驻车制动器蹄片撑杆压缩弹簧。
6)拆卸1号驻车制动蹄片总成
(1)松开驻车制动器蹄片压紧弹簧1号皮碗的定位爪,如图8-30所示。
(2)按照图示拆卸1号驻车制动器蹄片总成。
(3)拆卸驻车制动器蹄片压紧弹簧1号皮碗、驻车制动器蹄片压紧弹簧、驻车制动器蹄片压紧弹簧2号皮碗和驻车制动器蹄片压紧弹簧1号销。

7) 拆卸驻车制动器蹄片调整螺钉组件
(1) 拆卸驻车制动器蹄片调整螺钉组件。
(2) 拆卸驻车制动蹄片 2 号回位弹簧,如图 8-31 所示。

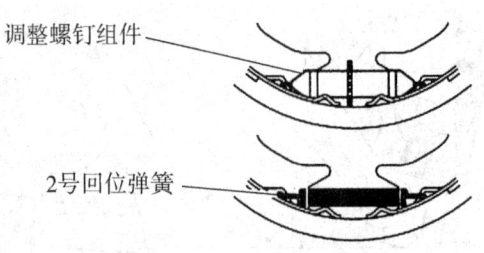

图 8-31 拆卸 2 号回位弹簧

8) 拆卸 2 号驻车制动蹄片总成
(1) 松开驻车制动器蹄片压紧弹簧 1 号皮碗的定位爪。
(2) 按照图示拆卸 2 号驻车制动器蹄片总成,如图 8-32 所示。
(3) 拆卸驻车制动器蹄片压紧弹簧 1 号皮碗、驻车制动器蹄片压紧弹簧、驻车制动器蹄片压紧弹簧 2 号皮碗和驻车制动器蹄片压紧弹簧 2 号销。

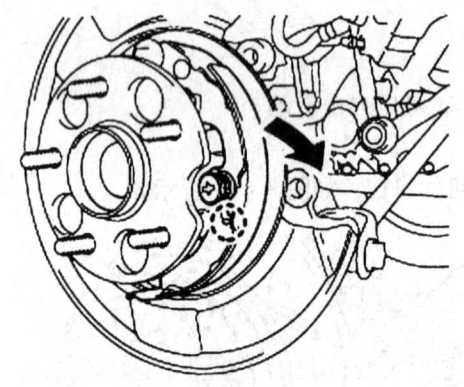

图 8-32 拆卸压紧弹簧

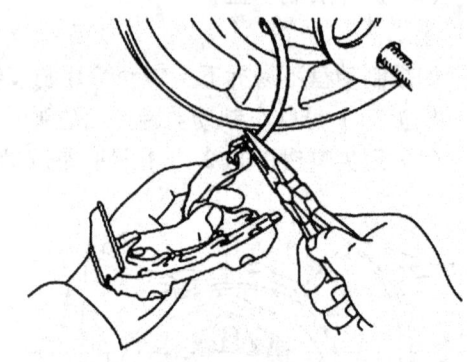

图 8-33 拆卸驻车制动拉索

(4) 用尖嘴钳将 3 号驻车制动拉索总成从驻车制动蹄拉杆上断开,如图 8-33 所示。
备注:
小心不要损坏 3 号驻车制动拉索总成。

9) 拆卸驻车制动蹄拉杆
使用螺丝刀拆卸 C 型垫圈、垫片和驻车制动蹄拉杆,如图 8-34 所示。

10) 拆卸驻车制动蹄片导板
拆卸驻车制动蹄片导板定位螺栓和驻车制动蹄片导板,如图 8-35 所示。

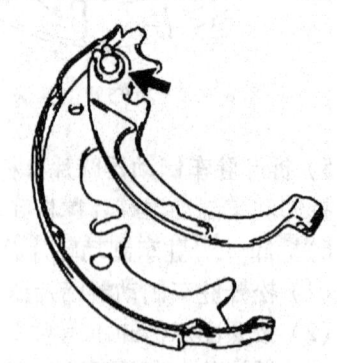

图 8-34 拆卸 C 型垫圈

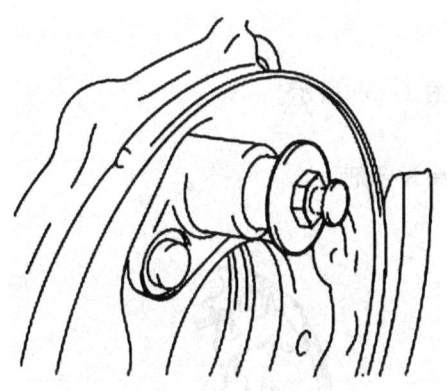

图8-35 拆卸导板

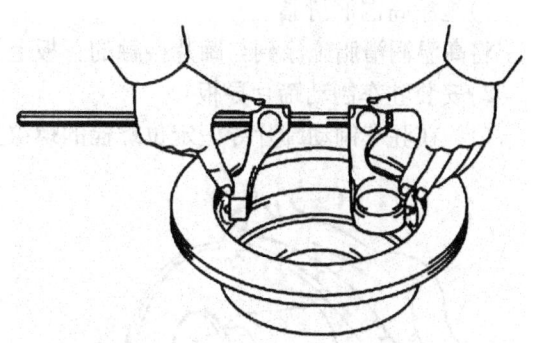

图8-36 测量制动盘内径

3. 检查

1) 检查制动盘内径

(1) 使用制动鼓计量表或等同物,测量制动盘内径,如图8-36所示。

标准内径:170 mm (6.69 in.)

最大内径:171 mm (6.73 in.)

如果内径大于最大值,则更换后制动盘。

2) 检查驻车制动蹄衬层厚度

(1) 用直尺测量制动蹄衬层厚度,如图8-37所示。

标准厚度:2.0 mm (0.079 in.)

最小厚度:1.0 mm (0.039 in.)

若衬层厚度小于最小厚度,或者有严重的或不均匀的磨损,则更换制动蹄。

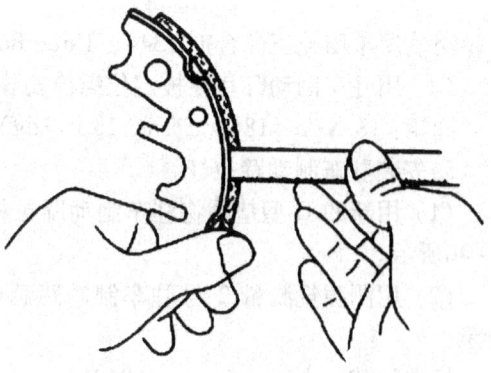

图8-37 测量制动蹄衬层厚度

备注:

始终要同时更换左右两个驻车制动蹄。

3) 检查制动盘和驻车制动蹄衬层是否正常接触,如图8-38所示。

(1) 在盘内表面施涂白垩,然后研磨制动蹄衬层来适应制动盘。若制动盘与制动蹄衬层贴合不良,应用制动蹄打磨机修磨或者更换制动蹄。

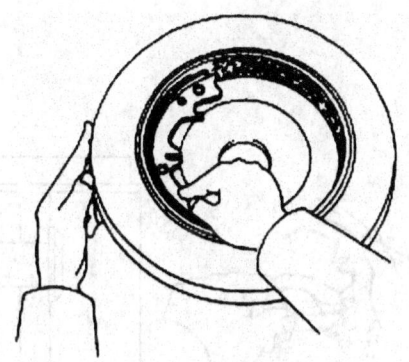

图8-38 检查制动盘与制动蹄的接触

4. 重新装配

1）施涂高温润滑脂

将高温润滑脂施涂到与蹄片接触的背板上，如图8-39所示。

2）安装驻车制动蹄片导板

（1）在驻车制动蹄片导板定位螺栓的螺纹上施涂黏合剂。

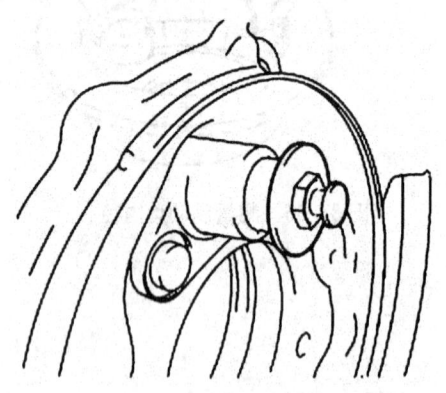

图8-39 涂抹润滑脂黏合剂

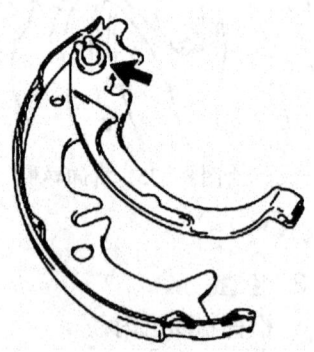

图8-40 安装新C型垫圈

可使用丰田纯正黏合剂1344、Three Bond 1344 或同等产品。

（2）用驻车制动蹄片导板定位螺栓安装驻车制动蹄片导板。

扭矩：18 N·m（184 kgf·cm，13 ft.·lbf）

3）安装驻车制动蹄拉杆

（1）用新的C型垫圈将驻车制动蹄拉杆和垫片安装到2号驻车制动蹄总成上，如图8-40所示。

（2）用测隙规测量2号驻车制动蹄总成和驻车制动蹄拉杆之间的间隙，如图8-41所示。

标准间隙：小于0.35 mm（0.014 in.）

如果间隙不符规定，应换上准确尺寸的垫片。

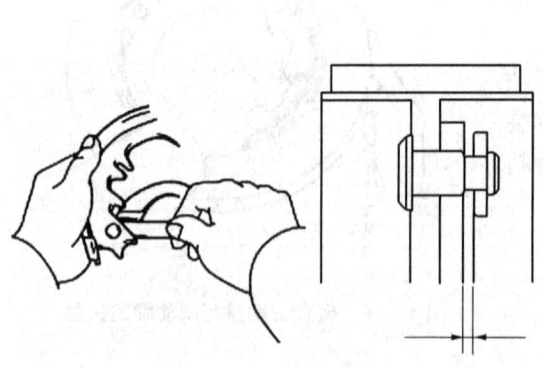

图8-41 测量间隙

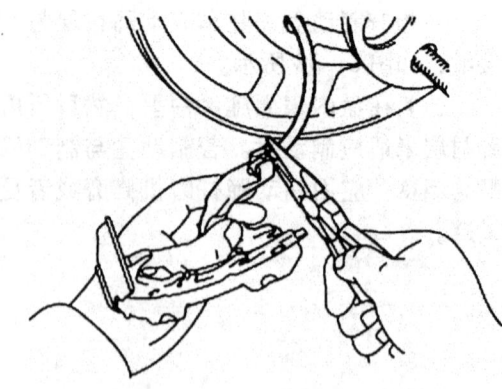

图8-42 安装拉索

4）安装 2 号驻车制动拉索总成

（1）用尖嘴钳将 3 号驻车制动拉索总成连接到驻车制动蹄拉杆上，如图 8-42 所示。

（2）安装带有驻车制动器蹄片压紧弹簧 2 号销、驻车制动蹄压紧弹簧 2 号皮碗、驻车制动蹄压紧弹簧和驻车制动蹄压紧弹簧 1 号皮碗的 2 号驻车制动蹄总成，如图 8-43 所示。

（3）结合驻车制动蹄压紧弹簧 1 号皮碗和 2 号驻车制动蹄总成的定位爪。

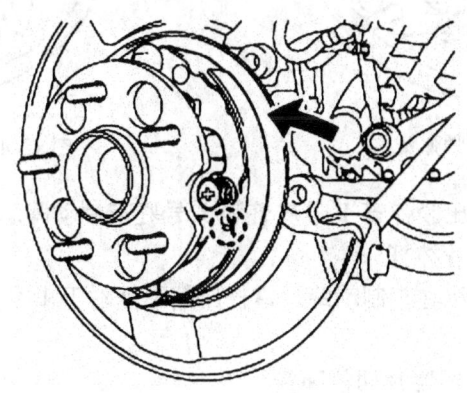

图 8-43　安装制动蹄

5）安装驻车制动器蹄片调整螺钉组件

（1）按照图示将高温润滑脂施涂到驻车制动调整螺钉上，如图 8-44 所示。

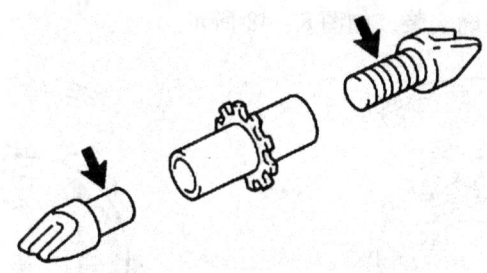

图 8-44　涂抹润滑脂

（2）将驻车制动蹄 2 号回位弹簧安装到 1 号驻车制动蹄总成和 2 号驻车制动蹄总成上。

（3）将驻车制动蹄调整螺钉组件安装到 1 号驻车制动蹄总成和 2 号驻车制动蹄总成上，如图 8-45 所示。

6）安装 1 号驻车制动拉索总成

（1）安装带有驻车制动器蹄片压紧弹簧 1 号销、驻车制动蹄压紧弹簧 1 号皮碗、驻车制动蹄压紧弹簧和驻车制动蹄压紧弹簧 1 号皮碗的 2 号驻车制动蹄总成，如图 8-46 所示。

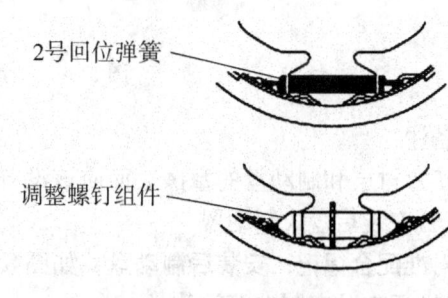

图 8-45　安装制动蹄

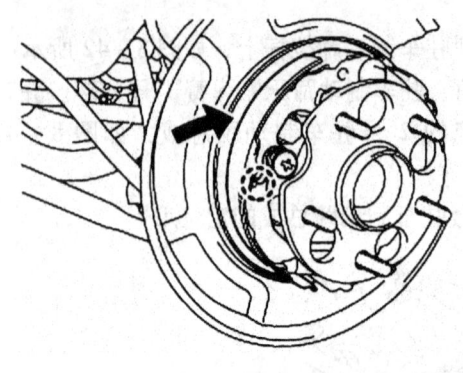
图 8-46 安装压紧弹簧

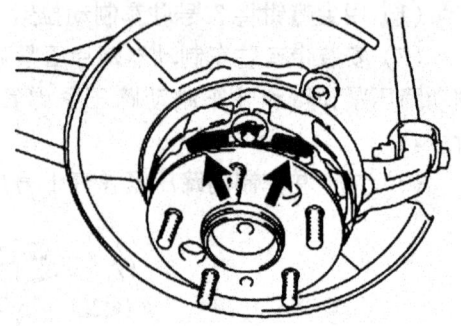
图 8-47 安装回位弹簧

（2）结合驻车制动蹄压紧弹簧 1 号皮碗和 1 号驻车制动蹄总成的定位爪。

7）安装驻车制动器蹄片撑杆

将驻车制动蹄片撑杆和驻车制动蹄片撑杆压缩弹簧附于 1 号驻车制动蹄总成和 2 号驻车制动蹄总成上。

8）安装 1 号驻车制动器蹄片回位弹簧

用尖嘴钳安装 2 个 1 号驻车制动器蹄片回位弹簧，如图 8-47 所示。

建议：

首先安装前侧弹簧，然后安装后侧弹簧。

9）检查驻车制动器安装

检查各个零件是否正确安装，如图 8-48 所示。

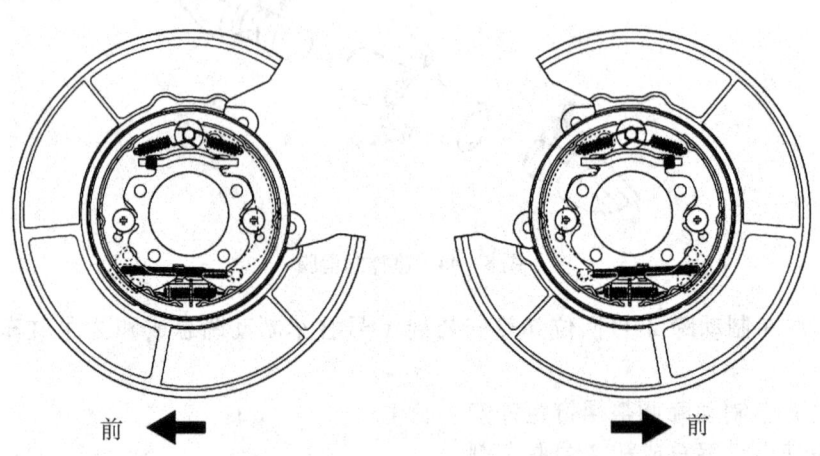

图 8-48 检查各个部件安装

备注：

蹄片衬层和制动盘的摩擦表面应该没有黏附油脂或润滑脂。

10）安装后盘式制动器

对准配合标记，安装后制动盘，如图 8-49 所示。

11）调整驻车制动蹄间隙

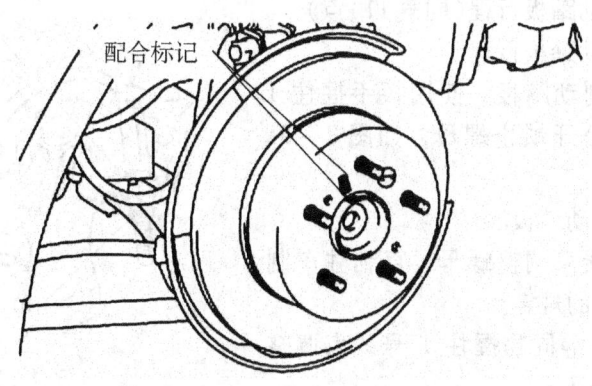

图 8-49 对准标记

(1) 拆卸后轮
(2) 调整驻车制动蹄间隙
①暂时安装轮毂螺母。
②拆卸蹄片调节孔塞。
③转动蹄片调节器,张开制动蹄片,直到制动盘锁止。
④转动和收缩蹄片调节器,直到制动盘能平稳地旋转。
标准:8 个缺口回位
⑤检查相对于蹄片没有制动拖滞。
⑥安装蹄片调节孔塞。
⑦拆卸轮毂螺母。
(3) 安装后轮
扭矩:103 N·m (1,050 kgf·cm, 76 ft.·lbf)
(4) 检查驻车制动踏板行程
①完全踩下驻车制动踏板并松开踏板来接合驻车制动器。
②再次完全踩下驻车制动踏板,并松开踏板来脱开驻车制动器。
③慢慢踩下驻车制动踏板到底部,并且对咔嗒声进行计数。
驻车制动踏板行程:300 N(31 kgf, 67 lbf)时为 7～10 个缺口。

12) 安装后盘式制动器制动卡钳总成

(1) 用 2 个螺栓安装后盘式制动器制动卡钳总成,如图 8-50 所示。

扭矩:62 N·m (632 kgf·cm, 46 ft.·lbf)

13) 安装后轮

扭矩:103 N·m (1,050 kgf·cm, 76 ft.·lbf)

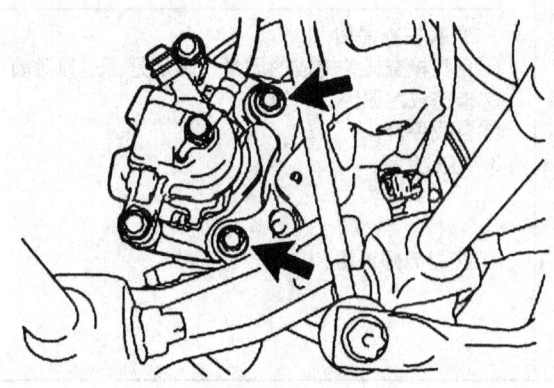

图 8-50 安装制动卡钳

14)检查驻车制动踏板行程(同第11)点)

15)调整驻车制动踏板行程

(1)踩下驻车制动踏板。使用扳手握住1号线束调整螺母并松开锁止螺母,如图8-51所示。

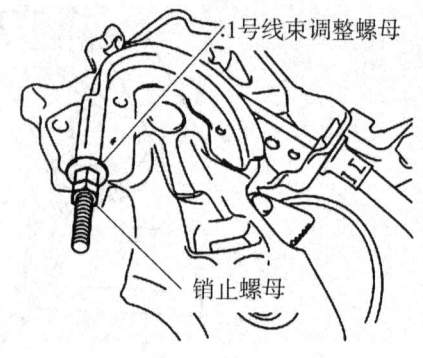

图8-51 松开调整螺栓

(2)松开驻车制动踏板。

(3)转动1号线束调整螺母,直到驻车制动踏板行程满足上面的规定。

(4)使用扳手或等同物握住1号线束调整螺母并拧紧锁止紧螺母。

扭矩:5.4 N·m (55 kgf·cm, 48 in.·lbf)

(5)在踩下和松开驻车制动踏板3次或4次后,对咔嗒声进行计数。

(6)检查是否存在驻车制动器拖滞。

(7)在操作驻车制动踏板时,检查驻车制动器指示灯是否点亮。

拓展训练

本单元认识了制动系统的检查与调整方法,请对实训室中的制动系统进行检查与调整。

综合考核与评价

活动评价	1. 评价标准:			
	序号	考核内容	配分	得分
	a	完成任务工单第一题:检查和调整行车制动踏板高度;1~4每空2.5分;5~6每空10分	30	
	b	完成任务工单第二题:检查并调整制动踏板的自由行程;1~6每空2.5分;7~8各7.5分	30	
	c	完成任务工单第三题:检查制动盘的跳动;1~7每空2分;8为16分	30	
	d	完成任务工单第四题:检查并调整驻车制动器	10	
		合　　计	100	
	2. 自我检查评估 ①自我检查任务完成的质量,确定是否达到活动预期要求?□完成□未完成 ②未完成的原因: ③自我评价: 3. 组间互评: 4. 指导教师评语: